LONDRES
EN QUELQUES JOURS

JOE BINDLOSS

Londres en quelques jours

2e édition, traduit de l'ouvrage *London Encounter*
(2nd edition), March 2009

© Lonely Planet Publications Pty Ltd 2009
Tous droits réservés

Traduction française :

© **Lonely Planet 2009,**
12 avenue d'Italie, 75627 Paris cedex 13
☎ 01 44 16 05 00
📠 bip@lonelyplanet.fr
💻 www.lonelyplanet.fr

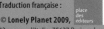

Dépôt légal : Septembre 2009
ISBN 978-2-84070-878-0

Responsable éditorial Didier Férat
Coordination éditoriale Dominique Spaety
Coordination graphique Jean-Noël Doan
Maquette Laurence Tixier
Cartographie Nicolas Chauveau
Couverture Jean-Noël Doan et Alexandre Marchand
Traduction Frédérique Hélion-Guerrini
Merci à Dolorès Mora pour son travail sur le texte

© Lonely Planet Publications Pty Ltd 2009
Tous droits réservés

Imprimé par L.E.G.O. Spa
(Legatoria Editoriale Giovanni Olivotto)
Imprimé en Italie

COMMENT UTILISER CE GUIDE
Codes couleur et cartes

Des symboles de couleur représentent les sites et les
établissements figurent dans les chapitres et sont
reportés sur les cartes correspondantes afin de les
localiser rapidement. Les restaurants, par exemple,
sont indiqués par une fourchette verte. À chaque
quartier correspond une couleur spécifique, reprise
dans les onglets du chapitre qui lui est consacré.

Les zones en jaune sur les cartes désignent des
"secteurs dignes d'intérêt" (sur le plan historique
ou architectural, ou encore de par la présence de
bars et de restaurants, etc.). Nous vous conseillons
vivement de les explorer.

Prix

Les différents prix (par exemple 10/5 € ou
10/5/20 €) correspondent aux tarifs adulte/
enfant, normal/réduit ou adulte/enfant/famille.

JOE BINDLOSS

Après avoir brièvement vécu dans Caledonian Rd
durant son enfance, Joe Bindloss est revenu à
Londres dès qu'il a su lire le plan du métro. Il habite
désormais dans le nord de la ville, entre deux
séjours professionnels à l'étranger. Il a écrit plus de
30 guides Lonely Planet, notamment les titres *Inde*,
Népal et *Gap Year*. Il rédige également des articles
sur les voyages, les restaurants et la vie londonienne
pour *The Independent, The Guardian, Wanderlust*
et d'autres publications. Pour plus d'informations,
voir www.bindloss.co.uk.

La première édition de *Londres en quelques jours*
a été écrite par Sarah Johnstone.

REMERCIEMENTS

Je veux avant tout remercier ma compagne Linda pour m'avoir fourni un
second avis sur les restaurants, les bars et les sites. Merci également aux amis,
Gar Powell Evans en particulier, qui m'ont renseigné sur les bonnes tables,
et aux Londoniens avec qui je me suis entretenu dans le cadre de ce livre.

Nos lecteurs Mille mercis aux voyageurs qui nous ont écrit pour nous communiquer des conseils utiles et des anecdotes
intéressantes. Erica Mccreath, Jill Murphy, Michel Porro, Chris Rickwood, Caroline Winter, Rob Woodburn.

Photographie de couverture Le Millennium Bridge, Erica Rodriguez Sanz. Ce cliché a remporté le concours destiné à
sélectionner quatre photographies transmettant le mieux l'expérience du voyage avec les guides En quelques jours. Les
participants devaient présenter des images marquantes qui percent le cœur de la ville et donnent au spectateur l'impression
d'y être lui-même. Vous pourrez voir les autres photos gagnantes sur les guides Barcelone, Paris et Istanbul. **Photographies
intérieures** p. 21 Alex Segre/Alamy, p. 21, p. 77, p. 105, p. 141, p. 149 Joe Bindloss. Autres photographies de Lonely
Planet Images et Adina Tovy Amsel p. 57, p. 90 ; Alain Evrard p. 27, p. 142; Barbara Van Zanten p. 14 ; Charlotte Hindle
p. 20 ; Doug McKinlay p. 6 (en bas), p. 10, p. 11, p. 12, p. 17, p. 29, p. 69, p. 73, p. 95, p. 132, p. 161, p. 168, p. 178, p. 188,
p. 191, p. 202, p. 203 ; Gavin Gough p. 28, p. 33 ; Jonathan Smith p. 23, p. 81, p. 110, p. 181, p. 201 ; Juliet Coombe
p. 136 ; Krzysztof Dydynski p. 25 ; Lawrence Worcester p. 32 ; Lou Jones p. 63 ; Manfred Gottschalk p. 64 ; Mark Daffey p. 34
(en bas) ; Martin Moos p. 24 ; Neil Setchfield p. 6 (en haut à gauche), p. 8, p. 13, p. 15, p. 16, p. 19, p. 22, p. 30, p. 48, p. 78,
p. 100, p. 106, p. 114, p. 116, p. 124, p. 128, p. 151, p. 170, p. 193, p. 195, p. 196, p. 197, p. 198, p. 199, p. 200 ; Orien
Harvey p. 4, p. 8, p. 18, p. 26, p. 36, p. 184 ; Rachel Lewis p. 34 (en haut) ; Travis Drever p. 6 (en haut à droite), p. 38, p. 189.
Toutes les photos sont sous le copyright des photographes sauf indication contraire. La plupart des photos publiées dans
ce guide sont disponibles auprès de l'agence photographique **Lonely Planet Images** : www.lonelyplanetimages.com.

Big Ben (p. 14) vue à travers la London Eye (p. 10)

SOMMAIRE

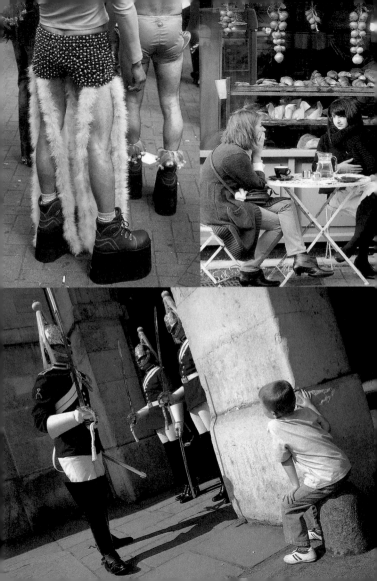

>BIENVENUE À LONDRES !

"Lorsqu'un homme est fatigué de Londres, il est fatigué de la vie", disait le grand lexicographe Samuel Johnson. Nous sommes tentés de lui donner raison car peu de villes au monde peuvent rivaliser avec la capitale britannique en termes de diversité, de vitalité et de rythme.

Plus de sept millions d'habitants originaires des six continents peuplent cette métropole trépidante, formant ainsi un remarquable melting-pot culturel. C'est à Londres que la reine règne et que le Parlement gouverne. Les tendances en matière d'art et de création naissent et meurent également ici.

Londres incarne la mode avec Mary Quant et Stella McCartney, la musique avec les Rolling Stones et Coldplay, l'art contemporain avec la Tate Modern et Damien Hirst, le shopping avec Harrods et Harvey Nichols, la culture avec les BBC Proms et le Victoria & Albert Museum. Près de 2 000 ans d'histoire s'inscrivent dans ses rues, des flèches médiévales de l'abbaye de Westminster à l'imposante coupole de la cathédrale Saint-Paul, sans oublier le "cornichon" (Gherkin) de l'architecte Norman Foster.

La ville a bien sûr ses défauts – coût de la vie élevé, surpopulation et léger état de délabrement –, mais les Londoniens lui vouent une passion inconditionnelle. À cette histoire d'amour urbaine contribuent aussi les dîners romantiques dans les restaurants de grands chefs comme Gordon Ramsay et Marcus Wareing, les bars sophistiqués de Shoreditch et de Notting Hill aux cocktails multicolores et les soirées endiablées des clubs ultra-tendance comme le Fabric et le Ministry of Sound.

Londres change et s'améliore en vue des prochains Jeux olympiques. Certes, les clichés subsistent – bus rouges, taxis noirs, bobbies en faction – mais on note un mieux au niveau des infrastructures et des espaces publics, ainsi qu'une vie nocturne et une offre culturelle considérables. Profitez-en avant que les prix augmentent à l'approche de 2012.

En haut à gauche Participants à la Gay Pride (p. 30) En haut à droite Pause-café En bas La relève de la garde (p. 87)

>LES INCONTOURNABLES

Devant la National Gallery (p. 46) à Trafalgar Square (p. 47)

>1 LA LONDON EYE ET SOUTH BANK

TOUJOURS PLUS HAUT

Inaugurée en 2000, la London Eye (p. 76) était alors la grande roue la plus imposante au monde. Si d'autres villes copient désormais cet ouvrage futuriste, rien ne vaut cependant l'original. Ses nacelles suspendues à 135 m au-dessus de la Tamise offrent une vue panoramique sur le centre de Londres, des Houses of Parliament et Westminster jusqu'aux tours lointaines de la City et aux cheminées de la Battersea Power Station.

Provisoire à l'origine, la structure a eu tant de succès auprès des Londoniens et des touristes qu'elle est devenue un élément permanent du paysage et fait maintenant partie intégrante de la culture britannique. Elle est apparue dans le film *Harry Potter et l'Ordre du Phénix* ainsi que dans plusieurs séries télévisées. L'écrivain Will Self l'a surnommée la "roue du vélo de Dieu".

Nombre de visiteurs combinent le tour sur la grande roue avec la découverte du Southbank Centre (p. 78), au nord, et de la Tate Modern (p. 79), à l'est.

>2 LE BRITISH MUSEUM
LES GRANDS TRÉSORS DU PASSÉ

Qui a dit que les musées devaient être poussiéreux ? Les conservateurs du plus grand musée britannique (p. 104) ont réalisé un travail formidable pour mettre en valeur les richesses de cette vieille institution. Fondé en 1753 pour abriter la collection personnelle de sir Hans Sloane, le British Museum a été agrandi de façon spectaculaire à la période georgienne et sir Norman Foster a recouvert sa grande cour centrale (Great Court) d'un haut toit géométrique, en 2000.

On peut admirer à l'intérieur des pièces historiques célèbres, comme, la pierre de Rosette (salle 4) qui permit le déchiffrage des hiéroglyphes égyptiens et les marbres du Parthénon (ou marbres d'Elgin, salle 18), arrachés à l'Acropole d'Athènes par l'ambassadeur d'Angleterre en 1806 et réclamés depuis par la Grèce. Les salles 62 et 63 recèlent une collection de momies légendaires, mais celle-ci ne doit pas faire oublier les objets en argent du trésor de Mildenhall et les torques en or du trésor de Snettisham (salles 49 et 50) exhumés du sol anglais.

Parmi les nouveautés, signalons la galerie africaine (salle 25 au sous-sol) et l'exposition du Wellcome Trust sur la vie et la mort (salle 24). Collections permanentes en accès libre.

>3 LA CATHÉDRALE SAINT-PAUL

SYMBOLE ET CHEF-D'ŒUVRE D'ARCHITECTURE

Si un monument incarne l'esprit de Londres et le courage des Britanniques, c'est bien la cathédrale Saint-Paul (p. 63). Dessiné par sir Christopher Wren à l'issue du grand incendie de 1666, l'édifice a même résisté aux bombardements aériens massifs de la Seconde Guerre mondiale.

Débarrassée de la suie émise par la centrale électrique à charbon qui héberge désormais la Tate Modern, la cathédrale resplendit à nouveau. La plupart des touristes se précipitent pour gravir l'escalier en spirale de 530 marches qui monte jusqu'à la vertigineuse Golden Gallery (galerie d'or), au sommet de la coupole, en passant par la Stone Gallery (galerie de pierre ; 378 marches) et la Whispering Gallery (galerie des murmures ; 259 marches) située à l'intérieur du dôme.

La crypte contient des tombes et des monuments à la mémoire de grands héros de l'Empire britannique : Nelson, Wellington et Churchill. Christopher Wren y repose sous l'épitaphe suivante : *Lector, si monumentum requiris, circumspice* (Lecteur, si tu cherches mon tombeau, regarde autour de toi).

>4 LA TATE MODERN
L'ART CONTEMPORAIN DANS UN LIEU D'EXCEPTION

Installé dans le cadre superbement reconverti de l'ancienne centrale électrique qui alimentait la City, la Tate Modern (p. 79) s'étoffe de jour en jour. Au terme d'une année d'expositions temporaires de haute tenue dans la Turbine Hall (salle des turbines), ce remarquable musée d'art contemporain se recentre sérieusement sur ses collections permanentes en les présentant dans un ordre chronologique et en ressortant des chefs-d'œuvre des réserves.

Les travaux d'agrandissement prévus à l'arrière du bâtiment principal permettront à terme d'accueillir une collection bien plus considérable (voir l'encadré p. 79) et des installations destinées à de nouveaux médias.

À l'heure actuelle, l'endroit met toujours l'accent sur les grands noms de la peinture comme Picasso, Mondrian, Pollock, Lichtenstein et Mark Rothko. Il donne notamment à voir un *Triptyque* de Francis Bacon, l'*Éléphant Célèbes* de Max Ernst, les personnages grêles d'Alberto Giacometti et un excellent ensemble d'affiches de propagande soviétiques.

>5 WESTMINSTER
LE SIÈGE HISTORIQUE DU POUVOIR BRITANNIQUE

Depuis la première révolution anglaise, Westminster accueille le Parlement du Royaume-Uni (p. 90) dont les sessions, si houleuses soient-elles, se déroulent toujours en grande pompe et selon des traditions séculaires. Lors de l'ouverture au mois de décembre, les portes sont ainsi claquées au nez du représentant de la reine pour symboliser l'indépendance de l'État.

Élément emblématique du palais de Westminster, la tour de l'horloge est surnommée Big Ben en raison de son énorme cloche. De l'autre côté de St Margaret se dresse l'abbaye de Westminster (p. 92) où les souverains britanniques sont couronnés depuis 1066 et où une douzaine d'entre eux repose. Ne manquez pas la tombe d'Élisabeth Ire et son gisant, la chapelle Henri VII au plafond voûté, avec ses stalles en bois, et le trône du couronnement en chêne.

Non loin se trouve la fameuse porte noire du Number 10 Downing St (p. 91), la résidence du Premier ministre, actuellement occupée par Gordon Brown.

>6 LES ROYAL PARKS

LE POUMON VERT DE LONDRES

Le parlementaire William Windham déclara en 1808 que Hyde Park (p. 121) devait être préservé à tout prix comme "poumon de Londres". Avec les sept autres parcs royaux (www.royalparks.gov.uk), ce trésor national contribue à faire de la capitale britannique la ville la plus verte d'Europe. Les Londoniens aiment y pique-niquer, prendre le soleil, pratiquer des activités sportives et même manifester contre le gouvernement.

Citons par ordre alphabétique Bushy Park, Green Park, Greenwich Park, Hyde Park, Kensington Gardens, Regent's Park, Richmond Park, et St James's Park tout en précisant que les plus beaux et les plus fréquentés sont St James's Park, Regent's Park, Hyde Park et Kensington, qui forment un croissant autour du West End.

Visitez St James's Park (p. 91) pour ses roseraies, ses écureuils apprivoisés et ses pélicans, Regent's Park (p. 115) pour sa perspective sur la ville depuis Primrose Hill et le zoo de Londres, Hyde Park (photo ci-dessus) et Kensington Gardens (p. 121) pour les chaises longues, les concerts et les œuvres d'art de la Serpentine Gallery.

>7 LES MUSÉES DE KENSINGTON

SCIENCES, ART ET HISTOIRE

On doit à la période victorienne trois musées passionnants qui couvrent aujourd'hui presque tous les domaines de la connaissance humaine. L'Exposition universelle de 1851 inspira le Victoria & Albert Museum (V&A ; p. 126), tandis que la fascination de l'époque pour la science présida à la création du Science Museum (p. 125) en 1857 et du Natural History Museum (p. 124) en 1881.

Les Londoniens éprouvent pour le Muséum d'histoire naturelle (photo ci-dessus) un attachement auquel le squelette de diplodocus qui accueille les visiteurs dans le Great Hall n'est sans doute pas étranger. Le musée de la Science comporte de vastes salles remplies de pièces authentiques telles que le module de commande d'Apollo 10 ou la locomotive à vapeur de Stephenson. Le Wellcome Trust organise aussi de remarquables expositions sur la génétique et la médecine du futur.

Reste enfin l'impressionnant V&A consacré aux arts décoratifs. Les rénovations en cours et l'inclusion d'objets modernes originaux (les chaussures à talons portées par Naomi Campbell pour défiler, par exemple) visent à attirer une nouvelle génération de public.

ENTRY TO THE TRAITORS GATE

>8 LA TOUR DE LONDRES

PALAIS ROYAL ET GEÔLE DE SINISTRE MÉMOIRE

Bâti sous Guillaume le Conquérant en 1078, ce château médiéval incroyablement bien conservé (p. 64) fut le siège de la monarchie anglaise avant d'être utilisé à l'époque des Tudors comme prison destinée aux traîtres. C'est ici que furent enfermés ou décapités des dizaines de héros et de fripouilles, au nombre desquels on compte sir Thomas More, sir Walter Raleigh, Guy Fawkes et Anne Boleyn.

La foule se presse pour voir le monument, mais son intérêt justifie de prendre place dans la file d'attente. Ne manquez sous aucun prétexte les joyaux de la Couronne (p. 64), sans doute les plus ostentatoires du genre, et les armes médiévales effrayantes conservées dans la White Tower.

Des reconstitutions historiques et des présentations interactives animent les sites célèbres comme la Bloody Tower, qui contient toujours des graffitis de prisonniers. Sans oublier les sympathiques Yeoman Warders (hallebardiers, surnommés "Beefeaters" ou "mangeurs de bœuf") qui conduisent des visites guidées quotidiennes.

>9 LA NATIONAL GALLERY ET LA NATIONAL PORTRAIT GALLERY
MAÎTRES ILLUSTRES ET VISAGES CÉLÈBRES

La National Gallery (p. 46) et la National Portrait Gallery (NPG ; p. 46) couvrent les périodes de l'histoire de la peinture qui ne sont pas traitées par la Tate Modern et la Tate Britain. Ces majestueux bâtiments néoclassiques recèlent certaines des plus belles œuvres du pays, des toiles classiques du XVIIᵉ siècle mais aussi des tableaux modernistes loufoques et des caricatures.

La National Gallery (photo ci-dessus) possède des collections centrées sur le Royaume-Uni. Hormis des pièces maîtresses à l'image de *La Charrette de foin* de John Constable et de *La Tamise sous Westminster* de Monet, il y a quantité de choses à voir. Mieux vaut donc vous procurer un plan gratuit et décider de ce qui vous intéresse en priorité.

Plus originale, la NPG voisine contient des portraits peints et des photographies de personnalités britanniques depuis l'époque d'Henri VIII, certains flatteurs, d'autres abstraits ou ouvertement narquois, comme les caricatures cinglantes de Margaret Thatcher signées Gerald Scarfe.

>10 UNE CROISIÈRE SUR LA TAMISE

LONDRES AU FIL DE L'EAU

Avec tous les nouveaux gratte-ciel prévus dans le centre (voir l'encadré p. 65), la ligne d'horizon de Londres vue depuis la Tamise sera bientôt sans égal. Les passagers des bateaux sont aux premières loges pour admirer la cathédrale Saint-Paul, le Tower Bridge, la Tour de Londres, la grande roue London Eye, le palais de Westminster (Parlement), l'enclave maritime de Greenwich et les tours de bureaux de Canary Wharf.

Une demi-douzaine de compagnies assurent le transport fluvial, qu'il s'agisse d'embarcations lentes effectuant la liaison de la banlieue vers le centre ou du service rapide entre la Tate Modern (p. 79) et la Tate Britain (p. 126). Si vous avez du temps devant vous, vous pourrez même aller jusqu'aux Kew Gardens et à Hampton Court Palace (voir l'encadré p. 92).

Il est rarement nécessaire de réserver, sauf pour les dîners-croisières. Les principaux embarcadères du centre se trouvent à Westminster, Waterloo, Embankment, Blackfriars, London Bridge, Tower of London, Canary Wharf et Greenwich. Pour les tour-opérateurs, voir l'encadré p. 226.

>11 GREENWICH

UN "VILLAGE" INSOLITE, HAUT LIEU DE LA MARINE BRITANNIQUE

L'agréable quartier verdoyant de Greenwich (p. 176) est l'endroit précis à partir duquel sont mesurés les fuseaux horaires et les distances autour de l'axe est-ouest de la terre. Si cela n'a plus guère d'importance à l'ère numérique, la richesse de la Grande-Bretagne dépendait autrefois de sa marine et quelques degrés de plus ou de moins pouvaient mener au désastre.

À l'Observatoire royal de Greenwich (p. 180), une ligne métallique indique toujours le méridien d'origine. Inscrit dans un cadre impressionnant au sommet d'une colline cernée de parcs, l'Observatoire offre une vue panoramique sur l'Old Royal Naval College (p. 179) et le National Maritime Museum (p. 179), avec en fond la Tamise et les gratte-ciel futuristes des Docklands.

En dehors des attractions historiques, Greenwich donne l'occasion d'échapper à la métropole pour goûter une atmosphère de village le long de ses petites rues aux boutiques originales.

>12 HAMPSTEAD HEATH

LA CAMPAGNE À LA VILLE

Les Royal Parks (p. 15) permettent certes de se mettre au vert, mais il faut rejoindre la banlieue pour se changer vraiment les idées. Sur le flanc est de Parliament Hill (98 m), Hampstead Heath (p. 168) est, chose rare, un parc public où la nature l'emporte. Parmi les plans d'eau artificiels et les sentiers pédestres, vous trouverez en effet des étendues boisées envahies par la végétation et de hautes herbes bruissantes parfaites pour pique-niquer à l'écart ou passer un moment en galante compagnie.

Les Londoniens viennent ici pour barboter dans les étangs, faire voler des cerfs-volants, écouter des concerts en plein air ou simplement contempler le panorama du sommet de la colline. De l'autre côté de North End Road, West Heath constitue un lieu de rendez-vous gay si bien établi qu'une surveillance policière a été mise en place pour protéger les participants.

On peut profiter de l'occasion pour déjeuner dans l'un des pubs alentour, en particulier le Hollybush (p. 173) à Hampstead.

> 13 LA VIE NOCTURNE

LONDON BY NIGHT

Depuis que la loi sur la vente d'alcool a été assouplie, les oiseaux de nuit n'ont plus besoin de fréquenter les clubs onéreux pour prendre un verre après 23h. Ils ne risquent d'ailleurs pas de s'ennuyer car la ville regorge de discothèques branchées, bars à cocktails, pubs festifs, cafés-théâtres et lieux de concerts.

Si vous aimez le rock indé, mettez le cap sur Camden (p. 173) ou Hoxton (p. 156) pour découvrir les groupes qui montent. Les fans de sons électroniques pourront quant à eux se défouler dans des boîtes emblématiques comme Ministry of Sound (p. 83) et Heaven (voir l'encadré p. 56) où officient des DJ.

Les cabarets ont actuellement le vent en poupe. Le Pigalle Club (p. 101) et le Volupté Lounge (p. 70), en particulier, proposent des spectacles de strip-tease impertinents, d'un style presque victorien. Les Londoniens raffolent aussi du swing, d'où des dizaines de petites adresses qui organisent des soirées jive, boogie-woogie et Lindy-hop (voir l'encadré p. 163).

Voir également les rubriques *Sortir*.

>14 SORTIR AU RESTAURANT
POUR CHANGER DU FISH AND CHIPS

Il faut bien l'admettre, la cuisine anglaise ne jouit pas de la meilleure réputation. Ceci dit, la critique vient souvent de personnes qui n'ont jamais mangé dans l'un des restaurants modernes de Londres, car la ville est devenue l'une des grandes capitales gastronomiques d'Europe, classée à la première place par le magazine américain *Gourmet*.

Ces dernières années, des chefs pionniers comme Gordon Ramsay (voir l'encadré p. 98) et Tom Aikens ont fait revivre la tradition culinaire britannique qui existait avant les deux guerres, en utilisant des ingrédients de petits producteurs artisanaux. Londres attire aussi des cuisiniers du monde entier, d'où un melting-pot de saveurs. La ville compte notamment des restaurants indiens, thaïs, chinois, japonais, vietnamiens et coréens parmi les meilleurs qui soient hors d'Asie.

Un repas de qualité revient cependant assez cher. Si vous disposez d'un budget limité, rabattez-vous sur les menus ou les excellentes cantines ethniques.

>15 THÉÂTRE

UN PLAISIR TYPIQUEMENT LONDONIEN

Le goût des Londoniens pour le théâtre remonte au XVIIe siècle, époque à laquelle Shakespeare et ses contemporains commencèrent à jouer sur la scène du Globe Theatre d'origine (p. 84) devant un public populaire. Quatre siècles plus tard, cette passion ne se dément pas. Le West End regroupe plus de 50 théâtres, qui programment aussi bien des classiques que des comédies musicales à succès, sans oublier, à l'occasion, des spectacles plus originaux du type Tambours du Bronx ou slam.

Équivalents londoniens de Broadway, Soho et Covent Garden présentent de grands shows dansés et chantés à l'image du *Phantom of the Opera* joué depuis 1984. Parallèlement, des salles intimistes comme l'Almeida (p. 164), le Royal Court (p. 133) et le Young Vic (p. 85) accueillent des pièces plus exigeantes dans lesquelles se produisent des acteurs célèbres.

Pour une revue de tous les spectacles à l'affiche et une carte des théâtres de la ville, visitez le site www.officiallondontheatre.co.uk.

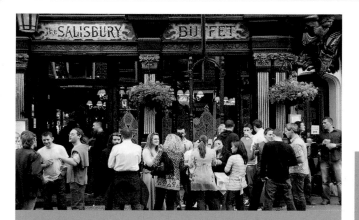

>16 PUBS ET BARS

UNE BIÈRE ? NON, UN MOJITO À L'ANANAS

Sortir boire un verre constitue à Londres une forme d'art. Bon nombre des pubs historiques de la capitale britannique évoquent toujours la splendeur de l'époque victorienne et d'autres, comme le Old Cheshire Cheese (p. 69) et le George Inn (p. 82), servent des pintes depuis le grand incendie de 1666.

À l'instar du Dublin Castle à Camden (p. 174) et du Old Blue Last à Hoxton (p. 157), certains contribuent à la scène musicale en recevant des groupes. Des pubs gastronomiques concurrencent même désormais les restaurants établis.

À l'autre bout de la gamme figurent des bars sélects, dont le Lonsdale à Notting Hill (p. 140) et le Hawksmoor à Hoxton (p. 155). L'inventivité des créateurs de cocktails n'a plus de bornes et l'on voit apparaître depuis peu des mixtures étonnantes telles que le mojito à l'ananas et à la sauge ou le "kiss" à base de wasabi et de basilic.

Si les bars restent ouverts tard presque tous les jours, bien des pubs ferment encore à 23h (22h30 le dimanche). Pour les amateurs de bière, les sites www.fancyapint.co.uk et www.beerintheevening.com fournissent de bonnes adresses.

>17 SHOPPING

LONDRES, LE PARADIS DES ACCROS DU SHOPPING

Peu de gens viennent à Londres en comptant faire des affaires. Il n'empêche que le choix et la qualité de l'offre s'avèrent de premier ordre, chaque secteur de la ville possédant sa spécialité, en termes de shopping.

Oxford St (p. 47) regroupe par exemple de grandes chaînes de mode, Tottenham Court Rd (p. 106) des boutiques d'électronique et le quartier chic de Mayfair (p. 93) des enseignes de couturiers. Knightsbridge, Kensington et Chelsea (p. 127) sont dominés par les marques de luxe, tandis que le *streetwear* branché et les vêtements rétro règnent à Shoreditch (p. 147). Si vous aimez les livres ou les vinyles, Charing Cross Rd (p. 47) abrite des librairies d'occasion et Soho (voir l'encadré p. 50) des disquaires.

Parmi les marchés animés, Borough Market (p. 79) s'adresse aux gourmets, Portobello Rd (p. 136) aux chineurs d'antiquités. Camden Markets (p. 169) est une grande surface à ciel ouvert où se fournissent goths, punks et fans de rock indé. Le marché aux fleurs de Columbia Road (voir l'encadré p. 150) arbore une profusion de plantes en pots et de bouquets. Enfin, si vous préférez faire vos achats à l'intérieur, les grands magasins de Knightsbridge, de Chelsea et de West End (voir l'encadré p. 116), véritables temples de la consommation, proposent tout ce que l'on peut imaginer.

Voir les rubriques *Shopping* pour d'autres suggestions.

>AGENDA

Il se passe toujours quelque chose à Londres et, deux ou trois fois par an, se tient un événement de grande envergure. La ville comptant sept millions d'habitants, cela ne va pas sans poser parfois quelques problèmes. Une manifestation peut en effet attirer des millions de visiteurs, d'où l'intérêt de réserver ses billets longtemps à l'avance et d'arriver tôt pour être bien placé. Pour connaître le programme, consultez les sites www.visitlondon.com et www.bbc.co.uk/london ou inscrivez-vous sur Urban Junkies (www.urbanjunkies.com/london), Daily Candy (www.dailycandy.com/london) et Flavour Pill (www.flavourpill.com/London).

Rythmes et couleurs au carnaval de Notting Hill (p. 30)

AGENDA

JANVIER ET FÉVRIER

London Parade, New Year's Day (célébration du Nouvel An)

Le lendemain des feux d'artifice de la Saint-Sylvestre, le maire de Westminster conduit une parade de 10 000 musiciens et artistes de rue à travers le centre de Londres, de Parliament Sq à Berkeley Sq.

Nouvel An chinois

www.chinatownchinese.co.uk

Fin janvier/début février, les feux d'artifice illuminent Chinatown à l'occasion du Nouvel An célébré par la communauté chinoise.

MARS ET AVRIL

Oxford & Cambridge Boat Race

www.theboatrace.org

La foule se masse sur les bords de la Tamise, de Putney à Mortlake, pour voir s'affronter

L'entrée du dragon sur Trafalgar Sq lors du Nouvel An chinois

à la rame les deux plus prestigieuses universités du pays.

London Marathon

www.london-marathon.co.uk

Ou 35 000 fous de sport, embarqués dans la plus grande course à pied du monde entre Greenwich Park et le Mall.

Camden Crawl

www.thecamdencrawl.com

Le district le plus alternatif de Londres accueille 130 concerts durant deux nuits agitées.

MAI

Chelsea Flower Show

www.rhs.org.uk/chelsea

La plus illustre des expositions horticoles attire les mains vertes du monde entier et propose d'extravagantes expositions florales au Royal Hospital Chelsea.

Finale de la coupe de la FA

www.thefa.com/TheFACup

La saison de football britannique culmine lors de ce match, au stade de Wembley, entièrement reconstruit.

JUIN

Trooping the Colour

www.trooping-the-colour.co.uk

L'anniversaire officiel de la reine (en réalité née en avril) est célébré en grande pompe,

Coureuses du marathon de Londres

sur Horse Guards Parade : défilés des troupes et fanfares.

Tournoi de Wimbledon

www.wimbledon.com

Deux semaines à la gloire du tennis avec dégustation de fraises à la chantilly. Les Britanniques ont enfin un champion à encourager : Andrew Murray.

Red Bull Flugtag

www.redbullflugtag.co.uk

Chaque été, des inventeurs farfelus précipitent leurs machines volantes dans le Serpentine de Hyde Park devant des milliers de spectateurs.

JUILLET

Pride

www.pridelondon.org

La communauté gay défile à Soho et Trafalgar Square lors de ce rendez-vous annuel d'une folle extravagance.

Proms (BBC Promenade Concerts)

www.bbc.co.uk/proms

Deux mois de concerts classiques de grande qualité qui culminent lors de la

Fier participant à la Gay Pride

Last Night of the Proms au Royal Albert Hall de Kensington.

V&A Village Fete

www.vam.ac.uk

Un week-end de kermesse villageoise branchée qui a lieu dans les John Madejski Gardens du Victoria & Albert Museum.

AOÛT

Carnaval de Notting Hill

www.nottinghillcarnival.biz

Plus d'un million de personnes assistent au plus grand carnaval en plein air d'Europe, qui célèbre de façon débridée la culture afro-caribéenne.

Innocent Village Fete

www.innocentvillagefete.com

Groupes, DJ, manifestations pour les enfants et spectacles parrainés par la marque de boissons aux fruits Innocent, le temps d'un week-end.

SEPTEMBRE

Thames Festival

www.thamesfestival.org

Ce festival cosmopolite d'un week-end célèbre la Tamise : fêtes foraines, théâtre de rue, musique, feux d'artifice, courses nautiques et spectaculaire marche aux lampions le dimanche soir au Victoria Embankment.

UN ÉTÉ MUSICAL EN PLEIN AIR

Vous n'aurez pas à vous asseoir dans un champ boueux pour écouter le meilleur de la musique british car Londres accueille quantité de festivals en plein air, dont les suivants :

> Hard Rock Calling (juin ; Hyde Park ; www.hardrockcalling.co.uk) – week-end de rock à Hyde Park, avec au programme de grands noms comme Eric Clapton et Police.

> Kenwood Picnic Concerts (juin-août ; Hampstead Heath ; www.picnicconcerts.com) – deux mois de musique classique et d'*easy-listening* pour un public de trentenaires et plus.

> Lovebox Weekender (juillet ; Victoria Park, Hackney ; www.lovebox.net) – week-end délirant organisé par le groupe Groove Armada. Manu Chao et les Flaming Lips ont participé à la cuvée 2008.

> Rise (juin ; Finsbury Park ; www.london.gov.uk/rise/festival) – festival contre le racisme ; musique urbaine africaine, asiatique et moyen-orientale, humoristes et autres artistes.

> Somerset House Summer Series (juillet ; Somerset House ; www.somersethouse.org. uk) – pop, soul et premières de films dans la merveilleuse cour de la Somerset House.

> Wireless (juillet ; Hyde Park ; www.o2wirelessfestival.co.uk) – un marathon rock qui a reçu en 2008 Morrissey, Sam Sparro et Jay Z.

> Loaded in the Park (août ; Clapham Common ; www.getloadedinthepark.com) – le rendez-vous du rock indépendant au sud de la Tamise invite des groupes comme Supergrass et The Hives.

> South West Four (août ; Clapham Common ; www.southwestfour.com) – une journée de danse pure et dure animée par des DJ chevronnés (Carl Cox, Sven Vath...).

London Open House

www.londonopenhouse.org

Le temps d'un week-end, fin septembre, Londres ouvre les portes de plus de 500 bâtiments classés patrimoine historique, interdits au public le reste de l'année, dont le "cornichon" (Gherkin) de Norman Foster.

OCTOBRE

BBC Electric Proms

www.bbc.co.uk/electricproms

Cinq jours de concerts en tout genre (classique, jazz, rock etc.) à Camden, dans des lieux comme le Roundhouse, le Barfly et le Koko.

Dance Umbrella

www.danceumbrella.co.uk

Ce festival de danse contemporain présente pendant cinq semaines le travail de compagnies britanniques et internationales, notamment au British Film Institute (BFI), à la Royal Opera House et au Southbank Centre.

London Film Festival

www.bfi.org.uk/whatson/lff

Deux semaines durant, cet événement cinématographique centré sur la BFI

L'abbaye de Westminster (p. 92) illuminée par les feux d'artifice au-dessus de la Tamise

programme dans toute la ville des projections et des rencontres avec des acteurs et des réalisateurs de premier plan.

NOVEMBRE

Guy Fawkes Night (Bonfire Night)

Célébrée le 5 novembre, la "Bonfire Night" commémore la tentative infructueuse de Guy Fawkes de faire exploser le Parlement ; feux de joie, feux d'artifice et effigies de Fawkes brûlées dans la liesse générale. Des spectacles pyrotechniques ont lieu, entre autres, à Blackheath, Alexandra Palace, Battersea Park et Victoria Park (Hackney).

Lord Mayor's Show

www.lordmayorsshow.org

Toute une procession en costumes accompagne le maire de Londres fraîchement élu qui se rend en carrosse aux Royal Courts of Justice.

DÉCEMBRE

Chants de Noël sur Trafalgar Sq

www.london.gov.uk/trafalgarsquare

Chaque hiver, les décorations lumineuses d'Oxford St, de Regent St et de Bonds St sont allumées par une célébrité. Des chœurs entonnent ensuite des chants de Noël sur Trafalgar Sq jusqu'au 25 décembre.

>ITINÉRAIRES

Cavalerie de la garde royale à l'occasion de la Horse Guards Parade (p. 87)

ITINÉRAIRES

On pourrait passer des années à Londres sans voir tout ce que la capitale a
à nous offrir. Fort heureusement, les principaux sites sont proches,
qu'il s'agisse de la City, de South Bank, de Westminster et de Marylebone.
Si le temps vous manque, ce chapitre vous permettra de couvrir l'essentiel.
Voir aussi la rubrique *Circuits organisés*, p. 227.

UN JOUR

Après une visite de bonne heure à Trafalgar Sq (p. 47) et à la National Gallery
(p. 46), rendez-vous à Westminster, au sud, pour admirer l'abbaye (p. 92) et le
Parlement (p. 90). Franchissez ensuite le pont de Westminster pour rejoindre
la London Eye (p. 76) et longez la Tamise vers l'est afin de découvrir les
attractions de South Bank (p. 73). Traversez à nouveau le fleuve pour rallier
Covent Garden (p. 42), puis marchez vers le nord jusqu'au magnifique British
Museum (p. 104). Pour conclure la journée, vous pourrez dîner dans l'une des
rues hédonistes de Soho (p. 52) – Andrew Edmunds (p. 52) et Arbutus (p. 52)
figurent parmi les meilleurs choix.

DEUX JOURS

Le lendemain, levez-vous tôt pour une séance de shopping digne de ce nom
dans les petites rues de Marylebone (p. 115) et de Mayfair (p. 93). Mettez
ensuite le cap sur St James's pour jeter un coup d'œil à Buckingham Palace
(p. 87) avant de pique-niquer à Hyde Park (p. 121). L'après-midi, gagnez la
City, où se dresse la cathédrale Saint-Paul (p. 63), puis traversez le Millennium
Bridge (p. 76) jusqu'à la Tate Modern (p. 79). Si c'est un jeudi, un vendredi ou
un samedi, faites un saut au Borough Market (p. 79) et empruntez le Tower
Bridge (p. 64) pour vous rendre à la Tour de Londres (p. 64). Le soir, délassez-
vous au Loungelover (p. 155) ou dans l'un des autres bars de Hoxton (p. 154).

TROIS JOURS

Si les deux premiers jours de visite ne vous ont pas totalement épuisé, passez
la matinée aux musées de Kensington (p. 124, 125, 126) et déjeunez chez
Pétrus (p. 129) ou dans un autre restaurant sélect de Kensington (réservez
bien à l'avance ; voir p. 128). L'après-midi, rechargez vos batteries à Regent's
Park (p. 115) en prévision d'une soirée culturelle à la Royal Opera House (p. 57),

---

En haut Petite sieste à Regent's Park (p. 112) **En bas** Trafalgar Sq envahi par les pigeons devant la National Gallery (p. 46)

au National Theatre (p. 83) ou au Sadler's Wells (p. 70), voire d'un spectacle délirant à West End (p. 24).

QUATRE JOURS

Selon le jour de la semaine, vous pourrez occuper la dernière matinée à parcourir les stands du marché de Portobello Road (p. 136) ou de Camden Market (p. 169). L'après-midi, rejoignez au nord Hampstead Heath (p. 168) pour profiter de la verdure et contempler la vue panoramique depuis Parliament Hill. À défaut, descendez la Tamise en bateau jusqu'à Greenwich (p. 176), où vous attendent des témoignages de l'histoire maritime britannique et de ravissantes boutiques. Le soir, allez écouter l'un des groupes qui se produisent dans les quartiers branchés de Hoxton (p. 156) et de Camden (p. 173).

LONDRES SOUS LA PLUIE

Mettez à profit les jours de pluie pour découvrir en métro les nombreux musées de la ville ou passer du temps dans les grands magasins ostentatoires (voir l'encadré p. 116). Vous pouvez aussi vous rabattre sur un spectacle en matinée dans le West End (p. 24) ou voir un film dans un cinéma d'art et d'essai (voir l'encadré p. 83). À moins que vous ne saisissiez l'occasion

Dîner en bonne compagnie, dans un restaurant au bord de la Tamise près de Southwark Bridge

PRÉPARER SON SÉJOUR

L'astuce : réserver très longtemps à l'avance, ou essayer à la dernière minute – en comptant sur sa bonne étoile.

De 3 mois à 6 mois avant le départ Manger dans un grand restaurant comme l'Ivy (p. 54) ou chez Gordon Ramsay (voir encadré p. 98) oblige à s'organiser 6 mois à l'avance. Les représentations du samedi soir pour les grands spectacles des théâtres du West End affichent complet 3 à 6 mois avant.

De 2 à 3 mois Les sites tels www.ticketmaster.co.uk et www.seetickets.com permettent de réserver des places pour les grands concerts de rock dans des lieux comme le Koko (p. 174) ou la Brixton Academy (p. 83), ainsi que pour des pièces de théâtre de qualité (p. 24).

De 3 à 4 semaines Renseignez-vous sur les places grand public pour assister à des matchs de football ou de cricket dans les principaux stades londoniens.

Deux semaines Inscrivez-vous à la newsletter électronique d'*Urban Junkies* sur www. urbanjunkies.com et consultez les sites de critiques tel www.londonnet.co.uk. En général, deux semaines suffisent pour réserver dans un restaurant chic et branché comme Bistrotheque (p. 150) et des lieux comme le Pigalle Club (p. 101).

Quelques jours La grande exposition en date de la Royal Academy of Arts (p. 91), de la Tate Modern (p. 79), de la Tate Britain (p. 126), ou du Victoria & Albert Museum (p. 126) se réserve en général 2 ou 3 jours avant. Ou, si vous êtes patient, quelques heures d'attente suffisent, le jour même.

pour vous régaler longuement dans l'un des nombreux restaurants gastronomiques (p. 23) de la ville.

LONDRES À L'ŒIL

Bien qu'étant une des villes les plus chères au monde, Londres offre de multiples occasions de sortir sans débourser un sou. Les collections permanentes des musées de Kensington (p. 124, 125 et 126), du British Museum (p. 104), de la National Gallery (p. 46), de la National Portrait Gallery (p. 46), de la Tate Britain (p. 126) et de la Tate Modern (p. 79) sont en accès libre. On peut également se détendre gratuitement dans les merveilleux Royal Parks (p. 15) ou les espaces verts de Greenwich (p. 176) et de Hampstead Heath (p. 168). De même, la visite des vieilles églises de la City (p. 70) et des monuments modernistes de South Bank (p. 73) ne vous coûtera pas un centime. Enfin, vous pourrez admirer à l'œil l'extérieur de la cathédrale Saint-Paul (p. 63), de l'abbaye de Westminster (p. 92), du Parlement (p. 90) et d'autres monuments emblématiques.

Panorama de Primrose Hill (p. 166)

LES QUARTIERS

Londres s'est étendu naturellement au cours de ses deux mille ans d'existence, englobant au passage des parcs et des villages dans toutes les directions. Dépourvue de véritable centre, la ville présente ainsi une mosaïque de petits quartiers et peut sembler impénétrable de prime abord.

Pour commencer, vous trouverez plus facilement vos marques en évitant le métro. Le réseau conçu par Harry Beck n'épouse pas vraiment la géographie urbaine et ne rend pas compte des distances. Covent Garden est par exemple à deux arrêts de Tottenham Court Rd avec correspondance, alors qu'il ne faut que 10 minutes de marche entre les deux.

Le cœur de Londres s'avère cependant étonnament compact. La City ne couvre que 1,6 km et les monuments et bonnes adresses de Soho, Covent Garden, Mayfair, Bloomsbury, Westminster, Marylebone et St James's se répartissent sur une zone d'environ 3 km. La Tamise, qui serpente à travers le centre, constitue le point de repère le plus utile.

Les hautes structures architecturales aident aussi à s'orienter : les tours Centre Point et BT indiquent le West End, Big Ben la direction de Westminster, la grande roue London Eye le South Bank, la cathédrale Saint-Paul et le "cornichon" (Gherkin) la City. Citons enfin les Royal Parks disposés en croissant autour du West End.

Autour s'organisent une série de faubourgs correspondant à d'anciennes localités autrefois distinctes de Londres. Nous ne saurions trop vous recommander d'échapper à la frénésie du centre pour goûter les charmes variés de Camden, Clerkenwell, Islington, Hampstead, Knightsbridge, Kensington, Chelsea et Notting Hill.

La meilleure façon d'appréhender la ville consiste à morceler la visite par secteur. Prévoyez un jour pour la City, un second pour le South Bank, un autre pour Soho, Mayfair et Marylebone, etc.

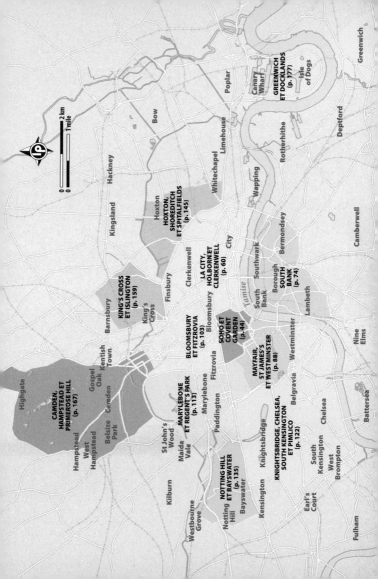

GREENWICH
ET DOCKLANDS
(p. 177)

Greenwich

Isle
of Dogs

Canary Wharf

Greenwich

Poplar

Deptford

Bow

Limehouse

Rotherhithe

Wapping

Whitechapel

Hackney

HOXTON,
SHOREDITCH
ET SPITALFIELDS
(p. 145)

Bermondsey

Kingsland

Hoxton

City

Southwark

Camberwell

Clerkenwell

LA CITY,
HOLBORN ET
CLERKENWELL
(p. 60)

Borough

SOUTH
BANK
(p. 74)

Finsbury

KING'S CROSS
ET ISLINGTON
(p. 159)

King's
Cross

Barnsbury

Bloomsbury

South
Southwark

Lambeth

Tamise

BLOOMSBURY
ET FITZROVIA
(p. 103)

SOHO ET
COVENT
GARDEN
(p. 44)

Westminster

Nine
Elms

Gospel
Oak

Kentish
Town

Fitzrovia

MAYFAIR,
ST JAMES'S
ET WESTMINSTER
(p. 88)

Highgate

Camden

Belsize
Park

CAMDEN,
HAMPSTEAD ET
PRIMROSE HILL
(p. 167)

MARYLEBONE
ET REGENT'S PARK
(p. 113)

Marylebone

Belgravia

Hampstead

West
Hampstead

St John's
Wood

Paddington

Knightsbridge

KNIGHTSBRIDGE, CHELSEA,
SOUTH KENSINGTON
ET PIMLICO
(p. 122)

Chelsea

Battersea

Maida
Vale

Kilburn

NOTTING HILL
ET BAYSWATER
(p. 135)

Bayswater

South
Kensington

West
Brompton

Westbourne
Grove

Notting
Hill

Kensington

Earl's
Court

Fulham

N

0 ⌐——— 2 km
0 ⌐——— 1 mile

>SOHO ET COVENT GARDEN

Sans doute le plus connu des quartiers de Londres, Soho hésite entre sophistication et sordide. Les petites rues sinueuses qui relient Oxford St et Shaftesbury Ave, deux artères surpeuplées, sont bordées de boutiques sympas, de théâtres célèbres, de bars branchés et de quelques restaurants très onéreux. Pourtant, c'est aussi le quartier chaud de la capitale, avec son lot de peep-shows, de sex-shops et de pervers en imperméable. Mais les Londoniens sont prêts à oublier cette face glauque en faveur de l'anticonformisme ambiant et de l'atmosphère libertaire de la scène gay le long d'Old Compton St. Le nom de "Soho" dérive du cri de ralliement des chasseurs au Moyen Âge – rien à voir étymologiquement avec le Soho (South Houston) de New York.

On retrouve le même côté bohème à Covent Garden dès que l'on s'éloigne de la place principale, où se massent les touristes. Rayonnant au nord et au sud de Long Acre, ses ruelles animées accueillent des tables gastronomiques, des magasins excentriques et des théâtres au programme éclectique. Les enseignes de mode de Floral St, les librairies spécialisées de Charing Cross Rd et les commerces d'articles de plein air de Southampton St, entre autres, offrent des opportunités de shopping.

Entre Soho et Covent Garden s'insèrent la petite enclave exotique de Chinatown, qui abrite un enchevêtrement étroit de supermarchés et de restaurants chinois, et le touristique Leicester Sq avec ses énormes multiplexes et ses premières clinquantes. À proximité, Piccadilly Circus draine toujours du monde, malgré l'attrait déclinant de ses panneaux publicitaires lumineux. Enfin, Trafalgar Sq, ses superbes musées d'art et ses monuments spectaculaires aux héros nationaux, semblent remporter tous les suffrages.

SOHO ET COVENT GARDEN

Voir carte p. 44-45

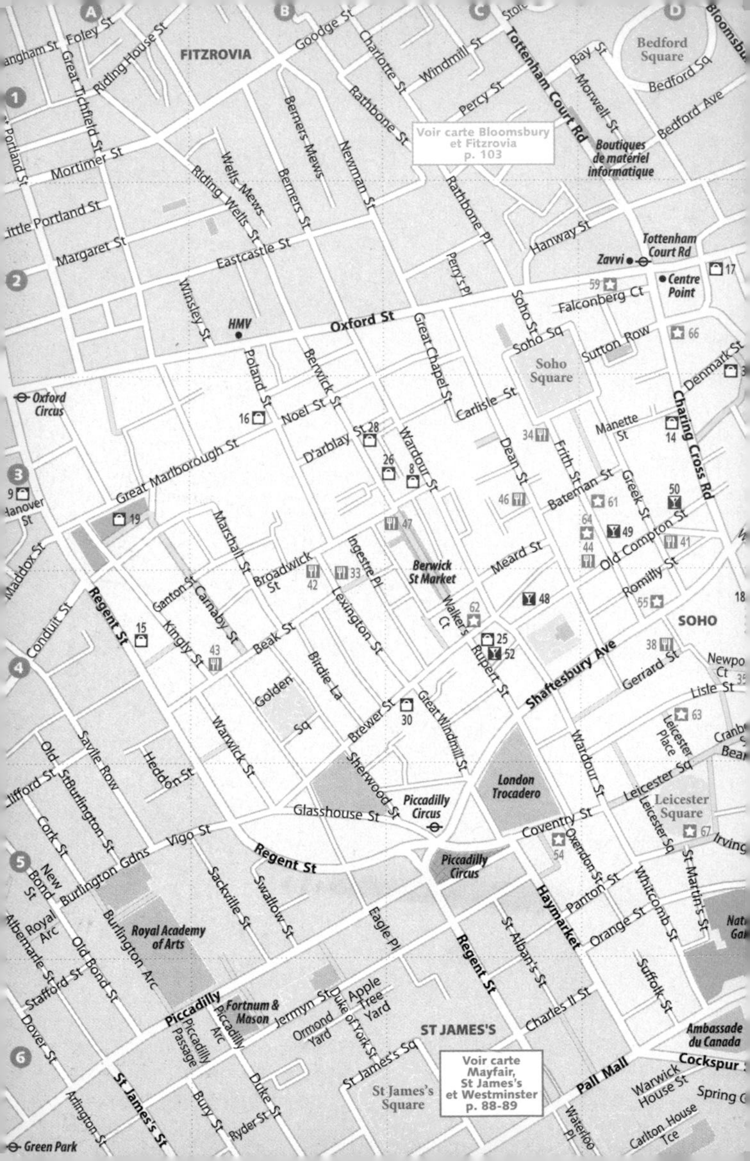

FITZROVIA
Voir carte Bloomsbury et Fitzrovia p. 103
Boutiques de matériel informatique
Bedford Square
Tottenham Court Rd
Zavvi
Centre Point
HMV
Oxford St
Oxford Circus
Soho Square
Berwick St Market
SOHO
London Trocadero
Piccadilly Circus
Leicester Square
Royal Academy of Arts
Fortnum & Mason
ST JAMES'S
St James's Square
Voir carte Mayfair, St James's et Westminster p. 88-89
Ambassade du Canada
Green Park
Regent St
Shaftesbury Ave
Charing Cross Rd
Piccadilly
Haymarket
Pall Mall
Cockspur
Goodge St
Tottenham Court Rd
Great Marlborough St
Glasshouse St
Coventry St
Leicester Sq
Golden Sq
Carnaby St
Wardour St
Dean St
Frith St
Greek St
Old Compton St
Berwick St
Poland St
Mortimer St
Margaret St
Eastcastle St
Soho St
Soho Sq
Sutton Row
Denmark St
Bateman St
Meard St
Gerrard St
Lisle St
Rupert St
Brewer St
Beak St
Broadwick St
Lexington St
Marshall St
Kingly St
Conduit St
Maddox St
Vigo St
Savile Row
Old Burlington St
New Bond St
Old Bond St
Albemarle St
Dover St
Stafford St
Burlington Gdns
Burlington Arc
Sackville St
Swallow St
Eagle Pl
Jermyn St
Duke St
Duke of York St
St Alban's St
Charles II St
Suffolk St
Whitcomb St
Orange St
Panton St
Oxendon St
St Martin's St
St James's St
Bury St
Arlington St
Ryder St
Waterloo Pl
Warwick House St
Carlton House Tce
Spring G

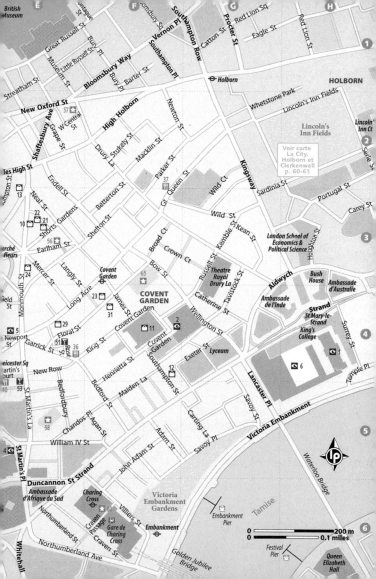

👁 VOIR

👁 COURTAULD GALLERY

☎ 7848 2526 ; www.courtauld.ac.uk ;
The Strand ; gratuit pour les étudiants
du Royaume-Uni, adulte/tarif réduit
5/4 £, entrée libre lun avant 14h ;
🕒 10h-18h ; ♿ 👶 ; ⊖ Temple ou
Covent Garden

Installé dans la superbe Somerset
House (p. 47), ce musée sélect
plaît autant pour son architecture
que pour ses collections
d'œuvres impressionnistes et
postimpressionnistes, parmi
lesquelles des tableaux de Cézanne,
Degas, Gauguin, Monet, Matisse,
Renoir et Van Gogh. Le Courtauld
Institute qui s'y rattache est le
centre d'étude de l'histoire de l'art
et de conservation le plus important
du Royaume-Uni.

👁 LONDON TRANSPORT MUSEUM

☎ 7565 7299 ; www.ltmuseum.co.uk ;
Covent Garden; adulte/enfant/tarif
réduit/senior 10/gratuit/5/8 £ ; 🕒 10h-
18h sam-jeu, 11h-21h ven ; ♿ 👶 ;
⊖ Covent Garden ou Charing Cross

Si les transports londoniens ont
quelque chose de nostalgique,
c'est très certainement à cause
des vieux autobus rouges à
impériale. Dans ce ravissant musée,
les adultes apprécieront l'aspect
historique, les enfants admireront
les véhicules rétro.

NATIONAL GALLERY

☎ 7747 2885 ; www.nationalgallery
.org.uk ; Trafalgar Sq ; entrée libre,
tarif variable pour les expositions
temporaires ; 🕒 jeu-mar 10h-18h, mer
10h-21h, visites guidées 11h30 et 14h30 ;
♿ 👶 ⊖ Charing Cross

Donnant sur Trafalgar Sq, cet
immense musée expose moult
tableaux célèbres : *Le Chariot de
foin* de Constable, *Une baignade,
Asnières* de Seurat, les *Tournesols*
de Van Gogh et *Les Ambassadeurs*
de Holbein, qui dissimule une
anamorphose en forme de crâne.
Voir aussi p. 18.

👁 NATIONAL PORTRAIT GALLERY

NPG ; ☎ 7306 0055 ; www.npg.org.uk ;
St Martin's ; entrée libre, tarif variable
pour les expositions temporaires ;
🕒 10h-18h, jusqu'à 21h jeu et ven ;
♿ 👶 ; ⊖ Charing Cross ou Leicester Sq

Cette fantastique institution permet
de mettre des visages sur les noms
de personnalités britanniques
des cinq derniers siècles à nos jours.
Voir aussi p. 18.

👁 PHOTOGRAPHERS' GALLERY

☎ 7831 1772 ; www.photonet.org.uk ;
5 & 8 Great Newport St ; entrée libre ;
🕒 11h-18h lun-sam, jusqu'à 20h jeu,
12h-18h dim ; ♿ ; ⊖ Leicester Sq

Répartie entre deux bâtiments,
cette minuscule galerie jouit d'une

LE QUATRIÈME SOCLE

Les quatre socles qui entourent la colonne Nelson furent érigés au XIXe siècle pour supporter les effigies de héros britanniques mais, faute d'unanimité sur le choix du personnage, le dernier resta vide jusqu'en 1999, date à laquelle la Royal Society of Arts adopta l'espace pour des expositions temporaires d'art moderne. Depuis lors, le quatrième socle a accueilli des œuvres controversées, comme l'*Hotel for the Birds* en plexiglas multicolore de Thomas Schütte et une statue de Marc Quinn représentant l'artiste handicapée Alison Lapper nue et enceinte. La dernière proposition en date est une "sculpture" interactive d'Antony Gormley – 2 400 volontaires se tiendront à tour de rôle sur le piédestal pendant une heure avec la possibilité de haranguer la foule sur le sujet de leur choix. Il existe toutefois un projet concurrent visant à installer de façon définitive une statue de la reine Élisabeth II. Pour des informations à jour sur le débat qui fait rage, consultez le site www.london.gov.uk/fourthplinth.

influence considérable dans le domaine de la photographie et se la joue parfois un peu par le choix des œuvres exposées.

◉ SOMERSET HOUSE

☎ 7845 4600 ; www.somerset-house .org.uk ; The Strand ; adulte/enfant/tarif réduit 8/gratuit/6 £ ; ✆ Embankment Galleries 10h-18h et jeu jusqu'à 21h ; ♿ ; ↦ Temple ou Covent Garden

Ce chef-d'œuvre palladien est tout aussi apprécié pour sa cour et sa jolie terrasse ensoleillée (avec café) surplombant la rive que pour les œuvres qu'il expose. La Courtauld Gallery (p. 46) présente les plus belles œuvres, tandis que les Embankment Galleries organisent des expositions d'art contemporain. La cour accueille des projections de films à la mode et des concerts en été. Elle se transforme en patinoire en hiver.

◉ TRAFALGAR SQUARE

♿ ; ↦ Charing Cross

La place majestueuse qui sépare le West End de Whitehall fait partie des grands clichés de Londres. Les touristes posent en masse devant la colonne Nelson, érigée pour célébrer la victoire des Anglais à la bataille de Trafalgar en 1805. Face à elle, la National Gallery et l'église St Martins-in-the-Fields dessinée par James Gibbs en 1721. Voir aussi l'encadré ci-dessus.

🛍 SHOPPING

🛍 APPLE STORE *Marché*

☎ 7153 9000 ; www.apple.com/uk ; 235 Regent St ; ✆ 10h-21h lun-sam ; ↦ Oxford Circus

La boutique phare d'Apple séduit les mordus de technologie informatique en quête du dernier portable ou iPod. On peut même consulter ses e-mails sur les modèles de démonstration.

⌂ COVENT GARDEN MARKET
Marché

☎ 7395 1010 ; www.coventgarden
market.co.uk ; 3-11 Southampton St ;
🕒 10h-19h lun-sam, 11h-18h dim ;
♿ 👶 ; ⊖ Covent Garden

Les bâtiments actuels du marché
de Covent Garden furent conçus par
l'architecte Inigo Jones (1573-1652).
Aujourd'hui, la plupart des étals
vendent des babioles pour touristes,
mais les artistes de rue confèrent
au lieu une ambiance festive.

⌂ ELLIS BRIGHAM
Vêtements de plein air

☎ 7395 1010 ; www.ellis-brigham
.com ; 3-11 Southampton St ; 🕒 10h-19h
lun-ven, jusqu'à 20h jeu, 9h30-18h30
sam, 11h30-17h30 dim ; ♿ ; ⊖ Covent
Garden ou Charing Cross

Le magasin incontournable pour les
articles de randonnée, de camping,
d'escalade et de ski. Il y a même un
mur d'escalade en glace haut de
8,5 m (www.vertical-chill.com).

⌂ FORBIDDEN PLANET *BD*

☎ 7420 3666 ; www.forbiddenplanet
.com ; 179 Shaftesbury Ave ; ♿ ;
🕒 10h-19h lun-sam, jusqu'à 20h jeu,
12h-18h dim ; ⊖ Tottenham Court Rd

Vous trouverez sans doute votre
bonheur dans cet espace consacré
à la bande dessinée et ses produits
dérivés, comme la collection
complète de *L'Incroyable Hulk*, ou

Au marché de Covent Garden, tout ce qui brille n'est pas de l'or

LES COINS SHOPPING DU CENTRE

Le shopping est l'une des principales raisons pour lesquelles on visite Covent Garden et Soho en journée. Il y a bien plus de boutiques que ne peut en répertorier un guide, aussi, voici ce que vous trouverez sur les places et dans les rues de ce quartier :

> Berwick St (B3) – disques d'occasion et tissus
> Carnaby St (B4) – enseignes de grandes chaînes
> Charing Cross Rd (D4) – excellentes librairies, dont Foyle's (ci-dessous), Murder One et Shipley (voir l'encadré p. 50)
> Covent Garden Piazza (F4) – stands d'articles "artisanaux" pour une clientèle touristique
> Denmark St (D3) – guitares en folie
> Floral St (F4) – boutiques de mode haut de gamme comme Paul Smith (p. 50) et Ted Baker (p. 51)
> Long Acre (E4) – grandes chaînes d'habillement plus chic et remarquable librairie de voyage Stanfords (p. 51)
> Monmouth St (E3) – vêtements et chaussures originales dans des boutiques amusantes et décontractées
> Neal St (E3) – mode quelconque dans des boutiques faussement branchées
> Oxford St (B2) – grandes chaînes bondées, dont HMV et Zavvi
> Regent St (A4) – du monde, des chaînes et le magasin de jouets Hamleys (ci-dessous)
> Southampton St (F4) – tout pour une expédition sur l'Everest

une figurine de votre super-héros préféré. Pour les autres boutiques du genre, voir l'encadré p. 107.

☐ FOYLES *Livres*
☎ 7437 5660 ; www.foyles.co.uk ; Charing Cross Rd ; 🕙 9h30-21h lun-sam, 12h-18h dim ; ⊖ Oxford Circus
Vaste choix de livres et de matériel audio dans cette librairie fondée en 1903. Rendez-vous au Ray's Jazz Café pour les CD de jazz et de musique du monde. Autre enseigne à South Bank.

☐ HAMLEYS *Jouets*
☎ 0844 855 2424 ; www.hamleys.com ; 188-196 Regent St ; 🕙 10h-20h lun-

ven, 9h-20h sam, 12h-18h dim ; 👪 ; ⊖ Oxford Circus
Le plus célèbre magasin de jouets de Londres vend de tout, des puzzles aux échasses sauteuses en passant par les Lego et les jeux vidéo. Des démonstrations ajoutent une note interactive. Seuls les courageux osent s'y aventurer le week-end.

☐ JESSOPS *Appareils photo*
☎ 0845 458 7201 ; www.jessops.co.uk ; 63-69 New Oxford St ; 🕙 9h-19h lun-ven, jusqu'à 20h jeu, 11h-17h dim ; ⊖ Tottenham Court Rd
Avec ses deux étages dédiés aux appareils photo ainsi qu'au matériel

LIBRAIRIES SPÉCIALISÉES

Charing Cross Rd est l'épicentre du commerce du livre à Londres. Voici quelques librairies spécialisées de qualité :
Koenig Books (☎ 7240 8190 ; www. koenigbooks.co.uk ; 80 Charing Cross Rd). Photographie et design.
Murder One (☎ 7539 8820 ; www. murderone.co.uk ; 76-78 Charing Cross Rd). Romans policiers.
Shipley (☎ 7240 1559 ; www.artbook. co.uk ; 72 Charing Cross Rd). Art.

de développement et de tirage, Jessops à la faveur des étudiants en photographie et des pros du domaine.

◙ LIBERTY Grand magasin
☎ 7734 1234 ; www.liberty.co.uk ; 210-220 Regent St ; 🕑 10h-21h lun-sam, jusqu'à 20h jeu, 12h-18h dim ;
↔ Oxford Circus
Ce grand magasin, vénérable maison façon Tudor, est connu pour

ses tissus imprimés, qui figurent souvent dans les pages de *Vogue* et de *Elle*, ses articles pour la maison et ses tapis exotiques.

◙ PAUL SMITH Mode
☎ 7379 7133 ; www.paulsmith.co.uk ; 40-44 Floral St ; 🕑 10h30-18h lun-ven, 10h30-19h jeu, 10h30-18h30 ven-sam, 12h-17h dim ; ↔ Covent Garden
Le meilleur de la mode classique britannique (hommes et femmes), dont les vêtements bien coupés incarnent le parfait look londonien. Pour de bonnes affaires, rendez-vous à la solderie (p. 96).

◙ POSTE MISTRESS Chaussures
☎ 7379 4040 ; www.office.co.uk/ postemistress ; 61-63 Monmouth St ;
🕑 10h-19h lun-sam, 11h30-18h dim ;
↔ Covent Garden ou Leicester Sq
Vous craquerez au choix sur des bottes en caoutchouc aux tons pastel ou sur des chaussures Emma Hope, Vivienne Westwood, Chloe Sevigny ou Eley Kishimoto.

DISQUAIRES

HMV (www.hmv.com) et **Zavvi** (www.zavvi.co.uk), dans Oxford St, regorgent du sol au plafond de CD, DVD et vinyles neufs, mais les vrais collectionneurs se rendent à Berwick St (métro Oxford Circus ou Piccadilly Circus) pour en acheter d'occasion. **Revival Records** (☎ 7437 4271 ; www.revivalrecords.uk.com ; 30 Berwick St) et **Sister Ray** (☎ 7734 3297 ; www.sisterray.co.uk ; 34-35 Berwick St) figurent parmi les meilleures adresses de la rue. Quant aux amateurs de musique classique, ils pourront dénicher quelques trésors chez **Harold Moores Records** (☎ 7437 1576 ; www.hmrecords.co.uk ; 2 Great Marlborough St).

OBJETS DU DÉSIR

Depuis l'essor d'Internet, les sex-shops de Soho ont rapidement décliné au profit de boutiques d'un genre nouveau, intimes, élégantes et sophistiquées, qui s'adressent clairement aux couples adultes. Quelques suggestions :

Agent Provocateur (☎ 7439 0229 ; www.agentprovocateur.com ; 6 Broadwick St ; ⊖ Oxford Circus ou Piccadilly Circus). Un grand magasin chic de lingerie sexy qui possède d'autres enseignes chez Selfridges et Harrods.

Coco de Mer (☎ 7836 8882 ; www.coco-de-mer.co.uk ; 23 Monmouth St ; ⊖ Tottenham Court Rd). Boutique ultrachic de lingerie en soie et autres articles coquins – parfait pour se glisser dans la peau d'un personnage.

Prowler (☎ 7734 4031 ; www.prowlerstores.co.uk ; 5-7 Brewer St ; ⊖ Oxford Circus ou Piccadilly Circus). Le plus grand sex-shop gay de Grande-Bretagne – âmes sensibles s'abstenir.

⬚ STANFORDS *Livres*

☎ 7836 1321 ; www.stanfords.co.uk ; 12-14 Long Acre ; ☙ 9h-19h30 lun-ven, à partir de 9h30 mar, jusqu'à 20h jeu, 10h-20h sam, 12h-18h dim ; ⊖ Covent Garden ou Leicester Sq

Depuis plus d'un siècle, cette librairie est spécialisée dans les guides et la littérature de voyage, les cartes et les cadeaux en rapport avec ce domaine.

⬚ TATTY DEVINE *Bijoux*

☎ 7434 2257 ; www.tattydevine.com ; 57b Brewer St ; ☙ 11h-19h lun-sam ; ⊖ Oxford Circus

Tatty Devine réalise des bijoux uniques à l'aide de plastique et d'objets de récupération, dans un esprit kitsch rigolo. À noter, les pendentifs en plexiglas à votre nom et les colliers de pop-corn. Autre enseigne dans Brick Lane (p. 150).

⬚ TED BAKER *Mode*

☎ 7836 7808 ; www.tedbaker.com ; 9-10 Floral St ; ☙ 10h-19h lun-sam, jusqu'à 20h jeu, 12h-18h dim ; ⊖ Covent Garden

Un grand styliste britannique qui crée des vêtements élégants pour hommes et femmes avec une touche rétro. N'hésitez pas à entrer pour admirer la boutique, actuellement aménagée comme une salle de bal des années 1950.

⬚ VINTAGE & RARE GUITARS
Musique

☎ 7240 7500 ; www.vintageandrare guitars.com ; 6 Denmark St ; ☙ 10h-18h lun-sam, 12h-16h dim ; ⊖ Tottenham Court Rd

Denmark St est jalonnée de magasins de guitares, mais les vrais accros se précipitent dans cette caverne d'Ali Baba pour dénicher la

Stratocasters, les Paul, Gretsch ou Rickenbacker de leurs rêves.

SE RESTAURER

🍴 ANDREW EDMUNDS

Européen moderne ££-£££
☎ 7437 5708 ; 46 Lexington St ;
🕐 12h30-15h lun-ven, 13h-15h sam-dim, 18h-22h30 tlj ; ⊖ Oxford Circus

Sur deux étages d'un hôtel particulier georgien exigu, cette table prisée de Soho est en première ligne de la cuisine moderne britannique depuis 1983. On y déguste des plats copieux, préparés à base de produits locaux de saison.

🍴 ARBUTUS

Européen moderne ££-£££
☎ 7734 4545 ; www.arbutusrestaurant .co.uk ; 63-64 Frith St ; 🕐 12h-14h30 et 17h-22h30 lun-sam, 12h-15h30 et 17h30-21h30 dim ; ⊖ Tottenham Court Rd

Le décor minimaliste chic et moderne contraste avec une cuisine créative d'inspiration méditerranéenne. Soyez audacieux,

osez la tête de cochon braisée ou le burger de maquereau.

🍴 CAFÉ DE HONG KONG

Chinois £
☎ 7534 9898 ; 47 Charing Cross Rd ;
🕐 11h30-23h lun-sam, 11h-22h30 dim ;
⊖ Leicester Sq

Les étudiants chinois affluent dans cette cantine bon marché qui sert de savoureux plats cantonais, à une rapidité déconcertante. Nous vous suggérons la soupe de nouilles ou les *ho fun* à la sauce de haricots noirs, le tout arrosé de *sago pearl tea*.

🍴 GREAT QUEEN STREET

Britannique ££
☎ 7242 0622 ; 32 Great Queen St ;
🕐 12h-14h30 mar-dim, 18h-22h30 lun-sam ; ⊖ Holborn

Tenue par la même équipe que l'Anchor & Hope (p. 80), cette table sans façon sert du vin en carafe et des plats anglais actuels bien cuisinés, notamment de copieux rôtis à partager.

NEAL'S YARD

Caché derrière Monmouth St, Neal's Yard est devenu une grande marque internationale. Le **Neal's Yard Dairy** (☎ 7240 5700 ; www.nealsyarddairy.co.uk ; 17 Shorts Gardens) vend des fromages anglais affinés (autre enseigne au Borough Market ; p. 79), **Neal's Yard Remedies** (☎ 7379 7222 ; www.nealsyardremedies.com ; 15 Neal's Yard) des produits de soins bio pour la peau et des remèdes à base de plantes. Profitez de votre visite pour commander un smoothie aux fruits frais au **Neal's Yard Salad Bar** (☎ 7836 3233 ; www. nealsyardsaladbar.com ; 1, 8/10 Neal's Yard) joyeusement bohème. Covent Garden est la station de métro la plus proche.

CHAÎNES DE CAFÉS

Les Londoniens déplorent souvent la disparition des petits cafés indépendants, mais certaines chaînes ne sont pas mal du tout, notamment les suivantes :

Carluccio's (☎ 7836 0990 ; www.carluccios.com ; Garrick St ; ↩ Leicester Sq ou Covent Garden). L'une des adresses de prédilection pour déjeuner : *ciabatta* et pizza extra-fraîches et plats italiens de qualité.

Patisserie Valerie (☎ 7437 3466 ; www.patisserie-valerie.co.uk ; 44 Old Compton St ; ↩ Leicester Sq). Fondé à Soho en 1926, l'endroit propose des glaces et des pâtisseries délicieuses.

🍴 HAOZHAN

Chinois   ££

☎ 7434 3838 ; www.haozhan.co.uk ; 8 Gerrard St ; 🕐 12h-23h dim-jeu, 12h-24h ven-sam ; ↩ Leicester Sq

Le cuisinier, qui travaillait auparavant au luxueux Hakkasan (p. 108), revisite la soupe de nouilles et autres classiques cantonais avec une touche de modernité appréciable.

🍴 J SHEEKEY

Poissons et fruits de mer   £££

☎ 7240 2565 ; www.j-sheekey.co.uk ; 28-32 St Martin's Ct ; 🕐 12h-15h et 17h30-24h lun-sam, 12h-15h30 et 18h-23h dim ; ↩ Leicester Sq

Jumeau du Ivy (p. 54), J Sheekey a pour spécialités le saumon atlantique, les couteaux et les fruits de mer variés provenant des eaux territoriales de la Grande-Bretagne. Même s'il reçoit aussi des célébrités et a une longue liste d'attente, l'ambiance est moins snob.

🍴 MAISON BERTAUX

Français   £

☎ 7437 6007 ; 28 Greek St ; 🕐 8h30-23h lun-sam, 8h30-19h dim ; ↩ Leicester Sq ou Tottenham Court Rd

Ambiance bohème à la française dans ce café vieux de 130 ans où déguster de divines pâtisseries accompagnées d'un petit noir.

🍴 MILDRED'S

Végétarien   ££

☎ 7494 1634 ; www.mildreds.co.uk ; 45 Lexington St ; 🕐 12h-23h lun-sam ; ↩ Piccadilly Circus

Le restaurant végétarien le plus célèbre du centre prépare depuis plus de 17 ans une cuisine à l'ancienne roborative. La qualité du service fluctue, mais rien à redire sur la nourriture.

🍴 MYUNG GA

Coréen   ££

☎ 7734 8220 ; www.myungga.co.uk ; 1 Kingly St ; 🕐 12h-15h lun-sam, 17h30-23h lun-dim ; ↩ Piccadilly Circus

L'endroit a beaucoup de succès auprès de ceux qui se rendent ensuite au théâtre. Vous pouvez commander plusieurs sortes de viandes à cuire au barbecue et les accompagner de *bibimbap* (riz cuit dans un bol en fonte) et de *chigae* (soupe épicée au chou et au piment).

🍴 RED FORT *Indien* ££-£££
☎ 7437 2525 ; www.redfort.co.uk ; 77 Dean St ; 🕑 12h-14h30 lun-ven, 17h45-23h30 lun-sam ; ⊖ Leicester Sq
La carte de cet élégant restaurant indien au cœur de Soho regarde du côté de la frontière du Nord-Est, avec des plats d'agneau fondant, des curries à se lécher les babines qui le différencient de la concurrence. Bar à cocktails Akbar au sous-sol.

🍴 THE IVY
Britannique £££
☎ 7836 4751 ; www.the-ivy.co.uk ; 1 West St ; 🕑 12h-15h et 17h30-24h, jusqu'à 23h dim ; ⊖ Leicester Sq
Il faut réserver des mois à l'avance pour découvrir l'adresse favorite du gratin londonien. Son attrait réside dans l'excellence de la cuisine, moderne et innovante, mais aussi dans la clientèle qui le fréquente.

🍴 YAUATCHA *Chinois* ££
☎ 7494 8888 ; 15 Broadwick St ; 🕑 11h-23h45 lun-sam, 11h-22h45 dim, restaurant à partir de 12h ; ⊖ Oxford Circus

Élégance glamour pour ce restaurant de *dim sum* et salon de thé en verre bleu, autre création du dynamique Alan Yau, qui attire les branchés de Soho. Sélection de thés blancs, noirs et verts.

🍸 PRENDRE UN VERRE

🍸 BALANS *Café*
☎ 7439 2183 ; www.balans.co.uk ; 60 Old Compton St ; 🕑 8h-5h lun-jeu, 8h-6h ven-sam, 8h-2h dim ; ⊖ Leicester Sq
Un café original de style Art déco où les gays sont les bienvenus. La terrasse le long d'Old Compton St constitue un poste d'observation idéal.

🍸 BAR ITALIA *Café*
☎ 7437 4520 ; www.baritaliasoho .co.uk ; 22 Frith St ; 🕑 24h/24 ; ⊖ Leicester Sq
Les fêtards du quartier se retrouvent en début et en fin de soirée pour boire un expresso, manger du panettone et discuter football dans ce café italien rétro ouvert en 1949.

🍸 LAB *Bar*
☎ 7437 7820 ; www.lab-townhouse .com ; 12 Old Compton St ; 🕑 16h-24h lun-jeu, 16h-00h30 ven-sam, 16h-23h dim ; ⊖ Tottenham Court Rd ou Leicester Sq
Diplômé de la London Academy of Bartending, le personnel de ce bar

à cocktails de poche concocte de savants mélanges multicolores.

🍸 LAMB & FLAG *Pub*
☎ 7497 9504 ; 33 Rose St ;
⊖ **Leicester Sq ou Covent Garden**
Cette taverne historique nichée dans une ruelle change agréablement des autres pubs de Covent Garden, pour la plupart terriblement touristiques. On y sert de la bière à la pression dans un cadre exigu, cosy et bondé.

🍸 SALISBURY *Pub*
☎ 7836 5863 ; 90 St Martin's Lane ;
⊖ **Leicester Sq**
Jetez un coup d'œil à ce superbe pub britannique traditionnel, aux fenêtres victoriennes en verre gravé et aux lampes de style Art nouveau, où l'on vient boire une pinte rapide après le travail.

⭐ SORTIR
Soho et Covent Garden forment le cœur de la scène théâtrale – pour plus de détails voir p. 24.

⭐ COMEDY STORE *Comédie*
☎ **Ticketmaster 0844 847 1728 ; www. thecomedystore.co.uk ; Haymarket House, 1a Oxendon St ;** ⏰ **à partir de 20h, spectacle supplémentaire à 24h ven et sam ;** ⊖ **Piccadilly Circus**
Résolument l'une des meilleures scènes comiques de Londres, où

THÉÂTRES DU WEST END
Des sites Web comme www. whatsonstage.com vous aideront à choisir parmi les pièces bizarres et farfelues à l'affiche de la cinquantaine de théâtres du West End. Pour l'achat de billets de spectacle, contactez **Ticketmaster** (☎ 0870 060 2340; www.ticketmaster.co.uk). Autrement, vous pourrez vous procurer des places à prix réduit le jour même au **TKTS Booth** (www.officiallondontheatre.co.uk ; ⏰ 10h-19h lun-sam, 12h-15h dim ; ⊖ Leicester Sq). Voir aussi p. 196.

---

se produisent de grands noms. Le mercredi a lieu une séance d'improvisation, souvent conduite par le brillant Paul Merton.

⭐ CURZON SOHO *Cinéma*
☎ **info 7292 1686, réservations 0871 703 3988 ; www.curzoncinemas.com ; 99 Shaftesbury Ave ;** ⊖ **Leicester Sq**
Plus qu'un simple cinéma, cette salle d'art et d'essai comprend un café, Konditor & Cook (p. 79) en devanture, et un bar au sous-sol.

⭐ DONMAR WAREHOUSE *Théâtre*
☎ **0870 060 6624 ; www.donmar warehouse.com ; 41 Earlham St ;** ⊖ **Covent Garden**
Dans les années 1990, cette salle minuscule a vu Nicole Kidman fournir aux spectateurs leur dose de

GAY SOHO

Avec ses cabarets et ses clubs, Soho se pose comme le haut lieu de la scène gay londonienne, centrée autour d'Old Compton St. Voici nos adresses favorites :

Ghetto (☎ 7287 3726 ; www.ghetto-london.co.uk ; 5-6 Falconberg Ct ; 🕑 22h30-3h lun-mer, 22h30-4h jeu-ven, 21h30-5h sam, 21h30-2h dim ; 🚇 Tottenham Court Rd). Bruyant, moite et marrant, c'est l'endroit où se retrouvent les fêtards quand la soirée tire à sa fin dans Old Compton St.

Heaven (☎ 7930 2020 ; www.heaven-london.com ; sous les arcades, Villiers St ; 🕑 23h-6h lun, 23h-4h mer, 22h30-6h sam ; 🚇 Charing Cross ou Embankment). Sous les arcades de Charing Cross, le club gay le plus célèbre de Londres est le champ de foire où les beaux mecs s'exhibent le samedi soir.

Rupert St (☎ 7494 3059 ; www.rupertstreet.com ; 50 Rupert St ; 🕑 12h-23h30 ; 🚇 Piccadilly Circus). Un bar homo pimpant qui offre une atmosphère plus détendue que les boîtes turbulentes.

SIN (☎ 7240 1900 ; www.sinlondon.com ; 144 Charing Cross Rd ; 🕑 horaire des spectacles variable ; 🚇 Tottenham Court Rd). Le nouveau lieu du fameux Popstarz, plus grande soirée gay indé de Londres, qui a lieu le vendredi.

Soho Revue Bar (☎ 7734 0377 ; www.sohorevuebar.co.uk ; 11 Walker's Court ; 🕑 horaire des spectacles variable ; 🚇 Covent Garden). Un ancien bar à strip-tease, qui accueille chaque vendredi la délirante soirée "polysexuelle" Circus que les Londoniens adorent.

"Viagra théâtral" en se déshabillant dans *The Blue Room* de Sam Mendes. La salle programme toujours des acteurs connus en quête d'un cadre plus intimiste pour exercer leur art. On pourra voir en 2009 Dame Judi Dench dans *Madame de Sade* et Jude Law dans le rôle-titre d'*Hamlet*.

⭐ END *Club*
☎ 7419 9199 ; www.endclub.com ; www.endclub.com ; 18 West Central St ; 🕑 22h30-3h lun et mer, 23h-6h ven, 23h-7h sam ; 🚇 Holborn

Son style industriel et futuriste compose un écrin parfait pour les paysages sonores de Laurent

Garnier, Groove Armada, DJ Fabio et autres DJ en résidence. Il partage ses locaux avec l'**Aka Bar** (www.akalondon. com) immensément populaire.

⭐ ENGLISH NATIONAL OPERA *Opéra*
ENO ; ☎ 7632 8300 ; www.eno.org ; **Coliseum, St Martin's Lane** ; 🚇 **Leicester Sq ou Charing Cross**

Il y a quelques années, l'ENO a rénové avec succès le Coliseum, où il s'est installé, et présente une intéressante programmation d'opéras, de spectacles de danse classique et moderne de l'**English National Ballet** (www.ballet.org.uk).

⭐ KARAOKE BOX *Karaoké*
☎ 7494 3878 ; www.karaokebox.co.uk ;
18 Frith St ; ⊖ Covent Garden
Ce karaoké délicieusement kitsch
composé de six espaces privés est le
repaire favori de Kate Moss.

⭐ MADAME JO JO'S
Cabaret-club
☎ 7734 3040 ; www.madamejojos
.com ; 8-10 Brewer St ; ⏱ à partir de 20h
mar-jeu, à partir de 22h ven-sam, à partir
de 21h30 dim, horaires des spectacles
variables ; ⊖ Piccadilly Circus
En bas du Raymond's Revue Bar,
qui vient d'être refait, le Madame
Jo Jo's est La Mecque des amateurs
de musique funky et de spectacle
de cabaret kitsch. Il accueille le
vendredi la soirée légendaire Deep
Funk Friday de Keb Darge.

⭐ PRINCE CHARLES CINEMA
Cinéma
☎ 0870 811 2559 ; www.princecharles
cinema.com ; 7 Leicester Pl ;
⊖ Leicester Sq
Ce cinéma projette un mélange de
vieux classiques et de films récents
qui ne passent plus dans les salles
habituelles. Soyez à l'affût de perles
rétro comme *La Soif du mal* d'Orson
Wells.

⭐ RONNIE SCOTT'S *Jazz*
☎ 7439 0747 ; www.ronniescotts.co.uk ;
47 Frith St ; ⏱ 18h-3h lun-sam, 18h-3h
dim ; ⊖ Leicester Sq

Repris en 2005 par l'impresario de
théâtre Sally Greene, le club de jazz
emblématique ouvert par Ronnie
Scott reçoit toujours de grosses
pointures internationales et son
ambiance reste inchangée.

⭐ ROYAL OPERA HOUSE *Opéra*
☎ 7304 4000 ; www.royaloperahouse
.org ; Bow St ; ⊖ Covent Garden
Depuis qu'elle a dépensé
210 millions de livres pour faire
peau neuve dans les années 1990, la
Royal Opera House s'est lancée dans
une programmation plus grand
public tel l'opéra pop de Damon
Albarn *Monkey: Journey to the West*
monté en 2008. C'est ici aussi que
se produit le Royal Ballet (www.
royalballet.co.uk).

La Royal Opera House a pris un coup de jeune

>LA CITY, HOLBORN ET CLERKENWELL

Jusqu'à l'époque médiévale, Londres n'occupait qu'un territoire de 1,6 km² circonscrit à l'intérieur de l'enceinte romaine. Aujourd'hui encore, la City demeure distincte du reste de la métropole, avec son maire, son gouvernement local.

Ce bastion du capitalisme ne semble pas d'un fol attrait touristique, mais l'histoire de la ville s'inscrit pourtant à travers ses rues. La majestueuse cathédrale Saint-Paul dessinée par sir Christopher Wren après le grand incendie de 1666 domine toujours l'horizon hérissé d'une forêt de gratte-ciel en verre.

Au nord de la City, Clerkenwell se transforme rapidement en quartier de divertissement. Plus à l'ouest, Holborn (*ho-bern*), berceau de la justice britannique, mérite une halte pour découvrir les curieux Hunterian Museum et Sir John Soane's Museum.

LA CITY, HOLBORN ET CLERKENWELL

Voir carte p. 60-61

VOIR

BANK OF ENGLAND ET SES ENVIRONS

☎ 7601 5545 ; www.bankofengland
.co.uk ; Bartholomew Lane ; entrée
libre ; 🕑 10h-17h lun-ven ; ⊖ Bank
La Bank of England a conservé
la courtine du bâtiment d'origine,
construit en 1788 par Sir John Soane.
Elle abrite un musée où vous pourrez
soupeser un vrai lingot d'or sous
l'œil des caméras de surveillance.

HUNTERIAN MUSEUM

☎ 7869 6560 ; www.rcseng.ac.uk/
museums ; Royal College of Surgeons
of England, 35-43 Lincoln's Inn Fields ;
entrée libre ; 🕑 10h-17h mar-sam ;
🚻 ; ⊖ Holborn
Baptisé du nom de John Hunter,
chirurgien pionnier du XVIIIe siècle,
ce musée expose une collection
stupéfiante de spécimens médicaux,
de préparations anatomiques
et d'instruments chirurgicaux.
Déconseillé aux âmes délicates.

LEADENHALL MARKET

www.leadenhallmarket.co.uk ;
Whittington Ave ; 🕑 7h-16h lun-ven ;
🚻 ; ⊖ Bank
Ou comment retrouver en un clin
d'œil le Londres victorien… Ce
marché couvert, faiblement éclairé,
avec ses pavés et ses ouvrages en
fer forgé, évoque à s'y méprendre
le XIXe siècle. Même les restaurants
et les boutiques modernes ont
adopté le style de l'époque, tout
en s'adressant à une clientèle
de businessmen d'aujourd'hui.
Le marché est à deux pas de
Gracechurch St.

LA CITY, HOLBORN ET CLERKENWELL

SAMUEL JOHNSON

Poète, essayiste, pamphlétaire et lexicographe, Samuel Johnson (1709-1784) fut l'un des grands auteurs de la littérature britannique. On lui doit en particulier le premier dictionnaire anglais (*Dictionary of the English Language*), publié en 1755, auquel il consacra neuf ans de sa vie et qui contient quelques définitions pleines de charme (ex : "morne : pas exaltant, comme le travail qui consiste à rédiger un dictionnaire").

Johnson avait également la réputation de proférer des diatribes véhémentes et d'être secoué de tics nerveux, ce qui amène de nombreux historiens à penser qu'il souffrait peut-être du syndrome de Tourette. Quoi qu'il en soit, Johnson s'exprima sans détour sur les problèmes de son temps et écrivit contre l'esclavage un siècle avant qu'il soit aboli. Il légua d'ailleurs sa fortune à son serviteur noir, Francis Barber.

La **maison de Johnson** (☎ 7353 3745 ; www.drjohnsonshouse.org ; 17 Gough Sq ; adulte/enfant/tarif réduit 4,50/1,50/3,50 £ ; 🕑 11h30-17h30 lun-sam, jusqu'à 17h oct-avr ; ⊖ Chancery Lane), près de Fleet St, est désormais un musée qui conserve les meubles d'époque et les souvenirs liés au grand homme.

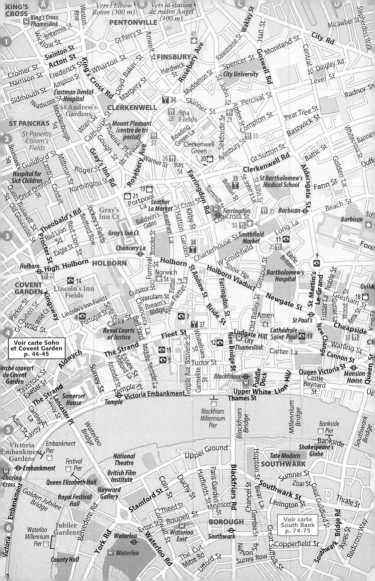

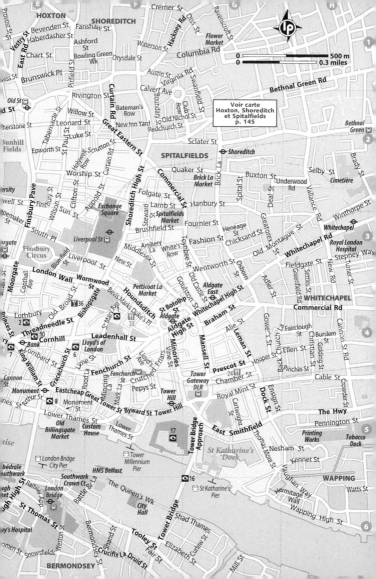

LES INNS OF COURT

Depuis le XIIIe siècle, tous les avocats de Londres adhèrent à l'un des quatre Inns of Courts, des institutions de formation professionnelle et de surveillance, dont les rituels ne sont pas sans évoquer la franc-maçonnerie. Leur accès est généralement réservé aux juristes, mais l'on peut en revanche déambuler librement dans les ruelles de l'**Inner Temple** (www. innertemple.org.uk), près de Fleet St, pour découvrir la **Temple Church** (horaires sur www.templechurch.com) fondée par les Templiers. Celle-ci attire immanquablement son lot de passionnés du *Da Vinci code* en quête de preuve d'une conspiration pontificale. Temple est la station de métro la plus proche.

◉ MANSION HOUSE ET ENVIRONS

Mansion House Pl ; ⊖ **Bank**
Face à la Bank of England, l'imposante Mansion House est la résidence officielle du Lord Mayor of London. Le **Royal Exchange**, bâtiment initial de la Bourse de Londres, abrite à présent des boutiques huppées et un café-bar chic dans la cour.

◉ MONUMENT

☎ **7626 2717 ; Monument St ; adulte/enfant 5-15 ans 2/1 £ ;** ⏰ **9h30-17h30 ;** ⊖ **Monument**
Le monument conçu par Christopher Wren en mémoire du grand incendie de 1666 mesure environ 67 m de haut, soit la distance qui le sépare de la boulangerie où le feu se déclara. À l'issue des travaux de restauration, qui ont coûté 4,5 millions de livres, les visiteurs peuvent à nouveau gravir les 311 marches qui conduisent au sommet pour contempler la vue vertigineuse sur la City.

◉ MUSEUM OF LONDON

☎ **0870 444 3582 ; www. museumoflondon.org.uk ; 150 London Wall ; entrée libre ;** ⏰ **10h-18h, dernière entrée 17h30, jusqu'à 21h 1er jeu du mois ;** ♿ 🚻 **;** ⊖ **Barbican**
Partenaire du Museum in Docklands (p. 179), cet excellent musée illustre de manière vivante l'histoire de la capitale britannique, de l'époque préhistorique au grand incendie de 1666 (les salles traitant des périodes plus récentes sont fermées pour rénovation jusqu'en 2010), à l'aide d'installations originales, d'effets sonores et de reconstitutions interactives. Plusieurs bastions médiévaux et des pans de muraille romaine sont visibles à proximité.

◉ SIR JOHN SOANE'S MUSEUM

☎ **7405 2107 ; www.soane.org ; 13 Lincoln's Inn Fields ; entrée libre, visite guidée 5 £ ;** ⏰ **10h-17h mar-sam, 1er mar du mois 18h-21h, visite guidée sam 11h ;** ⊖ **Holborn**

L'ancienne demeure de sir John Soane, génial concepteur de la Bank of England, accueille un musée regroupant la collection de statues, d'objets d'art et de toiles accumulés par l'architecte au cours de sa vie. Les soirées du mardi, éclairées à la bougie, sont envoûtantes.

⚫ ST BARTHOLOMEW-THE-GREAT
☎ 7606 5171 ; www.greatstbarts.com ; West Smithfield ; 🕑 8h30-17h lun-ven, 10h30-16h sam, 8h-13h et 14h30-20h dim ; ⊖ Barbican ou Farringdon
Cette église médiévale remaniée à l'époque élisabéthaine dépendait à l'origine d'un prieuré, attenant à l'hôpital St Bartholomew, qui fut démoli lors de la Réforme, sous le règne d'Henri VIII. Certaines scènes du film *Shakespeare in Love* ont été tournées ici.

⚫ ST BRIDE'S CHURCH
☎ 7427 0133 ; www.stbrides.com ; Fleet St ; entrée libre ; 🕑 8h-16h45 lun-ven ; ⊖ Blackfriars, 🚉 City Thameslink
Le clocher à degrés de ce chef-d'œuvre de Christopher Wren aurait inspiré l'invention de la pièce montée. C'est ici que fut installée au XVIe siècle la première presse typographique mécanique d'Angleterre. L'église abrite un mémorial en hommage aux journalistes tués lors de conflits à travers le monde.

⚫ CATHÉDRALE SAINT-PAUL
☎ 7236 4128 ; www.stpauls.co.uk ; St Paul's Churchyard ; adulte/- de 7 ans/7-16 ans/tarif réduit 10/ gratuit/3,50/8,50-9 £ ; 🕑 8h30-16h (dernière entrée) lun-sam ; ♿ ; ⊖ St Paul's ou Blackfriars
Les bombardements du Blitz n'ont pas eu raison de la coupole caractéristique de la cathédrale Saint-Paul, l'édifice religieux le plus célèbre de Londres. Chargé du projet de remplacement de la cathédrale médiévale détruite

La coupole de la cathédrale Saint-Paul

lors du grand incendie de 1666, sir Christopher Wren fut contraint de ruser pour imposer cet élément architectural jugé trop "catholique". Des personnages historiques, dont l'amiral Nelson, reposent dans la crypte et la Golden Gallery (galerie d'or). Le sommet du dôme, offre une vue impressionnante sur la City. Pour plus de détails, reportez-vous p. 12.

TOWER BRIDGE

☎ 7940 3985 ; www.towerbridge .org.uk ; adulte/ 5-15 ans/tarif réduit/ famille 6/3/4,50/10-14 £ ; ⏱ 9h30-18h oct-mars, 10h-18h30 avr-sept ; ⓹ ⓺ ; ⊖ Tower Hill

La légende veut que l'aviation allemande ait épargné cette icône néogothique mondialement connue pour servir de point de repère aux bombardements de Londres durant la Seconde Guerre mondiale. Quoi qu'il en soit, sa galerie supérieure offre une vue panoramique extraordinaire sur la Tamise. Une exposition sur le mécanisme du pont basculant, qui fonctionne encore périodiquement pour laisser passer les bateaux, occupe les tours.

TOUR DE LONDRES

☎ 0870 756 7070 ; www.hrp.org.uk/ toweroflondon ; Tower Hill ; adulte/- de

Le Tower Bridge, monument emblématique de Londres

L'ESSOR DES GRATTE-CIEL

Des siècles durant, la hauteur des bâtiments du centre a été limitée par des lois médiévales protégeant les perspectives sur la cathédrale Saint-Paul, Westminster et la Tour de Londres. Si quelques géants architecturaux réussirent à passer outre, notamment la Tower 42 (183 m) de John Mowlem, la majeure partie de la City resta longtemps composée de bâtiments bas. La construction du **30 St Mary Axe** (www.30stmaryaxe.com ; 30 St Mary Axe ; ⊖ Bank ou Aldgate) ou Swiss Re Tower de Norman Foster, une tour de 180 m également surnommée Gherkin (cornichon) en raison de sa forme oblongue, a mis fin au tabou.

Une série d'immenses gratte-ciel verront ainsi bientôt le jour au cœur de la City. Les nouvelles Bishopsgate Tower (288 m) et Heron Tower (246 m) surplomberont la gare de Liverpool St, la Minerva Tower (216 m) dominera Aldgate, le Leadenhall Building (225 m) et le 20 Fenchurch St (160 m) se dresseront au-dessus de Leadenhall Market et le Shard of Glass (310 m), à London Bridge, altérera à jamais la vue protégée sur la cathédrale Saint-Paul depuis Parliament Hill.

Cet engouement de la City pour les tours a suscité, entre autres, la réprobation du prince de Galles, du maire de Londres Boris Johnson et du comité du patrimoine mondial de l'Onu. Pour connaître les derniers développements à ce sujet, visitez les expositions de la **New London Architecture** (carte p. 104 ; ☎ 020 7636 4044 ; The Building Centre, 26 Store St ; entrée libre ; 🕙 9h-18h lun-ven, 10h-17h dim ; ⊖ Goodge St).

---

5 ans/5-15 ans/tarif réduit/familles 16,50/gratuit/9,50/14/46 £, réductions en ligne ; 🕙 **9h-17h30 mar-sam, 10h-17h30 dim et lun, jusqu'à 16h30 tlj nov-fév, dernière entrée 1 heure avant la fermeture ;** 🚻 **;** ⊖ **Tower Hill**
Le moins qu'on puisse dire, c'est que la principale attraction de la City se montre à la hauteur de sa réputation. Les enfants adoreront les joyaux de la Couronne, les corbeaux et les hallebardiers (Yeoman Guards ou Beefeaters) de la forteresse, mais ils frissonneront certainement devant les instruments de décapitation exposés dans la White Tower (tour

blanche). Pour une description plus complète, voir p. 17. Seule la Jewel House (maison des joyaux) est accessible en fauteuil roulant.

 SHOPPING

🏠 GUILDHALL LIBRARY BOOKSHOP *Livres*

☎ 7332 1858 ; Guildhall, Gresham St ;
🕙 9h30-18h lun-ven ; ⊖ Bank ou
St Paul's
Rattachée aux bureaux de la City of London Corporation, cette librairie spécialisée propose un excellent choix de livres sur Londres et de reproductions de cartes historiques de la ville.

GRATUITS POLLUANTS

Depuis quelques années, Londres est submergé de quotidiens gratuits, remplis de publicités et d'informations recyclées, que l'on distribue dans les gares et stations de métro. Les titres *Metro*, *London Lite*, *thelondonpaper* et *City AM* représentent désormais un tiers du papier ramassé dans le London Underground. Aussi, par égard pour ceux qui nettoient, ayez l'obligeance de les jeter à la poubelle après lecture.

INTERNATIONAL MAGIC
Magie

☎ 7405 7323 ; www.international magic.com ; 89 Clerkenwell Rd ; ⏰ 11h30-18h lun-ven, 11h30-16h sam ; ♿ ; ⊖ 🚇 Farringdon

La dernière des boutiques de magie à l'ancienne vend depuis 45 ans toutes sortes de gadgets et de truquages destinés aux prestidigitateurs.

LESLEY CRAZE GALLERY
Bijoux

☎ 7608 0393 ; www.lesleycrazegallery .co.uk ; 33-35a Clerkenwell Green ; ⏰ mar-sam 10h-17h30 ; ⊖ Farringdon

On trouve dans cette petite boutique de superbes bijoux contemporains, qui sortent de l'ordinaire, réalisés notamment à partir de délicates résilles d'or, de titane ou de végétaux recouverts de métal.

MAGMA BOOKS *Livres*

☎ 7242 9503 ; www.magmabooks.com ; 117-119 Clerkenwell Rd ; ⏰ 10h-19h lun-sam ; ⊖ Farringdon

Un temple du design rempli du sol au plafond de tee-shirts de créateurs et de livres sur les dernières tendances en art graphique.

🍴 SE RESTAURER

Des stands de cuisine ethnique s'installent en semaine vers midi le long d'Exmouth Market (B2).

ASADAL *Coréen* ££

☎ 7430 9006 ; www.asadal.co.uk ; 227 High Holborn ; ⏰ 12h-15h et 18h-23h lun-sam, 17h-22h20 dim ; ⊖ Holborn

Très apprécié le soir par ceux qui travaillent à la City, ce restaurant coréen raffiné, spécialiste de la viande au barbecue vous attend dans une salle en sous-sol.

BEVIS MARKS RESTAURANT *Juif* £££

☎ 7283 2220 ; www.bevismarksthe restaurant.com ; Bevis Marks ; ⏰ 12h-15h et 17h30-22h lun-jeu, 12h-15h ven ; ⊖ Aldgate ou Liverpool St

Une cuisine cachère haut de gamme à déguster dans un cadre élégant près de la plus vieille synagogue de Londres, construite en 1701. Toutes les spécialités juives figurent sur la carte avec par exemple, le bouillon de poulet aux boulettes de pain azyme et le bœuf salé avec frites.

CAFÉ SPICE NAMASTE
Indien £££

☎ 7488 9242 ; www.cafespice.co.uk ; 16 Prescot St ; 🕐 12h-15h et 18h15-22h30 lun-ven, 18h15-22h30 sam ; ⊖ Tower Hill

Ce restaurant au décor très Bollywood, établi dans un ancien palais de justice mitonne des plats parsis et de la région de Goa. Le *dhansaak* (ragoût d'agneau servi avec des lentilles) exhale toutes les riches saveurs du sous-continent.

CLUB GASCON
Français ££££

☎ 7796 0600 ; www.clubgascon.com ; 57 West Smithfield ; 🕐 12h-14h et 19h-22h lun-jeu, 12h-14h et 19h-22h30 ven, 19h-22h30 sam ; ⊖ Farringdon ou Barbican

Ce titulaire d'une étoile au Michelin se distingue par son choix d'assiettes de style tapas dégustation (il en faut quatre ou cinq pour faire un repas).

EAGLE *Méditerranéen* ££
☎ 7837 1353 ; 159 Farringdon Rd ; 🕐 12h-23h lun-sam, 12h-17h dim ; ⊖ Farringdon

Les gens des médias apprécient depuis longtemps les grillades et salades aux influences méditerranéennes de cette table innovante, premier *gastropub* de Grande-Bretagne. Désormais moins branché, il combine cuisine savoureuse et environnement convivial.

MORO
Nord-africain/Espagnol £££

☎ 7833 8336 ; www.moro.co.uk ; 34-36 Exmouth Market ; 🕐 12h30-14h30 et 19h-22h30 lun-sam ; ⊖ Farringdon

PUBS GASTRONOMIQUES

Depuis que l'Eagle (ci-dessus) a eu l'idée, en 1991, de servir une nourriture plus raffinée, les *gastropubs* fleurissent à Londres. Voici quelques bonnes adresses, toutes accessibles depuis la gare de Farringdon ou la station de métro Barbican :

Coach & Horses (☎ 7278 8990 ; www.thecoachandhorses.com ; 26-28 Ray St). On vient ici pour la carte sans prétention où figurent rôti de porc, tourte de lapin et *ploughman's lunch* (assiette de fromage et de pickles).

The Peasant (☎ 7336 7726 ; www.thepeasant.co.uk ; 240 St John St). Savoureuse cuisine méditerranéenne fusion accompagnée d'un choix intéressant de bières brunes ou blondes.

The Well (☎ 7251 9363 ; www.downthewell.co.uk ; 180 St John St). Un *gastropub* lambrissé qui propose des bières importées de qualité supérieure et une cuisine européenne actuelle créative.

Malgré un snobisme certain, l'endroit conserve une clientèle d'habitués qui aiment ses tapas à la mode d'Afrique du Nord – houmous, cuisses de cailles, tortilla… – à accompagner d'une bouteille de vin rouge.

🍴 SMITHS OF SMITHFIELDS
Britannique ££-£££
☎ 7252 7950 ; www.smithsofsmithfield .co.uk ; 67-77 Charterhouse St ; ☺ à partir de 7h lun-ven, 10h sam, 9h30 dim ; ⊖ Farringdon
Cet espace sur plusieurs étages, installé dans un entrepôt au cœur du marché aux viandes de Smithfield connaît un succès indéniable auprès de la clientèle des bureaux alentour. Mieux vaut oublier le restaurant du 3e étage au profit de la brasserie du 2e étage, d'une qualité plus constante.

🍴 ST JOHN *Britannique* ££-££££
☎ 7251 4090 ; www.stjohnrestaurant .co.uk ; 26 St John St ; ☺ 12h-15h et 18h-23h lun-ven, 18h-23h sam ; ⊖ Farringdon
Le chef Fergus Henderson ne craint pas d'utiliser toutes les parties animales comestibles. Ainsi la carte de son établissement de Clerkenwell affiche-t-elle de la tête de cochon, de la langue de bœuf et de l'intestin de porc. L'enseigne de Spitalfields (p. 154) assure aussi le petit-déjeuner.

🍴 THE PLACE BELOW
Végétarien £-££
☎ 7329 0789 ; www.theplacebelow .co.uk ; St Mary-Le-Bow Church, Cheapside ; ☺ 7h30-15h lun-ven ; Ⓥ ; ⊖ Farringdon
Hébergé dans la crypte de l'église St Mary-Le-Bow, The Place Below prépare de savoureuses soupes, tourtes, quiches et salades végétariennes.

🍸 PRENDRE UN VERRE
Les pubs et les bars de la City, plus traditionnels, sont d'ordinaire fréquentés en semaine, calmes le samedi et fermés le dimanche.

🍸 CAFÉ KICK *Bar*
☎ 7837 8077 ; www.cafekick.co.uk ; Exmouth Market ; ☺ 12h-23h lun-jeu, 12h-24h ven-sam ; ⊖ Farringdon
Ce petit morceau de continent transplanté à Clerkenwell, avec terrasse sur le trottoir et baby-foot, offre une remarquable sélection de bières importées en bouteilles pour arroser ses hotdogs.

🍸 JERUSALEM TAVERN *Pub*
☎ 7490 4281 ; www.stpetersbrewery .co.uk/london ; 55 Britton St ; ☺ fermé sam-dim ; ⊖ Farringdon
Dans un monde où des chaînes moroses servent de la bière

Bière et nouvelles du jour au pub Ye Olde Mitre

chimique, la Jerusalem Tavern sort brillamment du lot. Propriété de la petite brasserie St Peters Brewery, dans la campagne de l'East Anglia, ce pub délicieusement vieillot propose des bières de qualité depuis 1720.

▼ VERTIGO 42 *Bar*
☎ 7877 7842 ; www.vertigo42.co.uk ; 25 Old Broad St ; ⏱ 12h-15h et 17h-23h lun-ven ; ⊖ Bank
Toute métropole digne de ce nom a un bar de luxe au sommet d'un gratte-ciel. Perché au 42ᵉ étage de la Tower 42, celui-ci accueille une clientèle très business. Profitez de la vue stratosphérique, de préférence au coucher du soleil. Sécurité oblige, il est impératif de réserver.

▼ YE OLDE CHESHIRE CHEESE *Pub*
☎ 7353 6170 ; Wine Office Court, 145 Fleet St ; ⏱ 11h-23h lun-ven , 12h-23h sam, 12h-15h dim ; ⊖ Blackfriars
Dans un bâtiment de Fleet St glorieusement délabré, ce pub avenant, qui date du XVIIᵉ siècle, fut jadis le repaire de grands noms de la littérature anglaise comme Charles Dickens, Mark Twain et Samuel Johnson.

▼ YE OLDE MITRE *Pub*
☎ 7405 4751 ; 1 Ely Ct ; ⏱ fermé sam-dim ; ⊖ Chancery Lane ou Farringdon
Un mouchoir de poche où l'on descend des pintes depuis 1547.

Pour une bonne dose de nostalgie salutaire, il vous suffit de repérer la ruelle située entre le n°8 et le n°9 Hatton Gardens.

SORTIR

⭐ BARBICAN *Théâtre*

☎ 7638 8891 ; www.barbican.org.uk ; Silk St ; ⊖ Moorgate ou Barbican

Le Barbican est de ces complexes intéressants sur le plan architectural qui n'ont jamais vraiment été à la hauteur de leur potentiel. Sorte de village artistique, il abrite un théâtre, des salles de concerts, un cinéma et une galerie d'art. La programmation, souvent d'avant-garde, fait parfois preuve d'une certaine complaisance.

⭐ FABRIC *Club*

☎ 7336 8898 ; www.fabriclondon.com ; 77a Charterhouse St ; ⏰ 21h30-5h ven, 22h-7h sam ; ⊖ Farringdon

Cette discothèque occupe le devant de la scène depuis si longtemps qu'elle fait désormais partie des meubles. Célèbre pour sa piste de danse "bodysonic", qui permet de sentir les vibrations de la musique, il s'agit de la boîte phare en matière de techno, hip-hop, électro, house, drum 'n' bass et breakbeat.

⭐ SADLER'S WELLS *Danse*

☎ renseignements 0844 412 4300, réservations 7863 8198 ; www.sadlers-wells.com ; Rosebery Ave ; ⊖ Angel

Il s'agit de l'une des salles de danse et d'expression corporelle les plus en vue de Londres, véritable fleuron du patrimoine culturel britannique. Le chorégraphe Matthew Bourne la choisit régulièrement pour ses spectacles audacieux (la première de son *Lac des cygnes* entièrement masculin a eu lieu ici en 1995).

⭐ VOLUPTÉ LOUNGE *Cabaret*

☎ 7831 1622 ; www.volupte-lounge.com ; 9 Norwich St ; ⏰ 11h30-1h mar-ven, 19h30-3h sam ; ⊖ Chancery Lane

Le burlesque coquin fait son retour dans ce cabaret branché de type boudoir au sud de Chancery Lane, dont les spectacles grivois attirent une clientèle autant féminine que masculine.

PROMENADE

CIRCUIT DES ÉGLISES LONDONIENNES

Seules 24 des 51 églises dessinées par sir Christopher Wren à l'issue du grand incendie de 1666 ont survécu aux bombardements de la Seconde Guerre mondiale. Elles n'en constituent pas moins les édifices les plus attirants de la City.

L'itinéraire débute par l'église **All-Hallows-by-the-Tower (1)**, d'où Samuel Pepys regarda l'incendie se propager. Après quoi, prenez vers l'ouest Byward St et Lower Thames St pour rejoindre **St Magnus-the-Martyr (2)** qui se dresse

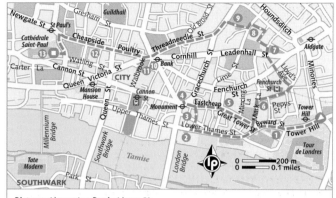

Distance 4 km environ **Durée** 1 heure 50

▶ **Départ** All-Hallows-by-the-Tower ● **Arrivée** cathédrale Saint-Paul

à l'emplacement du London Bridge médiéval. Remontez ensuite Fish Hill vers le nord, au-delà du **Monument** (**3** ; p. 62) de Wren et traversez Gracechurch St pour jeter un coup d'œil à **St Clement's** (**4**) citée dans une célèbre comptine anglaise.

Rebroussez chemin par Eastcheap jusqu'à **St Margaret Pattens** (**5**) et empruntez Mark Lane vers le nord jusqu'à **St Olave** (**6**), où repose Samuel Pepys. Suivez Crutched Friars et Lloyd's Ave jusqu'à Fenchurch St, puis contournez les Fenchurch Buildings pour gagner Leadenhall St qui abrite la petite église **St Katherine Cree** (**7**). Remontez vers le nord Creechurch Lane, qui débouche sur Bury St, et traversez la rue derrière la

Swiss Re Tower (**8** ; voir l'encadré p. 65) pour atteindre **St Helen's Bishopsgate** (**9**) qui contient de beaux monuments funéraires des XVe et XVIIe siècles.

En longeant vers le sud-ouest Bishopsgate et Threadneedle St, vous arriverez à **Mansion House** (**10** ; p. 62) et à **St Stephen Walbrook** (**11**) dont l'intérieur se distingue par ses proportions parfaites. Continuez vers l'ouest par Poultry et Cheapside, passez devant le joli clocher de **St Mary-Le-Bow** (**12**) et tournez au sud dans New Change afin de découvrir le chef-d'œuvre de Wren, la **cathédrale Saint-Paul** (**13** ; p. 63).

Pour plus de détails sur les églises de Londres, consultez le site www. london-city-churches.org.uk.

>SOUTH BANK

Si chaque métropole possède un quartier à vocation artistique, South Bank est celui de Londres mais, bien plus, il peut être considéré en lui-même comme une œuvre d'art. Il abrite la célèbre Tate Modern aménagée dans l'ancienne centrale électrique à charbon qui noircissait jadis les murs de la City. En suivant la promenade qui longe la Tamise, on atteint à l'ouest le British Film Institute, le Southbank Centre et le National Theatre, à l'est le théâtre du Globe de Shakespeare.

Il n'est toutefois pas nécessaire d'être un artiste dans l'âme pour apprécier le secteur. Une foule de gens affluent à Westminster Bridge pour faire un tour sur la grande roue futuriste baptisée London Eye, tandis que les gastronomes se pressent au Borough Market proche du London Bridge. En retrait du fleuve se trouvent plusieurs pubs et restaurants de qualité, ainsi que le théâtre Young, qui accueille de jeunes talents, et le théâtre Old Vic de Kevin Spacey. Sans oublier Bermondsey, sorte de Hoxton miniature sur la rive sud.

SOUTH BANK

⊙ VOIR

City Hall	1	G2
County Hall	2	B3
Design Museum	3	H3
Hayward Gallery	4	B2
Imperial War Museum	5	C4
London Bicycle Tour Company	6	C2
London Eye	7	B3
Millennium Bridge	8	D1
Old Operating Theatre Museum & Herb Garret	9	F2
RIB London Voyages	10	A3
Southbank Centre	(voir 35)	
Tate Modern	11	D2

⌂ SHOPPING

Borough Market	12	F2
Cockfighter of Bermondsey	13	G3
Konditor & Cook	14	C2
Oxo Tower	15	C1

🍴 SE RESTAURER

Anchor & Hope	16	C3
Baltic	17	D3
Champor-Champor	18	F3
Garrison	19	G3
Roast	(voir 12)	
Table	20	D2
Tapas Brindisa	21	E2
Tas Ev	22	C2
Village East	23	G3

🍷 PRENDRE UN VERRE

George Inn	24	F2
King's Arms	25	C2

⭐ SORTIR

Barcode Vauxhall	26	A6
BFI IMAX Cinema	27	B2
British Film Institute	28	B2
Ministry of Sound	29	D4
National Theatre	30	B2
Old Vic	31	C3
Royal Vauxhall Tavern	32	B6
Shakespeare's Globe	33	E2
South Central	34	B6
Southbank Centre	35	B2
Young Vic	36	C3

Voir carte p. 74-75

👁 VOIR

Les attractions touristiques les plus intéressantes sont mentionnées ici, mais il en existe de moins bon goût dans Tooley St (F2).

👁 CITY HALL (HÔTEL DE VILLE)

☎ 7983 4000 ; www.london.gov.uk ; The Queen's Walk ; entrée libre ; 🕙 8h-20h lun-ven, plus certains week-ends ; 👍 ; ⊖ Tower Hill ou London Bridge
Création futuriste et écolo de l'architecte Norman Foster, le siège officiel du maire de Londres est une sphère métallique évoquant, au choix, un casque de moto, une tranche de melon ou un œuf de travers. La galerie panoramique du dernier étage ouvre au public un week-end par mois (renseignez-vous sur le site Internet).

👁 COUNTY HALL

www.londoncountyhall.com ; Westminster Bridge Rd ; 👍 👶 ; ⊖ Waterloo ou Westminster
Cet édifice imposant de style néobaroque fut construit en 1908, au bord de la Tamise, pour accueillir le London County Council. Il remplit désormais des fonctions purement commerciales, hébergeant notamment le **London Aquarium** (www.londonaquarium.co.uk) et plusieurs attractions touristiques fort dispensables.

L'escalier en colimaçon du City Hall

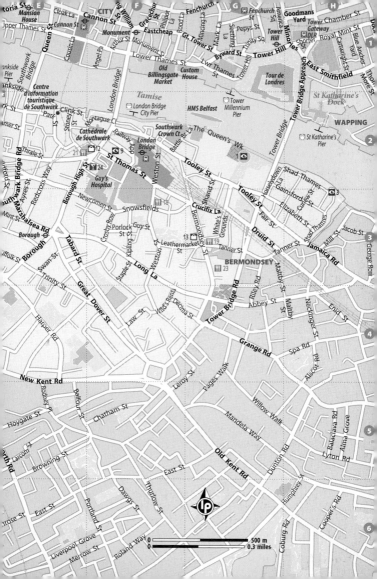

LES PLUS BELLES VUES DE LONDRES
> London Eye (ci-dessous) –Perspective fabuleuse depuis les nacelles de la grande roue.
> Cathédrale Saint-Paul (p. 63) – Beaucoup de marches à gravir mais le jeu en vaut la chandelle.
> Tate Modern (p. 79) – Vue panoramique depuis les balcons du 4e étage.
> Vertigo 42 (p. 69) – En montant au sommet du plus haut gratte-ciel de la City, vous profiterez d'une perspective imprenable.
> Galvin@Windows (voir l'encadré p. 99) – Vue sur le jardin de la Reine depuis le restaurant au dernier étage de l'hôtel Hilton.
> Parliament Hill (p. 168) – Les hauteurs de Hampstead Heath offrent un panorama inégalé sur la ville.

DESIGN MUSEUM
☎ 7403 6933 ; www.designmuseum .org ; 28 Shad Thames ; adulte/moins de 12 ans/tarif réduit 8,50/gratuit/5-6,50 £ ; 10h-17h45, jusqu'à 18h45 ven-sam juil-août, dernière entrée 30 min avant la fermeture ; ♿ ; ⊖ Tower Hill ou London Bridge
Si les expositions s'avèrent toujours intéressantes, le principal attrait du lieu réside dans ses abords sous les passerelles de Shad Thames. Les amateurs d'objets design auront du mal à résister à la tentation dans la boutique du musée.

IMPERIAL WAR MUSEUM
☎ 7416 5000 ; www.iwm.org.uk ; Lambeth Rd ; entrée libre ; 10h-18h ; ♿ ; ⊖ Lambeth North ou Waterloo
Cet excellent musée consacré à la guerre explore les réalités des conflits qui ont façonné la Grande-Bretagne. Il inclut également les

Cabinet War Rooms (p. 90) et le HMS Belfast amarré le long du South Bank (voir détails sur le site Web).

LONDON EYE
☎ 0870 500 0600 ; www.londoneye .com ; Jubilee Gardens ; adulte/enfant/ handicapé/senior 15,50/7,75/12/12 £ ; 10h-20h, jusqu'à 21h juin et sept, 21h30 juil-août, fermé 11-20 jan ; ♿ ; ⊖ Waterloo
La grande roue la plus monumentale au monde devait être une installation temporaire, mais elle est toujours là, huit ans plus tard. Ses nacelles offrent le meilleur point de vue sur le centre de Londres, d'où une longue file d'attente pour profiter du tour de 30 minutes. Voir aussi p. 10.

MILLENNIUM BRIDGE
Bankside ; ♿ ; ⊖ Southwark, Mansion House ou St Paul's
Symbole londonien du XIXe siècle, cette élégante passerelle imaginée

Jennifer Tomlins
Étudiante en médecine et vendeuse chez Flour Power Bakery,
Borough Market

Les meilleurs achats à faire au Borough Market ? Les fruits de mer sont de grande qualité – les huîtres coûtent cher mais pas les moules et elles sont vraiment fraîches. On peut aussi acheter des fromages introuvables ailleurs. **Les meilleurs marchés de Londres ?** En dehors du Borough, l'Exmouth Market (p. 66) et le Sunday Up Market (voir l'encadré p. 150) pour tous ces étals qui vendent des choses à grignoter pendant la promenade. **Le meilleur traiteur ?** Sans doute Carluccio's (voir l'encadré p. 53), mais de nombreux traiteurs polonais intéressants ouvrent actuellement en ville. **Le meilleur pub de South Bank ?** Le George Inn (p. 82), est un vieux pub fabuleux. **Le site de South Bank à ne pas manquer ?** La Tate Modern (p. 79) : elle s'adresse à un large public mais n'intimide pas malgré le sérieux de ses collections.

par sir Norman Foster constitue un raccourci très pittoresque entre St Paul's et la Tate Modern, sauf aux heures de pointe, quand la perspective est obstruée par la foule des travailleurs.

☉ OLD OPERATING THEATRE MUSEUM & HERB GARRET
☎ 7188 2679 ; www.thegarret.org .uk ; 9a St Thomas St ; adulte/enfant/ tarif réduit/famille 5,45/3/4,45/13,25 £ ; ⏰ 10h30-17h ; ⊖ London Bridge
La pièce maîtresse de ce musée de la Médecine est la salle d'opération lambrissée du St Thomas's Hospital, où les chirurgiens de l'époque victorienne pratiquaient des amputations sans anesthésie. Une boutique d'apothicaire évocatrice a été reconstituée au grenier (inaccessible aux personnes à mobilité réduite).

☉ SOUTHBANK CENTRE
☎ 0871 663 2500 ; www.southbank centre.co.uk ; Belvedere Rd ; prix variable ; ⏰ expositions à la Hayward Gallery 10h-18h, jusqu'à 22h ven ; ♿ 🚼 ; ⊖ Waterloo

"Billard" victorien au Old Operating Theatre Museum & Herb Garret

Un complexe culturel en béton qui comprend la **Hayward Gallery**, dont les riches expositions d'art débordent souvent sur la promenade du South Bank. Pour les spectacles, reportez-vous p. 85.

☉ TATE MODERN
☎ **7887 8888 ; www.tate.org.uk ; Bankside ; entrée libre, don requis 3 £, prix variables pour les expositions temporaires ;** ☽ **10h-18h dim-jeu, 10h-22h ven-sam ;** ♿ 🚼 **;** ⊖ **Southwark**
Installée dans une ancienne centrale électrique, la galerie d'art contemporain la plus fréquentée au monde expose des œuvres de Picasso, Pollock, Miro, Magritte, Francis Bacon, Giacometti, Mondrian et Roy Liechtenstein. Une navette fluviale qui la relie à la Tate Britain (p. 126) toutes les 40 minutes (4,30 £, 2,85 £ pour les détenteurs de la Travelcard). Voir aussi p. 13.

🛍 SHOPPING
Outre le Borough Market gastronomique, d'autres commerces bordent la promenade du South Bank.

🛍 BOROUGH MARKET
Marché
☎ **7407 1002 ; www.boroughmarket .org.uk ; Borough High St ;** ☽ **11h-17h jeu, 12h-18h ven, 9h-16h sam ;** ⊖ **London Bridge**

LA TATE MODERN S'AGRANDIT
Non contente d'occuper l'un des bâtiments les plus marquants de Londres, la Tate Modern (ci-contre) s'agrandit sur l'arrière afin d'exposer plus d'œuvres issues de sa vaste collection d'art moderne. Le projet architectural évoque un peu un Tetra Pak écrasé, avec de longues galeries vitrées qui tirent le meilleur profit de la vue le long de la Tamise. Sa construction devrait débuter en 2009 – consultez le site www. tate.org.uk/modern/transformingtm pour plus de détails.

Londres peut largement remercier Borough Market pour l'engouement que suscitent les cafés-traiteurs et les boutiques de produits du terroir. Sous les arcades du métro, des dizaines d'étals vendent des aliments frais de fabrication artisanale, ainsi que des fruits, légumes et viandes bio. Goûtez avant d'acheter – de nombreux stands proposent de quoi déjeuner sur le pouce.

🍰 KONDITOR & COOK
Pâtisserie
☎ **7261 0456 ; www.konditorandcook .com ; 22 Cornwall Rd ;** ☽ **7h30- 18h30 lun-ven, 8h30-15h sam ;** ⊖ **London Bridge**
Avec ses gâteaux et biscuits dignes de la maison de *Hansel et Gretel*, Konditor & Cook élève la pâtisserie au rang d'art. Autre enseigne au Borough Market (ci-contre).

CIRCULER DANS LE SOUTH BANK

La promenade du South Bank, remise au goût du jour, fait partie du **Thames Path** (www.nationaltrail.co.uk/Thamespath) qui se prolonge jusqu'à la source du fleuve dans le West Country. Parmi les itinéraires de balade (voir www.southbanklondon.com/walkthisway) à pied au bord de la Tamise, l'un des plus prisés relie le London Bridge à la grande roue London Eye.

Si vous ne voulez pas marcher, **London Bicycle Tour Company** (☎ 7928 6838 ; www.londonbicycle.com ; 1a Gabriel's Wharf ; ⊖ Blackfriars ou Southwark), juste à l'ouest de l'Oxo Tower, loue des vélos de bonne qualité. Comptez à partir de 18 £/jour, avec des réductions importantes pour les locations de longue durée.

À moins de préférer voguer sur l'eau : en dehors des transports fluviaux (voir l'encadré p. 226), **RIB London Voyages** (☎ 7928 8933 ; www.londonribvoyages.com ; Waterloo Millennium Pier, Westminster Bridge Rd ; ⊖ Waterloo) organise des descentes en Zodiac à partir de 32,50/19,50 £ par adulte/enfant.

🖼 OXO TOWER *Accessoires*
☎ 7021 1600 ; www.coinstreet.org ; **Barge House St ; ⊖ Southwark, London Bridge ou Blackfriars**

Ancienne centrale électrique, l'Oxo Tower servit plus tard de chambre froide pour conserver le bœuf entrant dans la composition des cubes de bouillon Oxo. Elle renferme à présent une galerie marchande haut de gamme qui compte deux étages de petites boutiques de créateurs et un restaurant sélect au 8e étage, dont les prix sont en rapport avec la vue panoramique.

🍴 SE RESTAURER

Hormis les restaurants le long de la Tamise, il existe d'autres bonnes adresses au Cut (C3) et à Bermondsey (voir l'encadré p. 84).

🍴 ANCHOR & HOPE
Gastropub   ££
☎ 7928 9898 ; 36 The Cut ; ⏱ 18h-22h30 lun, 11h-22h30 mar-sam, 12h30-17h dim ; ⊖ **Southwark**

La succulente cuisine britannique revisitée (terrines, porc "Old Spot", gibier à plume et viandes rôties traditionnelles) de ce *gastropub* fait oublier son décor marron prévisible et son ambiance de chaîne. L'établissement ne prend les réservations que le dimanche.

🍴 BALTIC
Européen de l'Est   ££-£££
☎ 7928 1111 ; www.balticrestaurant.co.uk ; 74 Blackfriars Rd ; ⏱ 12h-15h30 et 18h-23h15 ; ⊖ **Southwark**

Avec l'afflux des immigrés de l'Est, les saveurs de la cuisine polonaise deviennent plus familières aux

Londoniens. Cette table au cadre chic réserve toutefois quelques surprises méconnues, comme le *chlodnik* (soupe froide) aux cerises.

🍴 ROAST
Britannique ££-£££

☎ 7940 1300 ; www.roast-restaurant .com ; Floral Hall, Borough Market, Borough High St ; 🕐 12h-14h30 tlj, 17h30-22h30 lun-sam, petit-déj à partir de 7h lun-mar, 9h30 ven, 8h sam ;
⊖ London Bridge
Accessible par un ascenseur au milieu du Borough Market, cette table appréciée pour ses viandes rôties se fournit chez les artisans-

producteurs du marché en bas. Portions copieuses et vue grandiose sur la cathédrale Saint-Paul depuis les fenêtres victoriennes cintrées.

🍴 TABLE *Britannique* £
☎ 7401 2760 ; www.thetablecafe.com ; 83 Southwark St ; 🕐 7h30-17h30 lun-mer, 7h30-22h30 jeu et ven, 9h-16h sam ;
⊖ Southwark ou London Bridge
Un spécialiste de la cuisine à base de produits bio et équitables, où l'on mange sur de grandes tables en bois dans le même esprit qu'au Wagamama (p. 109). Situé sous un cabinet d'architecte, le restaurant arbore un décor design.

Repas polonais au restaurant Baltic

🍴 TAPAS BRINDISA
Espagnol ££
☎ 7357 8880 ; www.brindisa.com ;
18-20 Southwark St ; ⏱ 11h-23h lun-jeu,
9h-11h, 12h-16h et 17h30-23h ven-sam ;
⊖ **London Bridge**
Brindisa attire une clientèle de
gourmets argentés qui savent
reconnaître les tapas de qualité.
Comme il n'y a pas de réservation,
arrivez tôt si vous souhaitez une
table dehors un jour de marché.

🍴 TAS EV *Turc* ££
☎ 7620 6191 ; www.tasrestaurant
.com ; The Arches, 97-99 Isabella St ;
⏱ 12h-23h30, jusqu'à 22h30 dim ;
⊖ **Southwark**
La chaîne de restaurants turcs Tas
Turkish possède plusieurs enseignes
à South Bank. De loin la meilleure,
celle-ci se démarque un peu par
sa situation sous les arches de

la voie ferrée et sa cour d'allure
méditerranéenne agrémentée de
plantes en pots. Elle fait également
bar et traiteur.

🍸 PRENDRE UN VERRE
Les pubs au bord de la Tamise
n'ont rien d'extraordinaire, mais les
adresses qui suivent se révèlent plus
attrayantes.

🍸 GEORGE INN *Pub*
☎ 7407 2056 ; Talbot Yard, 77 Borough
High St ; ⊖ **London Bridge**
Classée monument historique, la
dernière auberge-relais de Londres
occupe un charmant bâtiment de
guingois chargé d'histoire, qui date
du XVIIᵉ siècle. Elle ne manque pas
d'animation, surtout l'été, quand sa
cour déborde de monde.

LA SCÈNE GAY DE VAUXHALL
Moins connu que Soho mais plus tendance, le secteur au sud de Vauxhall Bridge forme le cœur
de la scène gay dans le sud de Londres. Voici quelques adresses de choix, toutes accessibles
depuis la station de métro Vauxhall et la gare éponyme :
Barcode Vauxhall (☎ 7582 4180 ; www.bar-code.co.uk ; Arch 69, Albert Embankment).
Partenaire du Barcode de Soho, il est fréquenté par une clientèle de belle allure qui vient
surtout pour danser.
Royal Vauxhall Tavern (☎ 7820 1222 ; www.theroyalvauxhalltavern.co.uk ;
372 Kennington Lane). Tout à la fois pub, bar et salle de spectacle du fameux cabaret kitsch
Duckie (www.duckie.co.uk).
South Central (☎ 7793 0903 ; www.southcentrallondon.co.uk ; 349 Kennington Lane).
Lieu gay pur et dur qui accueille la soirée drague Eagle London (www.eaglelondon.com)
sessions.

▼ KING'S ARMS *Pub*
☎ 7207 0784 ; 25 Roupell St ;
⊖ **Waterloo**

Non, vous n'êtes pas dans le décor d'une pièce de théâtre britannique située pendant la guerre. Oui, des gens véritables habitent les rangées de maisons immaculées le long de Roupell St et ont leurs habitudes dans ce pub.

⭐ SORTIR
⭐ BRITISH FILM INSTITUTE
Cinéma

**BFI ; ☎ 7928 3232 ; www.bfi.org.uk ;
South Bank ; ⏱ 11h-23h, médiathèque
11h-20h mar-dim ; ⊖ Waterloo ou
Embankment**

L'équivalent londonien de la Cinémathèque française conserve les archives nationales du septième art et permet de visionner gratuitement dans sa médiathèque un grand nombre de films. Outre des classiques et des projections sur l'écran **IMAX** (au milieu du carrefour de Waterloo Rd), il programme à l'occasion des avant-premières de grands cinéastes et de stars. Essayez si possible de faire coïncider votre visite avec le London Film Festival (p. 31), qui se déroule en octobre.

⭐ BRIXTON ACADEMY
Concerts

☎ 7771 3000 ; www.brixton-academy
.co.uk ; 211 Stockwell Rd ; ⊖ **Brixton**

SALLES DE CINÉMA
Le British Film Institute (p. 83) projette une remarquable sélection de grands classiques du cinéma. Autrement, vous pourrez voir des films étrangers, d'art et d'essai ou d'avant-garde dans les salles suivantes :
> Curzon Soho (p. 55)
> Prince Charles Cinema (p. 57)
> Curzon Mayfair (p. 101)
> Chelsea Cinema (p. 131)
> Screen on Baker St (p. 119)
> Screen on the Green (p. 165)
> Electric Cinema (p. 142)

Cette immense salle de concerts qui s'inscrit dans le secteur afro-caribéen animé de Brixton, au sud de South Bank, a reçu dans le passé des artistes aussi différents que Motorhead, les Pogues ou Billy Ocean.

⭐ MINISTRY OF SOUND *Club*
☎ 0870 060 0100 ; www.
ministryofsound.com ; 103 Gaunt St ;
⏱ 22h30-6h ven, 23h-7h sam ;
⊖ **Elephant & Castle**

Plus qu'un simple club, il s'agit d'un véritable phénomène mondial qui fonctionne depuis 17 ans. Des DJ renommés comme Sasha, Pete Tong et Paul Oakenfold mettent toujours le feu chaque week-end.

⭐ NATIONAL THEATRE *Théâtre*
☎ 7452 3000 ; www.nationaltheatre
.org.uk ; South Bank ; ⊖ **Waterloo**

BERMONDSEY

Jadis désert et délabré, Bermondsey se transforme rapidement en une sorte de mini-Hoxton, du fait des architectes et créateurs qui s'y installent. Grâce au petit parc et aux boutiques et restaurants charmants de Bermondsey St, à une courte marche au sud-est du London Bridge, il s'en dégage une atmosphère villageoise. Ne manquez pas les adresses suivantes :

Champor-Champor (☎ 7403 4600 ; www.champor-champor.com ; 62-64 Weston St ; 🕒 12h-14h jeu-ven, 18h15-22h15 lun-sam). Exceptionnel, voilà le mot qui décrit le mieux ce restaurant malais au décor original dont la cuisine haut de gamme justifie le déplacement.

Cockfighter of Bermondsey (☎ 7357 6482 ; www.cockandmagpie.com ; 96 Bermondsey St ; 🕒 11h-19h mar-ven, 10h-18h sam). Une petite boutique qui vend des T-shirts tendance appréciés des DJ et des pop-stars.

Garrison (☎ 7089 9355 ; www.thegarrison.co.uk ; 99-101 Bermondsey St ; 🕒 12h30-15h30 et 18h30-22h lun-sam, jusqu'à 21h30 dim, petit-déj 8h-11h30, à partir de 9h sam-dim). À mi-chemin entre le *gastropub* et la cabane de plage, ce pub branché constitue une option phare, à l'heure du déjeuner, pour la population du quartier.

Village East (☎ 7357 6082 ; www.villageeast.co.uk ; 171-3 Bermondsey St ; 🕒 12h-23h lun-jeu, 12h-1h30 ven, 11h-13h30 sam, 11h-23h dim). Une sorte de brasserie new-yorkaise futuriste, à l'ambiance un peu affectée. Au menu : bons steaks et plats asiatiques fusion.

Autre gros bloc de béton de South Bank, le National Theatre s'affirme de plus en plus sous la férule de son directeur artistique, Nicholas Hytner. Les spectateurs ont l'embarras du choix, car il comprend trois auditoriums (Olivier, Lyttleton et Cottesloe) dotés chacun d'une programmation différente.

⭐ OLD VIC *Théâtre*
☎ 0870 060 6628 ; www.oldvictheatre .com ; The Cut ; ⊖ Waterloo
Beaucoup attendaient davantage de la nomination de Kevin Spacey au poste de directeur artistique, mais la qualité des récents spectacles semble avoir rétabli la réputation de

l'Old Vic. L'acteur hollywoodien joue chaque année dans deux ou trois pièces et sir Ian McKellen se produit fréquemment dans la pantomime de Noël.

⭐ SHAKESPEARE'S GLOBE *Théâtre*
☎ 7902 1500 ; www.shakespearesglobe .org ; 21 New Globe Walk ; exposition et visite guidée adulte/enfant/tarif réduit/ famille 10,50/6,50/8,50/28 £ ; 🕒 9h-17h avr-oct, à partir de 10h le reste de l'année, visite guidée toutes les 30 min jusqu'à 12h ; ⊖ London Bridge
Le réalisateur américain Sam Wanamaker a fait construire en 1997

une réplique parfaite du théâtre original de Shakespeare, détruit par un incendie en 1613. Bien que touristiques, les spectacles se déroulent comme à l'époque. Si vous n'avez pas le temps d'y assister, rien ne vous empêche toutefois de découvrir l'exposition permanente et d'effectuer la visite guidée.

⭐ SOUTHBANK CENTRE *Concerts*
☎ 0871 663 2500 ; www.southbank centre.co.uk ; Belvedere Rd ; ⊖ Waterloo

Voici bien la preuve que l'habit ne fait pas le moine. Derrière une architecture en béton massive, la Royal Festival Hall figure en effet parmi les plus belles salles de Londres consacrées à la musique classique, à la danse, au théâtre et aux monologues, de même que le Queen Elizabeth Hall et la Purcell

Room, plus petites. Consultez le site Web pour connaître l'affiche.

⭐ THE OVAL *Sport*
☎ 0871 246 1100 ; www.surreycricket .com ; Kennington Oval ; ⊖ Oval

Le Surrey Cricket Club, communément appelé l'Oval, est l'autre terrain de cricket de Londres et le théâtre du dernier match international de l'été (août ou septembre). Billets en vente sur le site Web. Pour plus de détails, voir l'encadré p. 115.

⭐ YOUNG VIC *Théâtre*
☎ 7922 2922 ; www.youngvic.org ; 66 The Cut ; ⊖ Waterloo

Cet élégant théâtre se montre à la hauteur de son nom, en offrant un lieu d'expression à de jeunes acteurs et metteurs en scène de talent. Ses pièces d'avant-garde lui valent les applaudissements de la critique.

>MAYFAIR, ST JAMES'S ET WESTMINSTER

Les districts de Mayfair, St James's et Westminster constituent le siège historique de la royauté et du Parlement. Les manifestations officielles qui s'y déroulent donnent lieu à un grand déploiement de fastes, avec convois de carrosses dorés, défilés grandioses et, dans le cas de l'ouverture du Parlement, homme en noir frappant sur la porte à l'aide d'un sceptre orné de joyaux.

Édouard le Confesseur fut le premier à "adouber" Westminster, en y déplaçant la cour au XIe siècle, afin de pouvoir surveiller la construction de l'abbaye éponyme. Après la décapitation de Charles Ier, son successeur vint prendre ses quartiers royaux à St James's. Aujourd'hui, des millions de touristes affluent pour contempler Buckingham Palace et le palais néogothique qui héberge le Parlement.

Plus au nord, Mayfair est le terrain de jeu des Londoniens très fortunés, là où shopping rime avec boutiques de luxe inabordables.

MAYFAIR, ST JAMES'S ET WESTMINSTER

◎ VOIR

Apsley House	1	A4
Palais de Buckingham	2	C5
Cabinet War Rooms	3	F5
Churchill Museum	(voir 3)	
Horse Guards Parade	4	F4
Houses of Parliament	5	G6
Institute of Contemporary Arts	6	F3
No 10 Downing Street	7	G4
Queen's Gallery	8	C6
Royal Academy of Arts	9	D2
Royal Mews	10	B6
St James's Park	11	E5
Wellington Arch	12	A5
Westminster Abbey	13	G6
White Cube Gallery	14	D3

🛍 SHOPPING

Abercrombie & Fitch	15	D2
Bonhams	16	B1
Burberry	17	C1
Burlington Arcade	18	D2
Christie's	19	D3
Dover Street Market	20	C2
Fortnum & Mason	21	D3
Henry Poole & Co.	22	D2
Kilgour	23	D2
Lillywhites	24	E2
Matthew Williamson	(voir 31)	
Mulberry	25	C1
Ozwald Boateng	26	D2
Paul Smith Sale Shop		B1
Piccadilly Arcade	28	D3
Royal Arcade	29	C2
Sotheby's	30	C1
Stella McCartney	31	B2
Waterstone's	32	D2

🍴 SE RESTAURER

Cinnamon Club	33	F6
Galvin@Windows	34	A4
Gordon Ramsay at Claridges	35	B1
Inn the Park	36	F4
Japan Centre	37	E2
Maze	38	A1
Momo	39	D1
Nahm	40	A5
Nobu	41	A4
Sketch	42	C1
Wolseley	43	C3

🍸 PRENDRE UN VERRE

Nobu Berkeley St	44	C3
Ye Grapes	45	B3

⭐ SORTIR

Curzon Mayfair	46	B3
Pigalle Club	47	E2

Voir carte p. 88-89

👁 VOIR

👁 APSLEY HOUSE ET WELLINGTON ARCH

☎ 7499 5676 ; www.english-heritage .org.uk ; Hyde Park Corner ; adulte/ enfant/tarif réduit 5,50/2,80/4,40 £ ; ⏰ 11h-17h mer-dim, jusqu'à 16h nov-mars ; ♿ ; ⊖ Hyde Park Corner

L'ensemble de Hyde Park Corner fut conçu comme un monument commémorant la défaite de Napoléon face à Wellington. Aspley House, la résidence somptueuse du duc, abrite désormais un musée qui présente une jolie collection de souvenirs napoléoniens, notamment une statue géante de l'empereur nu et les fameuses bottes de son vainqueur. Moyennant un petit supplément, il est possible de monter au sommet de la Wellington Arch, érigée en 1826, qui se dresse à proximité.

📷 BUCKINGHAM PALACE

☎ 7766 7300 ; www.royalcollection .org.uk ; Buckingham Palace Rd ; adulte/- de 5 ans/5-17 ans/tarif réduit 15,50/gratuit/8,75/14 £ ; ⏰ 9h45-18h fin juil-sept ; ♿ ♿ ; ⊖ St James's Park, Victoria ou Green Park

La résidence officielle de son altesse la reine Élisabeth II (Lilibet pour les intimes) est un étonnant palais – construit en 1705 pour le duc de Buckingham, il sert de résidence à la famille royale depuis 1837 – de style georgien, où les ors côtoient tout le luxe qui s'attache à la royauté. Celui-ci n'ouvre au public que l'été (billets en vente dans un kiosque de Green Park et entrée toutes les 15 minutes). Le reste du temps, vous devrez vous contenter de l'admirer du dehors. Lorsque le drapeau royal flotte, c'est que la reine est chez elle.

LA RELÈVE DE LA GARDE

Tous les deux jours (tous les jours de mai à juillet) à 11h30, les gardes – qui veillent sur la reine à Buckingham Palace – sont remplacés par de nouveaux soldats du Household Regiment avec leur flamboyante tenue d'apparat rouge vif et leur fameux bonnet à poil. Les touristes se rassemblent par milliers pour assister au spectacle et les réactions du public se révèlent presque aussi intéressantes que la cérémonie en grande pompe qui se déroule sur le parvis.

Un second rituel, la relève de la garde à cheval, a lieu chaque jour à 11h (10h dim) au Horse Guards Arch, qui accueille également le défilé du Trooping of the Colour ("salut aux couleurs") lors de l'anniversaire de la reine en juin (p. 29). Le reste du temps, les gens viennent faire des grimaces devant les Horse Guards, qui ont l'ordre strict de ne pas répliquer, si horripilante que soit la provocation. Notez pour l'anecdote que les rencontres de volley-ball des Jeux olympiques de 2012 se tiendront au Horse Guards Parade.

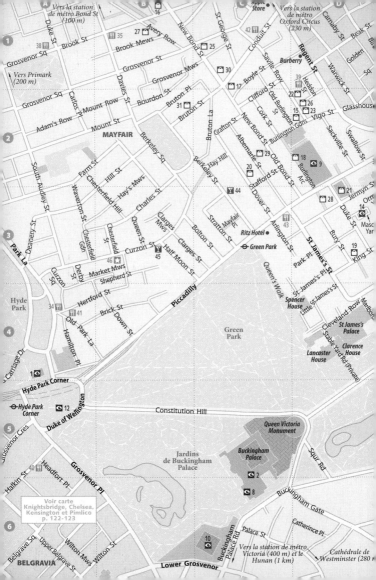

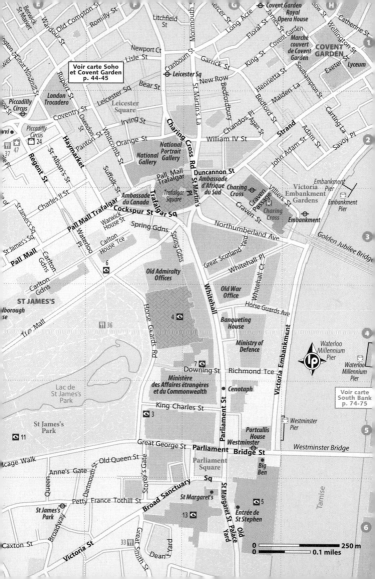

Buckingham Palace (p. 87), la résidence de la reine

CABINET WAR ROOMS ET CHURCHILL MUSEUM

☎ 7930 6961 ; cwr.iwm.org.uk ; Clive Steps, King Charles St ; adulte/ - de 16 ans/tarif réduit 12/gratuit/ 9,50 £ ; 🕑 9h30-18h, dernière entrée à 17h ; ♿ 🚻 ; ⊖ Charing Cross Winston Churchill passa une grande partie de la Seconde Guerre mondiale dans un bunker labyrinthique sous le Whitehall, d'où il coordonnait la résistance alliée à l'aide d'un vieux téléphone en bakélite. On peut voir les austères Cabinet War Rooms telles que le célèbre Premier ministre britannique les a laissées – après la victoire en août 1945 –, les cartes d'état-major toujours accrochées aux murs. Dans le Churchill Museum attenant résonnent les discours exaltants du grand orateur, qui émeuvent tout visiteur.

HOUSES OF PARLIAMENT

☎ visites guidées 0870 906 3773 ; www. parliament.uk ; St Stephen's Entrance, St Margaret St ; accès libre aux débats, visites guidées adulte/tarif réduit 12/8 £ ; 🕑 sessions parlementaires 14h30-22h30 lun et mar, 11h30-19h mer, 11h30-18h30 jeu, 9h30-15h ven ; ♿ ; ⊖ Westminster

Depuis que Guy Fawkes tenta de faire exploser le Parlement en 1605, celui-ci est entouré de mesures de sécurité très strictes. À moins d'assister aux débats publics, on ne peut le découvrir qu'en effectuant une visite guidée de 1 heure 15 pendant les vacances estivales des députés. Mais même de l'extérieur, le superbe bâtiment néogothique de sir Charles Barry, flanqué de la tour de l'horloge emblématique qui abrite la cloche "Big Ben", vaut largement le coup d'œil. Consultez le site Web pour connaître les horaires et les restrictions concernant les sacs. Voir aussi p. 14.

ⓒ INSTITUTE OF CONTEMPORARY ARTS

ICA ; ☎ 7930 3647; www.ica.org.uk ; The Mall ; forfait à la journée pendant les expositions adulte/tarif réduit lun-ven 2/1,50 £, sam-dim 3/2 £ ; ⏱ 12h-23h lun, 12h-1h mar-sam, 12h-22h30 dim ; ♿ ; ↔ Charing Cross ou Piccadilly Circus

Si le directeur de l'institut a récemment soulevé la polémique en qualifiant les œuvres conceptuelles de "camelotes prétentieuses et complaisantes", l'ICA se situe à la pointe du monde artistique britannique. Les spectacles, expositions et films présentés ici demeurent résolument contemporains. Le café-bar à la mode est ouvert à tous ceux qui paient l'adhésion à la journée.

ⓒ N° 10 DOWNING STREET

www.number10.gov.uk ; 10 Downing St ; ↔ Westminster

Il est étonnant que la résidence officielle du Premier ministre britannique soit un humble hôtel particulier georgien dans Whitehall. À moins d'avoir l'autorisation de déposer une requête, vous ne pourrez pas dépasser la grille qui barre la rue. Voir aussi p. 14.

ⓒ ROYAL ACADEMY OF ARTS

☎ 7300 8000 ; www.royalacademy .org.uk ; Burlington House, Piccadilly ; tarif variable ; ⏱ 10h-18h, jusqu'à 22h ven ; ♿ ♿ ; ↔ Green Park

Au cours de 240 ans d'histoire, la première école des beaux-arts de Grande-Bretagne a compté parmi ses membres des artistes aussi illustres que Reynolds, Turner, Constable et Gainsborough. Son majestueux bâtiment en pierre de Portland accueille désormais des expositions temporaires très en vue, ainsi qu'une petite collection permanente dans les John Madejski Rooms. La Summer Exhibition annuelle (juin-août) destinée au grand public se révèle de qualité variable.

ⓒ ST JAMES'S PARK

☎ 7930 1793 ; www.royalparks.gov.uk ; The Mall ; ♿ ♿ ; ↔ St James's Park

Malgré la proximité de Buckingham Palace et de Downing St, St James's

KEW GARDENS ET HAMPTON COURT PALACE

Les bords de la Tamise recèlent plusieurs sites intéressants en dehors du centre, dont les Kew Gardens et Hampton Court Palace.

Classés au patrimoine mondial, les **Kew Gardens** (☎ 8332 5655 ; www.kew.org ; Kew Rd ; adulte/- de 16 ans/tarif réduit 13/gratuit/12 £ ; ⏱ 9h30-18h30 lun-ven, jusqu'à 19h30 sam-dim, fermé plus tôt août-mars ; ♿ 🚼 ; ⊖ Kew Gardens) sont un merveilleux jardin botanique victorien. Ne manquez pas les charmantes serres de palmiers et de nénuphars, ainsi que la pagode chinoise de dix étages. Une navette où l'on peut monter et descendre à sa guise dessert les principales curiosités (adulte/enfant 4/1 £).

Hampton Court Palace (☎ 0844 482 7777 ; www.hrp.org.uk ; East Molesey ; billet tout compris adulte/- de 5 ans/5-15 ans/tarif réduit/famille 13,30/gratuit/6,65/11,30/37 £ ; ⏱ 10h-16h30, dernière entrée 15h30 ; ♿ 🚼 ; 🚂 Hampton Ct depuis Waterloo ou ⊖ Wimbledon), ancien palais de Henri VIII, a la réputation d'être hanté par le fantôme d'une des six épouses du souverain. Peut-être aurez-vous l'occasion de l'apercevoir dans le dédale des appartements royaux, à la recherche de sa tête manquante.

De Pâques à septembre, la compagnie **Thames River Boats** (☎ 7930 2062 ; www.wpsa.co.uk) assure la liaison avec Kew (aller simple adulte/enfant 10,50/5,25 £, 1 heure 30) et Hampton Court (13,50/6,75 £, 4 heures) depuis le Westminster Pier (carte p. 88-89, H5). Consultez le site Web pour connaître les horaires. Autrement, on peut rejoindre Kew en métro (Kew Gardens) et Hampton Court en train au départ de Waterloo (carte p. 74-75, B3).

Park reste un endroit fréquenté par les gens ordinaires, qui viennent nourrir les canards et les écureuils apprivoisés, observer les pélicans et louer des transats. Au milieu se trouve le café Inn the Park (p. 98). Voir aussi p. 15.

⊙ THE QUEEN'S GALLERY ET ROYAL MEWS

☎ 7766 7301 ; www.royalcollection.org.uk ; Buckingham Palace Rd ; adulte/- de 5 ans/5-17 ans/tarif réduit 8,50/gratuit/4,25/7,50 £ ; ⏱ 10h-17h30, fermé fin sept–mi-oct ; ♿ 🚼 ; ⊖ St James's Park, Victoria ou Green Park

Si vous ne pouvez visiter Buckingham Palace, rabattez-vous sur cette galerie remplie de peintures et autres trésors provenant des collections royales. Quelque 450 œuvres sont visibles en permanence sur un total dépassant le million. Les Royal Mews (voir site Web pour plus de détails) attenants donnent à voir les carrosses extravagants utilisés par les souverains à l'occasion des manifestations officielles.

⊙ ABBAYE DE WESTMINSTER

☎ 7222 5152 ; www.westminster-abbey.org ; Dean's Yard ; adulte/

enfant/tarif réduit 12/gratuit/9 £ ;
🕑 9h30-16h30 lun-ven, jusqu'à 19h
mer, 9h30-14h30 sam, dernière entrée
1 heure avant la fermeture ; ♿ ;
⊖ Westminster
Haut lieu du culte anglican,
l'abbaye de Westminster est la
plus belle église médiévale de
Grande-Bretagne. Les amateurs
d'architecture remarqueront des
similitudes avec Notre-Dame de
Paris et la cathédrale de Reims,
du même style gothique. C'est
dans sa nef impressionnante que
se déroulent les cérémonies du
couronnement et les funérailles des
monarques anglais, dont beaucoup
reposent sur place, aux côtés de
grandes figures nationales, comme
Charles Darwin et Isaac Newton. Voir
aussi p. 14.

👁 CATHÉDRALE DE WESTMINSTER
☎ 7798 9055 ; www.
westminstercathedral.org.uk ;
Victoria St ; cathédrale en accès libre,
clocher adulte,/tarif réduit 5/2,50 £ ;
🕑 cathédrale 7h-18h, clocher 9h30-
12h30 et 13h-17h ; ♿ ; ⊖ Victoria
Cette cathédrale d'architecture
néobyzantine est le siège de l'Église
catholique romaine d'Angleterre,
construite à la fin du XIXᵉ siècle.
Elle connaît un certain renouveau,
grâce à l'afflux récent des immigrés
d'Europe de l'Est. De la tour, haute
de 83 m, la vue est époustouflante

(un ascenseur vous conduit au
sommet du clocher).

👁 WHITE CUBE GALLERY
☎ 7930 5373 ; www.whitecube.com ;
25-26 Mason's Yard ; tarif variable ;
🕑 10h-18h mar-sam ; ⊖ Green Park
ou Piccadilly Circus
Le propriétaire de la galerie White
Cube, Jay Jopling, a été avec le
publicitaire Charles Saatchi l'un des
premiers promoteurs du Britart
des années 1990 qui a produit tant
d'œuvres conceptuelles. Ce White
Cube, impressionnant cube blanc
posé au milieu d'une cour, permet
de voir des expositions dernier cri.
Un second White Cube existe à
Hoxton (p. 147).

🛍 SHOPPING
🛍 ABERCROMBIE & FITCH
Mode
☎ 0844 412 5750 ; www.abercrombie
.com ; 7 Burlington Gardens ;
🕑 10h-19h lun-sam, 12h-18h dim ;
⊖ Piccadilly Circus
Difficile de savoir si Abercrombie
& Fitch est une boutique de
vêtements ou une discothèque,
car la musique résonne à plein
volume et le personnel semble
avoir été choisi pour son physique
avantageux. Les prix s'avèrent plutôt
élevés pour du sportwear et des
jeans, mais l'originalité du lieu vaut
le coup d'œil.

LES GALERIES MARCHANDES DE MAYFAIR

Plusieurs galeries marchandes de luxe construites au XIXᵉ siècle, à l'époque georgienne, subsistent encore de nos jours. **Burlington Arcade** (www.burlington-arcade.co.uk; 51 Piccadilly) possède toujours sa propre police, les Burlington Beadles, qui surveille les clients pour les empêcher de courir, de siffler ou de mâcher du chewing-gum. Tout aussi somptueuses, les **Piccadilly Arcade** (www.piccadilly-arcade.com ; Piccadilly) et **Royal Arcade** (28 Old Bond St) voisines sont également accessibles depuis la station de métro Piccadilly Circus.

BONHAMS *Salle des ventes*
☎ 7447 7447 ; www.bonhams.com ; 101 New Bond St ; ⊗ horaires des ventes variables ; ⊖ Bond St
Célèbre salle des ventes londonienne, Bonhams voit passer de véritables trésors, des peintures de maîtres aux glaives écossais. Autre adresse à Knightsbridge.

BURBERRY *Mode*
☎ 7968 0000 ; www.burberry.com ; 21-23 New Bond St ; ⊗ 10h-19h lun-sam, 12h-18h dim ; ⊖ Bond St ou Green Park
La marque britannique s'est initialement fait connaître grâce à son tartan beige, utilisé comme doublure de trench-coat après la Seconde Guerre mondiale. Avec sa nouvelle gamme chic Prorsum, elle cherche à se dissocier des *fashion victims* des milieux populaires qui ont adopté ses fameux carreaux. Autres enseignes dans Regent St et à Knightsbridge.

CHRISTIE'S *Salle des ventes*
☎ 7839 9060 ; www.christies.com ; 8 King St ; ⊗ exposition des objets en vente 9h-17h lun-ven, 12h-17h sam-dim ; ⊖ South Kensington
Si l'envie vous prend d'acheter un Monet ou un Picasso, c'est chez Christie's, la salle des ventes la plus illustre de Grande-Bretagne, qu'il faut vous rendre. Second showroom à Knightsbridge.

DOVER STREET MARKET *Mode*
☎ 7518 0680 ; www.doverstreetmarket .com ; 17-18 Dover St ; ⊗ 11h-18h lun-sam, jusqu'à 19h jeu ; ⊖ Green Park
Passage obligé des *fashionistas*, cette galerie marchande de 6 étages propose des vêtements et accessoires de marque pour hommes et femmes, tel Comme des Garçons, présentés avec art.

FORTNUM & MASON *Grand magasin*
☎ 7734 8040 ; www.fortnumandmason .co.uk ; 181 Piccadilly ; ⊗ 10h-20h lun-sam, 11h30-18h dim ; ⊖ Piccadilly Circus ou Green Park
Cette enseigne légendaire, fondée en 1707, recyclait à l'origine les

chandelles à demi consumées de la maison royale pour les revendre à profit. Il s'agit à présent du grand magasin le plus élégant de Londres, dont les vitrines justifient à elles seules le déplacement.

🏠 LILLYWHITES
Articles de sport
☎ 0870 333 9600 ; 24-36 Regent St ;
🕙 10h-21h lun-mer, 10h-21h30 jeu-sam, 12h-18h30 dim ; ♿ ;
⊖ Piccadilly Circus

La plus grande boutique londonienne du genre offre sur 5 étages un choix de raquettes de tennis, baskets, survêtements et autres articles de sport. Les soldes à − 70% couramment pratiqués font oublier l'affluence et la qualité irrégulière du service.

🏠 MATTHEW WILLIAMSON
Mode
☎ 7629 6200 ; www.matthew williamson.com ; 28 Bruton St ;
🕙 10h-18h lun-sam ; ⊖ Green Park

Le style "bobo de luxe" de Matthew Williamson trahit l'influence de l'Inde, où le couturier a passé du

Lèche-vitrine à Burlington Arcade

temps. Ses vêtements ont séduit Sienna Miller et Keira Knightley.

☐ MULBERRY *Accessoires*
☎ 7491 3900 ; www.mulberry.com ; 41-42 New Bond St ; 🕙 10h-18h lun-sam, jusqu'à 19h jeu ; ⊖ Bond St

Les filles qui fréquentent Mulberry savent ce qu'elles veulent : des chaussures en cuir et des pochettes en verni chics. Étant donné le succès croissant de cette marque britannique, profitez-en vite avant qu'elle ne perde de son exclusivité. Plusieurs enseignes en ville.

☐ SOLDERIE PAUL SMITH
Mode
☎ 7493 1287 ; 23 Avery Row W1 ; 🕙 10h-18h30 lun-sam, jusqu'à 19h jeu, 13h-17h30 dim ; ⊖ Bond St

Articles dégriffés du styliste britannique (voir aussi p. 50).

☐ PRIMARK *Mode*
☎ 7495 0420 ; www.primark.co.uk ; 499-517 Oxford St ; 🕙 9h-21h lun-ven, 9h-20h sam, 12h-18h dim ; ⊖ Baker St

En dépit des critiques récentes sur les méthodes de fabrication de Primark, la boutique phare affiche toujours le plein d'acheteuses en quête d'articles de mode bon marché qui font leur petit effet.

☐ SOTHEBY'S *Salle des ventes*
☎ 7293 5000 ; www.sothebys.com ; 34-35 New Bond St ; 🕙 horaires des ventes variables ; ⊖ Bond St

La plus vieille salle des ventes de Londres a vendu par le passé des pièces inestimables, dont le *Garçon*

"MY TAILOR IS RICH"

Des tailleurs commencèrent à s'installer le long de Savile Row dans les années 1770 pour satisfaire les gentlemen de l'époque georgienne comme Beau Brummell, le dandy qui aurait introduit le costume dans la garde-robe masculine. Désormais moins nombreuses, ces boutiques excellent toutefois dans leur domaine. Si vous pouvez vous permettre de dépenser au moins 1 500 £ pour un complet veston, choisissez l'une des adresses suivantes, à proximité du métro Piccadilly Circus :

Henry Poole & Co (☎ 7734 5985 ; www.henrypoole.com ; 15 Savile Row). La maison qui a inventé le smoking marche toujours aussi fort après 200 années d'existence.

Kilgour (☎ 7734 6905 ; www.kilgour.eu ; 8 Savile Row). Classique avec une touche de modernité, Kilgour propose un choix de prêt-à-porter, ainsi que des costumes sur mesure à partir de 1 500 £.

Ozwald Boateng (☎ 7437 0620 ; www.ozwaldboateng.co.uk ; 30 Savile Row). Ce tailleur flamboyant utilise des couleurs et des tissus étonnants ; comptez au minimum 3 000 £ pour un costume sur mesure.

LES RUES COMMERÇANTES DE MAYFAIR

Quelques lieux de shopping haut de gamme pour faire des folies :
> Bruton St (C2) – Des créateurs de mode extravagants à l'image de Stella McCartney.
> Old Bond St (C2) – Diamants De Beers et stylistes comme Alexander McQueen.
> New Bond St (C2) – Moschino, Ermenegildo Zegna, Jimmy Choo…
> Savile Row (D2) –La rue des grands tailleurs sur mesure.

à la pipe de Picasso et un des sept exemplaires imprimés des *Contes de Beedle le Barde* de J.K Rowling (auteur d'*Harry Potter*), acquis par les propriétaires du site Amazon .com, pour la somme ahurissante de 3,8 millions de livres.

☐ STELLA MCCARTNEY *Mode*
☎ 7518 3100 ; www.stellamccartney .com ; 30 Bruton St ; ☽ 10h-18h lun-sam, jusqu'à 19h jeu ; ⊖ Green Park
Beaucoup soupçonnent Stella McCartney d'avoir été bien aidée dans sa carrière par son ex-Beatles de père. Quoi qu'il en soit, ses tailleurs-pantalons à la coupe impeccable, ses robes-chandails et ses parfums capiteux plaisent indéniablement à la clientèle dans le vent.

☐ WATERSTONE'S *Livres*
☎ 7851 2400 ; www.waterstones.com ; 203-206 Piccadilly ; ☽ 10h-22h lun-sam, 12h-18h dim ; ⊖ Green Park
La plus vaste librairie d'Europe comprend cinq étages de livres, et un café au dernier niveau qui jouit d'une vue imprenable sur les toits de Londres.

🍴 SE RESTAURER
🍴 CINNAMON CLUB
Indien £££
☎ 7222 2555 ; www.cinnamonclub .com ; Old Westminster Library, 30-32 Great Smith St ; ☽ 7h30-9h30 lun-ven, 12h-14h45 et 18h-22h45 lun-sam ; ⊖ St James's Park
Un restaurant indien chic qui a ouvert ses portes dans l'ancienne bibliothèque de Westminster, bien avant l'engouement actuel pour ce type d'établissement. Agréablement moderne et inventive, sa cuisine tranche avec le cadre formel.

🍴 GORDON RAMSAY AT CLARIDGES
Britannique moderne £££
☎ 7499 0099 ; www.gordonramsay .com ; 53 Brook St ; ☽ 12h-14h45 et 17h45-23h lun-ven, 12h-15h et 18h-23h sam, 18h-22h30 dim ; ⊖ Bond St
L'union du chef le plus encensé de Londres et de l'hôtel le plus sélect de Mayfair fait des merveilles. Les admirateurs de Gordon Ramsay

GORDON RAMSAY : UNE SUCCESS STORY BRITANNIQUE

Ancien joueur de football devenu cuisinier, Gordon Ramsay a bâti un véritable empire de la restauration, qui compte plus d'une douzaine d'adresses à Londres, en Europe, aux États-Unis et au Moyen-Orient. Avec ses 12 étoiles attribuées par le Guide Michelin, il s'agit sans doute du chef le plus reconnu de la planète, aidé en cela par ses deux émissions de télévision internationales, *Hell's Kitchen* et *F-Word*. Mais Ramsay ne semble pas être apprécié de tous ceux qui travaillent sous sa direction. Ainsi, un différend important semble s'être installé entre Gordon Ramsay et Marcus Wareing, le chef du Pétrus qu'il a formé. La guerre est donc déclarée entre ces deux chefs prestigieux.

Les meilleures tables de Ramsay à Londres :

> Boxwood Café (voir l'encadré p. 130)
> Gordon Ramsay (p. 129)
> Gordon Ramsay at Claridges (p. 97)
> Maze (ci-dessous)

réservent des mois à l'avance pour s'attabler dans la magnifique salle à manger fleurie de style Art déco et déguster des mets succulents, comme le saint-pierre rôti ou les raviolis de homard et de saumon.

🍴 INN THE PARK
Britannique ££

☎ 7451 9999 ; **www.innthepark.co.uk ;** St James's Park ; 🕐 8h-20h30 lun-ven, 9h-20h30 sam-dim ; ⊖ St James's Park
Pas vraiment à la hauteur de ses prétentions, ce café chic sort néanmoins du lot grâce à sa situation dans St James's Park. Oliver Peyton, qui dirige les restaurants de la National Gallery et de la Wallace Collection, utilise des ingrédients provenant de petits producteurs pour composer une bonne carte, à la fois moderne et familière.

🍴 JAPAN CENTRE
Japonais £-££

☎ 7255 8270 ; www.japancentre .com ; 212-213 Piccadilly ; 🕐 salon de thé 10h-19h lun-sam, 11h-19h dim, restaurant 12h-22h lun-sam, 12h-21h dim ; ⊖ St James's Park
Comprenant supermarché, librairie, café, restaurant et bar à sushis, le Japan Centre donne l'impression d'être à Tokyo. C'est l'endroit idéal pour manger sur le pouce sushis et *ramen* ou acheter de ravissants articles pour la maison.

🍴 MAZE *International* £££

☎ 7107 0000 ; www.gordonramsay .com ; 10-13 Grosvenor Sq ; 🕐 12h-14h30 et 18h-22h30 ; ⊖ Bond St
Si vous aimez goûter de tout, le Maze est le restaurant de Gordon Ramsay qu'il vous faut car il propose

des petites portions, de style tapas. La carte étoilée au Michelin mêle la grande cuisine française et les saveurs subtiles de l'Asie. Commandez plusieurs plats pour composer un repas complet.

🍴 MOMO Nord-africain £££
☎ 7434 4040 ; www.momoresto.com ; 46 Grosvenor Pl ; 🕑 12h-14h30 et 18h30-23h30 lun-sam, 18h30-23h30 dim ; ⊖ Oxford Circus
Une table marocaine où l'on s'amuse. La clientèle vient en effet autant pour le décor de style souk et l'état d'esprit festif que pour le couscous, les tagines et les grillades irréprochables.

🍴 NAHM Thaï £££
☎ 7333 1234 ; halkin.como.bz ; The Halkin, Halkin St ; 🕑 12h-14h30 et 19h-23h lun-ven, 19h-23h sam, 19h-22h dim ; ⊖ Hyde Park Corner
Pour déguster des spécialités thaïes haut de gamme, le restaurant chic de l'hôtel Halkin, où officie David Thomson, ex-cuisinier du roi de Thaïlande, constitue un choix incontournable.

🍴 NOBU Japonais £££
☎ 7447 4747 ; Metropolitan Hotel, 19 Old Park Lane ; 🕑 12h-14h15 et 18h-22h15, jusqu'à 23h sam, 21h30 dim ; ⊖ Hyde Park Corner
Si l'enseigne originale doit désormais faire face à la concurrence

farouche de Nobu Berkeley St (p. 100), vous pourrez quand même observer ici quelques célébrités en savourant votre *teriyaki* et autres plats japonais créatifs, qui justifient davantage le déplacement. Au dessert, commandez le *chocolate bento box* avec de la glace au thé vert.

🍴 SKETCH International £££
☎ 7659 4500 ; www.sketch.uk.com ; 9 Conduit St ; 🕑 Gallery 19h-21h lun-sam, Glade 12h-15h lun-sam, Lecture Room 12h-15h et 19h-22h30 mar-ven, 19h-22h30 sam ; ⊖ Oxford Circus
Plus aussi tendance qu'il y a quelques années, Sketch plaît encore pour son côté flamboyant. Le Gallery et le Glade du rez-de-chaussée servent de la cuisine européenne moderne. La Lecture

RESTAURANT AVEC VUE
Réserver une table au **Galvin@ Windows** (☎ 7208 4021 ; www. galvinatwindows.com ; London Hilton On Park Lane, 22 Park Lane ; 🕑 7h30-10h mar-dim, 12h-15h dim-ven, 17h30-23h lun-sam ; ⊖ Hyde Park Corner), perché sur une plate-forme au 28e étage du Hilton dans Park Lane, permet de profiter d'une vue splendide sur Belgravia et le jardin de la Reine, en dégustant une cuisine française moderne d'excellente qualité.

LES QUARTIERS

MAYFAIR, ST JAMES'S ET WESTMINSTER

Classe et gastronomie au restaurant Sketch (p. 99)

Room à l'étage se réserve la haute cuisine à des prix prohibitifs. Ne manquez pas les toilettes en forme d'œuf.

🍽 WOLSELEY
Européen moderne £££
☎ 7499 6996 ; www.thewolseley.com ;
160 Piccadilly ; 🕑 7h-24h lun-ven,
8h-24h sam, 8h-23h dim ; 🚇 Green Park
La bonne société londonienne et les people fréquentent cet élégant café Art déco qui rappelle l'époque raffinée des grandes brasseries européennes. Thés, scones,

gâteaux, viennoiseries et sandwichs savoureux.

🍸 PRENDRE UN VERRE

🍸 NOBU BERKELEY ST *Bar*
☎ 7290 9222 ; www.noburestaurants
.com ; 15 Berkeley St ; 🕑 12h-1h
lun-mer, 12h-2h jeu-ven, 18h-2h sam,
18h-23h dim ; 🚇 Green Park
Cet établissement à la James Bond, tout de métal, de bois et d'arbres sculptés scintillants, pratique des

prix en rapport avec son standing. Le restaurant affiche la même cuisine japonaise créative que le Nobu (p. 99), de Hyde Park Corner.

YE GRAPES *Pub*
☎ 7499 1563 ; 16 Shepherd Market ; ⊖ Green Park

L'atmosphère un brin villageoise de Shepherd Market déteint sur ce joli pub de quartier victorien, rempli d'animaux empaillés, que les riches habitants de Mayfair investissent en semaine après le travail.

SORTIR

★ CURZON MAYFAIR *Cinéma*
☎ renseignements 7495 0501, réservations 0871 703 3989 ; www. curzoncinemas.com ; 38 Curzon St ; ⊖ Green Park ou Hyde Park Corner

Ce cinéma d'art et d'essai, dont le décor "futuriste" des années 1970 fait penser à un vaisseau spatial de *Star Trek*, programme d'excellents films de cinéastes indépendants.

★ PIGALLE CLUB *Cabaret*
☎ renseignements 7644 1420, réservations 0845 345 6053 ; www.thepigalle.co.uk ; 215 Piccadilly ; ☼ à partir de 19h ; ⊖ Piccadilly Circus

Rien de tel que ce cabaret pour revivre avec nostalgie l'époque glorieuse des années 1940, le temps d'un dîner-spectacle. Le répertoire va des crooners, genre Dean Martin, aux comédiens burlesques comme Immodesty Blaize. Voir aussi p. 22.

>BLOOMSBURY ET FITZROVIA

Usage de drogue, relations extraconjugales, mysticisme oriental, bisexualité : les habitants conservateurs du quartier auraient été scandalisés s'ils avaient su ce qui se passait lors des soirées chez Virginia Woolf et les autres membres du groupe de Bloomsbury. Le secteur a cependant toujours attiré les libres-penseurs. Darwin vécut dans Gower St, et George Bernard Shaw conçut ses critiques acerbes de la société de classes dans la Reading Room du British Museum.

Un élan créatif similaire agitait aussi Fitzrovia, à l'extrémité de Tottenham Court Rd. Des écrivains comme George Orwell, Quentin Crisp et Dylan Thomas échangeaient des histoires devant des pintes de bière à la Fitzroy Tavern et autres pubs, tandis qu'Aleister Crowley s'adonnait à ses pratiques occultes quelques rues plus loin. L'activité intellectuelle et artistique se manifeste aujourd'hui dans l'enceinte de l'université de Londres et à travers les œuvres de riverains tels que le romancier Ian McEwan.

Pour le visiteur, le British Museum constitue l'attraction majeure. Les magasins d'informatique et de mobilier bien approvisionnés, qui bordent Tottenham Court Rd, ainsi que les restaurants chics situés dans les petites rues de Fitzrovia, méritent également le détour.

BLOOMSBURY ET FITZROVIA

VOIR
British Museum **1** C5
Cartoon Museum **2** C6
New London
   Architecture **3** B5
Petrie Museum **4** B4
Pollock's Toy Museum ... **5** B5
Wellcome Collection **6** B4

SHOPPING
Comicana .... (voir 10)
Gosh! **7** C6
Habitat **8** B5

Heal's **9** B5
James Smith
   & Sons Umbrellas **10** C6
Paperchase **11** B5
Topshop **12** A6

SE RESTAURER
Busaba Eathai **13** B5
Fino **14** B5
Giraffe .... (voir 27)
Hakkasan **15** B6
Rasa Samudra **16** B6
Salt Yard **17** B5
Wagamama **18** C6

PRENDRE
UN VERRE
Annexe 3 .... **19** A6
Bradley's Spanish Bar **20** B6
Fitzroy Tavern **21** B5
Lamb **22** D4
Princess Louise **23** D6

SORTIR
100 Club **24** B6
All Star Lanes **25** D5
Bloomsbury Bowling ... **26** C4
Renoir Cinema **27** D4

Voir carte Soho
et Covent Garden
p. 44-45

👁 VOIR

🄲 BRITISH MUSEUM

☎ 7323 8000, visites guidées 7323 8181 ; www.britishmuseum.org ; Great Russell St ; entrée libre, don suggéré 3 £, droit d'entrée pour les expositions temporaires et certaines visites guidées ; 🕐 galeries 10h-17h30, jusqu'à 20h30 jeu et ven, Great Court 9h-18h dim-mer, 9h-23h jeu-sam ; ♿ 🚻 ; ➍ Tottenham Court Rd ou Russell Sq

Sir Hans Sloane légua son humble cabinet de curiosités à la nation, en 1753. Aventuriers et archéologues ont enrichi depuis les collections du British Museum, qui comprend des pièces antiques célébrissimes, comme la pierre de Rosette et les marbres du Parthénon (voir p. 11 pour plus de détails). Etant donné l'immensité du site, participer à une visite guidée qui englobe les fleurons du musée est une bonne idée.

🄲 NEW LONDON ARCHITECTURE

☎ 7636 4044 ; The Building Centre, 26 Store St ; entrée libre ; 🕐 9h-18h lun-ven, 10h-17h dim ; ➍ Goodge St

Les plans, maquettes et expositions montrés ici donnent un aperçu des projets architecturaux en cours dans la capitale britannique. Telle cette immense maquette de la capitale qui met en lumière les nouvelles zones de construction, les projets destinés aux Jeux olympiques de 2012, ainsi que les différents programmes de réhabilitation des quartiers.

🄲 POLLOCK'S TOY MUSEUM

☎ 7639 3452 ; www.pollockstoy museum.com ; 1 Scala St ; adulte/enfant/tarif réduit 5/2/3 £ ; 🚻 ; 🕐 10h-17h lun-sam ; ➍ Goodge St

Ce musée original présente une profusion de jeux de société, jouets mécaniques, scientifiques ou du

---

MUSÉES SECRETS

Tout le monde connaît le British Museum et son remarquable département consacré à l'Égypte ancienne, mais peu de gens ont entendu parler du petit **Petrie Museum** (☎ 7679 2884 ; www.petrie.ucl.ac.uk ; University College, Malet Pl ; entrée libre ; 🕐 13h-17h mar-ven, 10h-13h sam ; ➍ Goodge St) qui recèle des statues, céramiques, inscriptions lapidaires, momies et autres antiquités égyptiennes.

À proximité, la **Wellcome Collection** (☎ 7611 2222 ; www.wellcomecollection. org ; 183 Euston Rd ; entrée libre ; 🕐 10h-18h lun-sam, jusqu'à 22h jeu, 10h-18h dim ; ♿ 🚻 ; ➍ Euston Sq) présente un curieux ensemble d'objets chirurgicaux et ethnologiques rassemblés par le philanthrope de l'époque victorienne sir Henry Wellcome, ainsi que des expositions futuristes sur la médecine moderne.

Ben Roberts
Conservateur du département Âge de bronze européen au British Museum

Les fleurons du British Museum Une forte charge historique s'attache à la pierre de Rosette et aux marbres du Parthénon, mais mon objet préféré est la cape de Mold (1900-1600 av. J.-C.), découverte en Galles du Nord. Personne ne savait de quoi il s'agissait jusqu'à ce qu'on assemble tous ses petits éléments en or. **Les autres grands musées londoniens** Le Natural History Museum (p. 124), surtout depuis l'ajout du Darwin Centre qui le rend encore plus intéressant. Pour les amateurs d'art et de design, le V&A (p. 126). Le Sir John Soane's Museum (p. 62) est quant à lui d'une merveilleuse folie. **La meilleure expérience culturelle** La promenade en bateau de Westminster (p. 86) à Greenwich (p. 176) pour une vision différente de Londres. Enfin, ne négligez pas les églises de la City (p. 70). qui dégagent un silence et une paix qu'on ne trouve nulle part ailleurs.

LES QUARTIERS

BLOOMSBURY ET FITZROVIA

Lion trônant dans la Great Court du British Museum (p. 104)

folklore populaire, poupées et théâtres en carton. Allez-y pour retrouver l'enfant qui sommeille en vous.

🏠 SHOPPING

Décevante et surpeuplée, Oxford St est la principale artère commerçante. On y trouve notamment de grands magasins de disques, comme HMV et Zavvi. L'extrémité sud de Tottenham Court Rd regroupe des boutiques de matériel informatique, d'équipements audio et d'électronique, dont on peut souvent marchander les prix.

🏠 HABITAT
Meubles et articles de maison
☎ 0844 499 1122 ; www.habitat.net ; 196-199 Tottenham Court Rd ; ⏰ 10h-18h lun-mer, jusqu'à 20h jeu, 18h30 ven, 9h30-18h30 sam, 12h-18h dim ; ⊖ Goodge St

Plus accessible que Heal's, Habitat met le design européen à la portée du plus grand nombre. Autres enseignes dans Regent St et King's Rd, à Chelsea.

🏠 HEAL'S
Meubles et articles de maison
☎ 7636 1666 ; www.heals.co.uk ; 196 Tottenham Court Rd ; ⏰ 10h-

18h lun-mer, jusqu'à 20h jeu, 18h30
ven, 9h30-18h30 sam, 12h-18h dim ;
⊖ Goodge St
Heal's équipe la maison des
Londoniens fortunés, depuis des
générations. Il propose du mobilier
aux lignes épurées et des articles
pour la maison de qualité, dans
un style "maximaliste" du dernier
cri. Autre adresse dans King's Rd, à
Chelsea.

🏠 **JAMES SMITH & SONS
UMBRELLAS** *Parapluies*
☎ 7836 4731 ; www.james-smith
.co.uk ; 53 New Oxford St ; 🕒 9h30-
17h25 lun-ven, 10h-17h25 sam ;
⊖ Tottenham Court Rd
Cette vénérable boutique
victorienne de cannes et de
parapluies n'a guère changé, depuis
sa création en 1857. Les cannes-
épées qui sont exposées en vitrine

ont juste été sagement interdites
en 1988.

🏠 **PAPERCHASE** *Papeterie*
☎ 7636 1666 ; www.paperchase.co.uk ;
196 Tottenham Court Rd ; 🕒 9h30-19h
lun-mer, ven et sam, 9h30-20h jeu,
12h-18h dim ; ⊖ Goodge St
Ses stylos à la mode, blocs-notes
colorés, gommes fantaisie et
papiers cadeau merveilleux plairont
particulièrement aux enfants. Autres
adresses à Notting Hill et Chelsea.

🏠 **TOPSHOP** *Mode*
☎ 7636 7700 ; www.topshop.co.uk ;
36-38 Great Castle St ; 🕒 9h-20h lun-
sam, jusqu'à 21h jeu, 12h-18h dim ;
⊖ Oxford Circus
L'enseigne phare de la chaîne qui
rend la mode des défilés accessibles
à une clientèle jeune. Hauts à
paillettes et lignes de vêtements

LE ROYAUME DE LA BD
Entre Bloomsbury et Soho s'étend un monde nébuleux où des hommes d'âge mûr retombent
en enfance et où les tenues de super-héros sont carrément encouragées. Il s'agit du haut lieu
de la bande dessinée à Londres, cadre d'une véritable contre-culture basée sur l'imaginaire
d'auteurs comme Neil Gaiman et Alan Moore.
   L'intéressant **Cartoon Museum** (☎ 7580 8155 ; www.cartoonmuseum.org ; 35 Little
Russell St ; adulte/enfant 4 £/gratuit ; 🕒 10h30-17h30 mar-sam, 12h-17h30 dim ;
⊖ Tottenham Court Rd) expose des classiques de la BD et du dessin d'humour politique
anglais. Pour dénicher des vieux numéros et des pièces de collection, rendez-vous à Soho
chez **Forbidden Planet** (p. 48) ou autour de la station de métro Tottenham Court Rd dans
les boutiques suivantes :
Comicana (☎ 7836 5630 ; www.comicana.com ; 237 Shaftesbury Ave)
Gosh! (☎ 7636 1011 ; www.goshlondon.com ; 39 Great Russell St)

"dessinés" (avec un peu d'aide) par des célébrités comme Kate Moss.

🍴 SE RESTAURER

🍴 BUSABA EATHAI
Thaï £-££

☎ 7299 7900 ; 22 Store St ; 🕐 12h-23h lun-jeu, 12h-23h30 ven-sam, 12h-22h30 dim ; ⊖ Goodge St

La contribution d'Alan Yau à la cuisine thaïlandaise. Dans un décor en bois d'une élégance sensuelle, les dîneurs s'installent autour de longues tables communes, pour déguster un choix simple de spécialités. Autre enseigne à Marylebone (p. 117).

🍴 FINO *Espagnol* £££

☎ 7813 8010 ; www.finorestaurant .com ; 33 Charlotte St ; 🕐 12h-14h30 et 18h-22h30 lun-sam ; ⊖ Goodge St

Bar à tapas de qualité et chouchou des gens de médias du West End, Fino propose de petits plats préparés avec les meilleurs ingrédients espagnols. Prix élevés en rapport. Entrée dans Rathbone St.

🍴 GIRAFFE *International* £-££

☎ 7812 1336 ; www.giraffe.net ; 19-21 Brunswick Centre, Brunswick Sq ; 🕐 8h-23h lun-ven, 9h-22h30 sam-dim ; 👶 ; ⊖ Russell Sq

Ce restaurant de chaîne à l'intérieur du Brunswick Centre (voir l'encadré p. 111) sert une nourriture

cosmopolite amusante à base de produits frais. Les enfants y mangeront sainement, sans même s'en apercevoir.

🍴 HAKKASAN *Chinois* £££

☎ 7907 1888 ; www.hakkasan.com ; 8 Hanway Pl ; 🕐 12h-15h et 18h-24h lun-ven, 12h-17h et 18h-24h sam, 12h-17h et 18h-23h dim ; ⊖ Tottenham Court Rd

Hakkasan offre tout ce qu'on peut attendre d'une table culte : cuisine exquise, clientèle sélecte, décor inspirant et emplacement caché. Propriété d'Alan Yau, il s'agit du premier restaurant chinois étoilé au Michelin et la qualité des mets justifie amplement la note salée. Réservez longtemps à l'avance.

🍴 RASA SAMUDRA
Indien du Sud ££

☎ 7637 0222 ; www.rasarestaurants .com ; 5 Charlotte St ; 🕐 12h-15h et 18h-23h lun-sam, 18h-23h dim ; ⊖ Goodge St ou Tottenham Court Rd

Derrière sa façade rose vif, le Rasa Samudra mitonne du *kappayum meenum* (poisson dans une sauce épicée à la farine de manioc) et autres délices du Kerala, végétariens ou à base de fruits de mer.

🍴 SALT YARD *Espagnol* ££

☎ 7637 0657 ; www.saltyard.co.uk ; 54 Goodge St ; 🕐 12h-23h lun-ven, 17h-23h sam ; ⊖ Goodge St

Se décrivant lui-même comme un "bar à charcuterie", l'endroit a pour spécialité des tapas métissées d'inspiration espagnole et italienne. La carte comprend notamment un délicieux carpaccio de thon, du lard confit aux haricots blancs et des assiettes de jambon savoureuses, mais chères.

🍴 WAGAMAMA
Panasiatique £-££

☎ 7323 9223 ; www.wagamama.com ; 4 Streatham St ; ⊗ 12h-23h lun-sam, 12h-22h dim ; ⊖ Tottenham Court Rd
La chaîne qui a fait la renommée d'Alan Yau a débuté dans ce sous-sol anonyme proche de Gower St. La carte met l'accent sur les nouilles japonaises – *soba*, *ramen* et *udon* – frites, en curries ou sous forme de soupes. Il existe des enseignes Wagamama partout à Londres, reconnaissables à leur étoile rouge sur fond noir.

🍸 PRENDRE UN VERRE

🍸 ANNEXE 3 *Bar*
☎ 7631 0700 ; www.loungelover.com ; 6 Little Portland St ; ⊗ 17h-24h lun-ven, 18h-24h sam ; ⊖ Oxford Circus
Dans ce bar volontairement clinquant du West End, pas un seul cm² n'est épargné par l'explosion de kitsch, mais la liste des cocktails brille par son inventivité.

🍸 BRADLEY'S SPANISH BAR
Bar

☎ 7636 0359 ; 42-44 Hanway St ; ⊖ Tottenham Court Rd
Cette auberge à peine plus grande qu'un mouchoir de poche ressemble à un pub anglais qu'on aurait décoré de souvenirs de vacances espagnols. Rustique, sans chichi mais incontestablement cosy.

🍸 FITZROY TAVERN *Pub*
☎ 7580 3714 ; 16 Charlotte St ; ⊗ fermé dim ; ⊖ Goodge St
Dans les années qui précédèrent et suivirent la Seconde Guerre mondiale, le Fitzroy fut le repaire de grands noms de la littérature, comme George Orwell et Dylan Thomas. Aujourd'hui, ce pub typique du centre de Londres, propriété de la brasserie Sam Smith's, sert de nombreuses ales et bières spéciales à prix doux.

🍸 LAMB *Pub*
☎ 7405 0713 ; 94 Lamb's Conduit St ; ⊗ fermé dim ; ⊖ Russell Sq
Ce pub pittoresque perdu au milieu des cafés-traiteurs de Lamb's Conduit St a conservé en grande partie sa décoration d'époque victorienne. Bien que l'enseigne représente un agneau (*lamb* en anglais), le nom de l'établissement et celui de la rue rendent en réalité hommage au philanthrope William Lamb.

LES QUARTIERS

BLOOMSBURY ET FITZROVIA

Le décor victorien d'époque du joli pub Princess Louise

 PRINCESS LOUISE *Pub*
☎ 7405 8816 ; 208-9 High Holborn ;
🕒 fermé dim ; ⊖ Holborn

L'un des plus jolis pubs du West
End, classé monument historique,
évoque l'âge d'or des brasseries
britanniques. Si l'ambiance ne sort
guère du lot, le décor victorien vaut
en revanche le coup d'œil.

⭐ SORTIR

⭐ **100 CLUB** *Concerts*
☎ 7636 0933 ; www.the100club.co.uk ;
100 Oxford St ; 🕒 horaires des concerts
variables ; ⊖ Leicester Sq

Cette salle de concerts qui compte
parmi les plus vieilles de Londres

a reçu quantité de stars, des Sex
Pistols et White Stripes à Muddy
Waters et Louis Armstrong. Ses
soirées swing et boogie-woogie
du lundi attirent du monde – voir
l'encadré p. 163.

⭐ **ALL STAR LANES** *Bowling*
☎ 7025 2676 ; www.allstarlanes.co.uk ;
Victoria House, Bloomsbury Pl ;
🕒 17h-23h30 lun-mer, 17h-24h jeu,
12h-2h ven et sam, 12h-23h dim ;
⊖ Holborn ou Russell Sq

Précurseur de la remise au goût du
jour du bowling (grâce au film culte
des années 1990, *The Big Lebowski*),
l'endroit reproduit fidèlement le
décor glamour de ses homologues
américains d'autrefois. Autre

LA NOUVELLE VIE DU BRUNSWICK CENTRE

Sis de manière incongrue en marge du distingué Brunswick Square, le **Brunswick Centre** (☎ 7833 6066 ; www.brunswick.co.uk ; Brunswick Sq ; ⏱ 9h-19h lun-sam, 11h-17h dim ; ⊖ Russell Sq) fut l'un des premiers bâtiments brutalement modernistes de Londres. En dépit de ses nobles ambitions, cette énorme masse de béton a abrité des logements sociaux jusqu'en 2002, époque à laquelle 22 millions de livres ont été affectées à sa rénovation. Désormais repeint d'un blanc étincelant, il revit grâce à des boutiques haut de gamme et à des enseignes de restauration, dont celle de la chaîne **Giraffe** (p. 108) que les enfants apprécient particulièrement. Il renferme également le **Renoir Cinema** (☎ 0871 703 3991 ; www.curzoncinemas.com) du groupe Curzon, qui programme des films d'art et d'essai pour les bobos des appartements au-dessus.

établissement dans le Whiteleys Centre à Bayswater. Comme il est souvent bondé, il est prudent de réserver.

⭐ **BLOOMSBURY BOWLING**
Bowling
☎ 7183 1979; www.bloomsbury bowling.com ; Tavistock Hotel, Bedford Way ; ⏱ 12h-2h lun-jeu, 12h-3h ven et sam, 13h-24h dim ; ⊖ Russell Sq

L'ancien parking du Tavistock Hotel a été transformé en salle de bowling à dix quilles des années 1950, dans un style chic et rétro proche de celui du All Star Lanes (p. 110). Il est toutefois plus facile d'obtenir une place pour jouer.

>MARYLEBONE ET REGENT'S PARK

Le nom Marylebone (mar-li-bone) ne vient pas du français Marie La Bonne comme le pensent la plupart des gens mais de l'anglais médiéval *bourne* (ruisseau), en référence au cours d'eau qui coulait jadis le long de Marylebone Lane. De nos jours, ce quartier résidentiel parmi les plus chics de Londres s'apparente un peu à Mayfair, en plus calme et en moins tape-à-l'œil.

Le fait que Marylebone soit vraiment un lieu de vie se traduit en sa faveur par des rues jalonnées de cafés, de pubs et de commerces de proximité. L'activité se concentre essentiellement autour de Marylebone High St qui se dirige vers le nord depuis Oxford St en direction des paisibles Regent's Park et London Zoo. Avant d'atteindre le parc, il vous faudra d'abord traverser Marylebone Rd, siège du célèbre musée de cire Madame Tussauds. Plus loin vers l'ouest, Baker St est l'endroit où Conan Doyle situe l'appartement de Sherlock Holmes.

Les prestigieux grands magasins d'Oxford St, la verdure reposante de Regent's Park et la splendide Wallace Collection, dans l'une des plus belles demeures londoniennes, constituent les points forts de la visite. Ces derniers font largement oublier les boutiques de Baker Street qui vendent des pipes et des casquettes de Sherlock Holmes.

MARYLEBONE ET REGENT'S PARK

A
Norfolk Rd
Avenue Rd
Woronzow Rd
Townshend Rd
St Edmund's Tce

Oldhaus Rd
ST JOHN'S
WOOD
St John's Wood High St
Charlbert St

Cochrane St

ington Rd
Wellington

St John's
Wood Church
Gardens

s la station
métro
John's
ood (220 m)
□ 2

Lodge Rd

ampton St

Church St

nford St

intold St
□ 6

Broadley St

Ashmill St
Shroton St

Bell St

Edgware Rd
Chapel St
Westway

ADDINGTON

uth Wharf
Rd
Praed St
Sale Pl
Star St

Norfolk Sq

Sussex Gardens

Gloucester Tce
Sussex Pl

Hyde Park
Gdns

Bayswater Rd
The Ring
North Ride

uck Hill Walk

B

Voir carte Camden,
Hampstead et
Primrose Hill
p. 167

Primrose
Hill

Prince Albert Rd

Regent's Canal

□ 1
London Zoo

0   500 m
0   0.3 miles

Regent's
Park
□ 4

Centre islamique
de Londres
et mosquée

Hanover
Gate

Boating
Lake

Outer Circle

Park Rd

London
Business
School

Rossmore Rd
Lisson Gve
Litestone St
Balcombe St
Boston Pl
Harewood

Marylebone

Melcombe Pl
Melcombe St

Lison St
Conway St

Edgware Rd
Old Marylebone Rd
Crawford St

York St
Hommer St
Crawford Pl

Seymour Pl
Montagu

Harrowby St
Nutford Pl

George St

Kendal St

Connaught St
□ 18

Seymour St
□ 20

Marble Arch
Marble Ave
Cumberland Gate

Hyde
Park

C
Regent's Park Rd

Regent's
Park

Inner Circle

Théâtre en
plein air
Queen
Mary's
Gardens

Chester Rd

Regent's
College

York Bridge

21 □   Allsop Pl
York Tce

□ 3   Marylebone Rd

Baker St
□ 7

MARYLEBONE

Bickenhall St
22
York St
Baker St
Paddington St
□ 8
Moxon St

Chiltern St
Dorset St
□ 5

Blandford St
George St

Manchester St
Manchester
Sq □ 5

Mandeville Pl
□ 13

Portman
Sq
□ 11

Upper Berkeley St

Portman St
Orchard St
□ 10

Oxford St
□ 12

North Row
Green St

N Audley St

Upper Brook St

Cumberland Gate

D
Vers la station de métro
Camden Town (200 m)
Parkway   Delancey St

Mornington St
Park Village E

Regent's
Park
Barracks

Redhill St
Albany St

Park Sq E
Great
Portland
St

Regent's
Park
Cres
Great Portland St

Devonshire St

FITZROVIA

Weymouth St

New Cavendish St
Wimpole St
Welbeck St
Marylebone High St
Beaumont St

Harley St
Queen
Anne St

Portland Pl
Chandos St

Wigmore St
Cavendish
St Christopher's
Pl
□ 13

Old Cavendish St
Henrietta Pl
Vere St

Edward
Mws
James St
Duke St
□ 12
HMV
Bond St

Vers la station
de métro Oxford
Circus (50 m)

Gilbert St
Binney St

Avery Row

New Bond St

Grosvenor St

Voir carte Mayfair,
St James's et
Westminster
p. 88-89

Mount St
MAYFAIR

Voir carte Knigtsbridge,
Chelsea, south
Kensington et Pimlico
p. 122-123

Primark
Marble Arch

Hyde Park St
Albion St
Stanhope Tce
Hyde Park Cres

St John's Wood Tce
Prince Albert Rd

Park Rd
Park St W

Pharmacentre

⊙ VOIR

⊙ LONDON ZOO

☎ 7722 3333 ; www.zsl.org/zsl-london-zoo;
Regent's Park ; adulte/enfant/tarif
réduit 15,40/11,90/13,90 £ ; ⊙ 10h-18h,
dernière entrée à 17h ; ⑤ ⑤ ;
⊖ Baker St ou Camden Town

Si les Londoniens ont tour à tour
aimé et délaissé leur zoo, la Royal
Zoological Society semble regagner
l'intérêt du public grâce à des
aménagements plus proches des
conditions naturelles, notamment
un nouvel enclos pour les gorilles
des plaines et une cage aux singes
que les visiteurs peuvent traverser.

⊙ LORD'S CRICKET GROUND

☎ billets 7432 1000, visites
guidées 7616 8595 ; www.lords.org ;
St John's Wood Rd ; visites guidées
adulte/enfant/tarif réduit/famille
12/6/7/31 £ ; ⊙ visites guidées 10h, 12h
et 14h avr-sep, 12h et 14h oct-mars ;
⑤ ⑤ ; ⊖ St John's Wood

Gardien officiel des règles et de
l'esprit du cricket, le Marylebone
Cricket Club (alias Lord's Cricket
Ground) en dit beaucoup sur ce
jeu. En l'absence de match, les fans
peuvent entreprendre la visite
guidée des bâtiments et jeter un
rapide coup d'œil à l'urne contenant
les "Ashes" (trophée que se disputent
l'Angleterre et l'Australie). La visite
se termine par l'incroyable centre de
presse à l'allure de vaisseau spatial.

⊙ MADAME TUSSAUDS

☎ 0870 999 0046 ; www.madametussauds
.com ; Marylebone Rd ; adulte/- de 16 ans/
famille 25/21/85 £ planétarium
inclus, réductions en ligne ; ⊙ 9h30-
17h30 ; ⑤ ⑤ ; ⊖ Baker St

D'un côté, Madame Tussauds
impressionne, car ses mannequins
en cire à l'effigie de célébrités
attirent les foules depuis 1884.
De l'autre, il s'agit de l'attraction
touristique la plus commune,
commerciale et onéreuse de
Londres, où des groupes d'écolières

People au musée Madame Tussauds

LE GANT ET LA BATTE

Quoi de plus sublime par un bel après-midi ensoleillé que de regarder des hommes en pantalon blanc disputer une partie, qui peut durer six jours, et s'achever quand même par un match nul ? Le cricket est de ces sports que l'on aime passionnément ou que l'on déteste. Les règles s'avèrent complexes, l'action se déroule à distance et les heures peuvent s'écouler sans que rien d'excitant ne se produise. Si vous souhaitez assister à une rencontre au Lords (p. 114) ou à l'Oval (p. 85), il vous faudra impérativement réserver votre billet bien à l'avance.

gloussent en prenant la pose. Vous savez donc à quoi vous en tenir.

🟢 REGENT'S PARK

☎ 7486 7905 ; www.royalparks.gov.uk ; ♿ 🚻 ; ⊖ Baker St ou Regent's Park
Le plus soigné des parcs royaux de Londres fut imaginé vers 1820 par l'architecte John Nash. Donnant à l'arrière sur le Regent's Canal, ce paisible espace vert qui abrite le London Zoo (p. 114) vaut aussi pour sa roseraie et son étang propice au canotage.

🟢 WALLACE COLLECTION

☎ 7563 9515 ; www.wallacecollection .org ; Hertford House, Manchester Sq ; entrée libre ; 🕙 10h-17h ; ♿ ; ⊖ Bond St
Classée monument historique, cette majestueuse demeure recèle une riche collection d'objets rares (meubles, porcelaines, peintures…), donnant un aperçu de la vie aristocratique au XVIIIe siècle. Parmi les tableaux figurent le *Cavalier souriant* de Frans Hals, ainsi que des œuvres de Rembrandt, Titien,

Rubens, Van Dyck, Reynolds et Gainsborough, exposés dans la superbe Great Gallery.

🛍 SHOPPING

D'autres boutiques intéressantes bordent Marylebone High St (C4).

🛍 ALFIE'S ANTIQUES MARKET
Antiquités-brocante

☎ 7723 6066 ; www.alfiesantiques .com ; 13-25 Church St ; 🕙 10h-18h mar-sam ; ⊖ Edgware Rd ou Marylebone
Un labyrinthe désordonné de brocanteurs et de friperies qui vendent meubles, bibelots, céramiques, vêtements vintage, bijoux et autres objets anciens de toutes les époques, au prix fort.

🛍 DAUNT BOOKS *Livres*

☎ 7224 2295 ; www.dauntbooks.co.uk ; 83-84 Marylebone High St ; 🕙 9h-19h30 lun-sam, 11h-18h dim ; ⊖ Baker St
Une librairie rétro dotée d'une somptueuse salle édouardienne remplie de lumière à l'arrière. Autre enseigne à Hampstead.

Selfridges, grand temple londonien du consumérisme

🏠 JOHN LEWIS *Grand magasin*

☎ 7629 7711 ; www.johnlewis.com ;
278-306 Oxford St ; ⏰ 9h30-20h lun-
ven, jusqu'à 21h jeu, 9h30-19h sam,
11h30-18h dim ; ⊖ Bond St

Moins prestigieux et plus accessible
que Selfridges, John Lewis s'adresse
à une clientèle plus large. Conseillé
pour la mode, les articles pour la
maison et les bagages.

🏠 SELFRIDGES *Grand magasin*

☎ 7629 1234 ; www.selfridges.com ;
400 Oxford St ; ⏰ 9h30-21h lun-sam,
jusqu'à 22h jeu, 11h30-18h15 dim ;
⊖ Bond St

Illustre temple du shopping
londonien, ce grand magasin
présente, derrière sa façade Art
déco, plusieurs étages de rayons
consacrés à la mode, du *streetwear*
au plus classique, et aux articles
de maison, à la parfumerie et à
l'alimentation. Ses vitrines comptent
parmi les plus créatives de Londres.
Gardez du temps pour la pâtisserie
au rez-de-chaussée.

🏠 TRACEY NEULS *Chaussures*

☎ 7935 0039 ; www.tn29.com ;
29 Marylebone Lane ; ⏰ 11h-18h30 lun-
ven, 12h-17h sam ; ⊖ Bond St

LE TOP DES GRANDS MAGASINS

Les grands magasins londoniens offrent
un choix vertigineux d'articles, du caviar
beluga aux escarpins à bride. Voici les
meilleurs d'entre eux :

> Fortnum & Mason (p. 94)
> Harrods (p. 127)
> Harvey Nichols (p. 127)
> John Lewis (ci-contre)
> Liberty (p. 50)
> Peter Jones (p. 128)
> Selfridges (ci-contre)

CABBAGES & FROCKS

S'il est loin de rivaliser avec Camden Market ou Borough Market, le **Cabbages & Frocks Market** (www.cabbagesandfrocks.co.uk ; St Marylebone Parish Church, Marylebone High St ; 11h-17h sam) de Marylebone propose de jolis vêtements de stylistes, ainsi que de l'artisanat et des produits gastronomiques.

Des chaussures, bottes et sandales tendance, joliment exposées dans une boutique remplie de babioles diverses. Tracey Neuls signe des modèles intemporels et de bon goût, qui attirent l'œil.

 SE RESTAURER

🍴 BUSABA EATHAI
Thaï ££

☎ 7518 8080 ; 8-13 Bird St ; 12h-23h lun-jeu, jusqu'à 23h30 ven-sam, jusqu'à 22h30 dim ; Bond St

Cachée près de Selfridges, cette cantine chic donne une fois de plus la mesure du talent d'Alan Yau, à travers une cuisine thaïe amusante et savoureuse, rapidement servie sur de grandes tables. Autre enseigne à Bloomsbury (p. 108).

🍴 CHAOPHRAYA
Thaï ££-£££

☎ 7486 0777 ; 22 St Christopher's Pl ; 12h-22h30 ; Baker St

Un vieux restaurant thaïlandais chaudement recommandé, dont chaque spécialité dégage toute une gamme de saveurs et d'arrière-goûts subtils. C'est l'endroit idéal pour un tête-à-tête romantique et décontracté.

🍴 EAT & TWO VEG
Végétarien ££

☎ 7258 8595 ; www.eatandtwoveg.com ; 50 Marylebone High St ; V ; Baker St

Enfin une adresse où végétariens et carnivores peuvent manger ensemble sans que personne soit lésé. Tous les plats "carnés" sont préparés avec des substituts de viande convaincants, et feront le bonheur des végétariens en manque de grillades.

🍴 GOLDEN HIND
Fish and Chips £

☎ 7486 3644 ; 73 Marylebone Lane ; 12h-15h lun-ven, 18h-22h lun-sam ; Bond St

Chaque touriste devrait goûter au moins une fois le *fish and chips* de cette friterie, en activité depuis 90 ans. Le menu – morue et frites, purée de petits pois, œufs durs au vinaigre, cornichons et *apple crumble* pour le dessert – est aussi ancien que le décor, classique Art déco.

MARYLEBONE ET REGENT'S PARK

🍴 LA FROMAGERIE
Café-traiteur ££

☎ 7935 0341 ; www.lafromagerie
.co.uk ; 2-6 Moxon St ; 🕙 10h30-19h30
lun, 8h-19h30 mar-ven, 9h-19h sam,
10h-18h dim ; ⊖ Baker St

Équivalent du Neal's Yard Dairy
pour Marylebone, cette fromagerie
doublée d'un café dégustation a
la faveur des dames du West End
à l'heure du déjeuner. On y sert
des assiettes de charcuterie et de
fromage, ainsi que de délicieux
ploughman's lunches.

🍴 LOCANDA LOCATELLI
Italien £££

☎ 7935 9088 ; www.locandalocatelli
.com ; 8 Seymour St ; 🕙 12h-15h tlj,
18h45-23h lun-jeu, 18h45-23h30 ven-
sam, 18h45-22h15 dim ; ⊖ Marble Arch

Bien qu'étoilé au Michelin, Giorgio
Locatelli ne s'exhibe pas dans
les émissions de télé-réalité
comme certains de ses confrères.
Il est en effet bien trop occupé à
mitonner derrière ses fourneaux
une remarquable cuisine italienne
moderne pour le beau monde
de Marylebone, qui apprécie ce
restaurant à l'élégance discrète.
Réservez un mois à l'avance jour
pour jour.

🍴 MAROUSH *Libanais* ££

☎ 7723 0773 ; www.maroush.com ;
21 Edgware Rd ; 🕙 12h-2h ;
⊖ Marble Arch

Le premier restaurant de l'empire
Maroush, curieusement formel, sert
de délicieux mezze, brochettes,
falafels, et autres plats libanais.
Danseuses du ventre en prime.

🍴 PROVIDORES
& TAPA ROOM *Fusion* ££

☎ 7935 6175 ; www.theprovidores.co.uk ;
109 Marylebone High St ; 🕙 12h-14h45
et 18h-22h30, petit-déj à partir de 9h
lun-ven, 10h sam-dim ; ⊖ Baker St ou
Bond St

Si à Londres les tapas s'avèrent de
qualité variable, les Néo-Zélandais
Peter Gordon et Anna Hansen
connaissent bien leur affaire. Leur
carte imaginative, mi-traditionnelle
mi-fusion, se déguste au premier
étage, dans une ambiance détendue
de café européen. Au rez-de-
chaussée, petits-déjeuners et tapas
appétissantes sont servis dans un
cadre moins formel.

🍴 TEXTURE
Européen moderne £££

☎ 7224 0028 ; 34 Portman St ;
🕙 12h-14h30 et 18h30-23h mar-sam ;
⊖ Oxford Circus

Le chef Agnar Sverisson fait des
merveilles en se servant des trucs
appris auprès de Raymond Blanc,
du Manoir aux Quat' Saisons. Si
le concept consiste à mélanger
différentes textures, rassurez-vous,
le célèbre *hakarl* (requin pourri)
islandais n'est pas encore sur la carte.

PRENDRE UN VERRE

DEVIGNE *Bar*

☎ 7935 3665 ; www.mandeville.co.uk ;
Mandeville Hotel, Mandeville Pl ;
⊖ Baker St

Le décorateur Stephen Ryan a paré
le bar du Mandeville Hotel de verre
gravé, de plexiglas et de meubles
capitonnés fluorescents de style
Regency. Les prix extravagants sont
à l'image du cadre.

THE VOLUNTEER *Pub*

☎ 7486 4091 ; 247 Baker St ;
⊖ Baker St

À l'angle de la station de métro
Baker St, l'endroit attire une
clientèle jeune et bon enfant,
toujours disposée à discuter avec
les étrangers. Bières et cidres rares
au bar.

 # SORTIR

SCREEN ON BAKER STREET *Cinéma*

☎ 7935 2772 ; www.everymancinema
club.com ; 96-98 Baker St ; ⊖ Baker St

Frère d'Islington's Screen on the
Green (p. 165), ce petit cinéma de
deux salles fait la part belle aux films
indépendants.

LES QUARTIERS

MARYLEBONE ET REGENT'S PARK

>KNIGHTSBRIDGE, CHELSEA, SOUTH KENSINGTON ET PIMLICO

Les quartiers de Knightsbridge, Kensington, Chelsea et Pimlico réunissent une concentration impressionnante de fortunes. Leurs habitants sont souvent appelés Sloane Rangers, du nom de Sloane Square à Chelsea, par ceux qui n'ont pas autant d'argent, c'est-à-dire presque tout le monde.

Ce secteur au prestige reconnu, propose aussi certains des plus beaux commerces, hôtels et restaurants d'Europe. Kensington possède de magnifiques musées, Knightsbridge des grands magasins sophistiqués ainsi que les superbes espaces verts de Hyde Park et de Kensington Gardens. Chelsea, enfin, présente des boutiques et des tables chics, le long de Fulham Rd et de King's Rd.

Surtout connu pour accueillir la Tate Britain et la gare routière de Victoria, Pimlico n'en recèle pas moins plusieurs boutiques et restaurants fort sélects. Attention toutefois car les prix atteignent des sommets dans West London.

KNIGHTSBRIDGE, CHELSEA, SOUTH KENSINGTON ET PIMLICO

☉ VOIR

Albert Memorial	**1**	B2
Chelsea Physic Garden	**2**	D5
Diana, Princess of Wales Memorial Fountain	**3**	C2
Hyde Park	**4**	D1
Hyde Park Stables	**5**	C1
Kensington Gardens	**6**	B2
Kensington Palace	**7**	A2
Natural History Museum	**8**	B3
Royal Geographical Society	**9**	C3
Royal Hospital Chelsea	**10**	D5
Saatchi Gallery	**11**	D4
Science Museum	**12**	C3
Serpentine Boathouse	**13**	C2
Serpentine Gallery	**14**	C2
Tate Britain	**15**	G4
Victoria & Albert Museum	**16**	C3

🛍 SHOPPING

Daylesford Organic	**17**	E4
Harrods	**18**	D3
Harvey Nichols	**19**	D3
Peter Jones	**20**	D4
Shop at Bluebird	**21**	C5

🍴 SE RESTAURER

Bibendum	**22**	C4
Boxwood Café	**23**	D2
Brompton Quarter Café	**24**	C3
Daquise	**25**	C4
Gordon Ramsay	**26**	D5
Hummingbird Bakery	**27**	C4
Itsu	**28**	C4
Ottolenghi	**29**	D3
Painted Heron	**30**	B6
Pétrus		(voir 23)

Tom Aikens	**31**	C4
Tom's Kitchen	**32**	C4
Vama	**33**	B5
Zuma	**34**	D3

🍸 PRENDRE UN VERRE

Botanist	**35**	D4
Nag's Head	**36**	D3
Thomas Cubitt	**37**	E4
Troubadour	**38**	A5

⭐ SORTIR

Chelsea Cinema	**39**	C5
Chelsea Football Club	**40**	A6
Royal Albert Hall	**41**	B3
Royal Court Theatre	**42**	D4
Serpentine Lido	**43**	C2

Voir carte p. 122-123

◉ VOIR

◉ ALBERT MEMORIAL

☎ 7495 0916 ; Kensington Gardens, Kensington Gore ; visites guidées adulte/tarif réduit 4,50/4 £ ; ☼ visites guidées 14h et 15h 1er dim du mois mars-sept ; ⊖ Knightsbridge ou South Kensington

Le mémorial dessiné par George Gilbert Scott en hommage à l'époux de la reine Victoria se révèle encore plus ostentatoire que celui de la souveraine. Une série de sculptures allégoriques représentant l'Europe, l'Asie, les Amériques et l'Afrique entourent la statue dorée du prince Albert. La visite guidée permet d'en décrypter la symbolique.

◉ CHELSEA PHYSIC GARDEN

☎ 7352 5646 ; www.chelseaphysic garden.co.uk ; 66 Royal Hospital Rd ; adulte/tarif réduit 7/4 £ ; ☼ 12h-17h mer-ven, 12h-18h dim, jusqu'à 22h mer juil-août ; ⛨ ; ⊖ Sloane Sq

Créé en 1673 pour permettre aux étudiants de se pencher sur les plantes médicinales et leurs vertus thérapeutiques, ce jardin clos de murs vous attend près de l'Embankment. Il regorge d'espèces aromatiques et curatives du monde entier.

◉ HYDE PARK ET KENSINGTON GARDENS

www.royalparks.gov.uk ; ⛨ ⛨ ; ⊖ Hyde Park Corner, Marble Arch, Knightsbridge, Queensway, High St Kensington ou Lancaster Gate

En l'absence de véritable démarcation, peu de visiteurs remarquent que les deux parcs sont officiellement distincts. Les Londoniens les fréquentent pour faire du sport, se baigner, ou assister

---

LE MEILLEUR DE HYDE PARK

Lieu de promenade et de pique-nique préféré des Londoniens, Hyde Park a cependant beaucoup d'autres choses à offrir. La voie qui longe la rive nord de la Serpentine sert de parcours de rollers, et des kilomètres de pistes cyclables ont été spécialement aménagées. On peut également se promener à cheval sur des pistes cavalières en s'adressant aux **Hyde Park Stables** (☎ 7723 2813 ; www.hydeparkstables.com ; 66 Bathurst Mews).

Le **Serpentine Lido** (☎ 7706 3422 ; adulte/enfant 4/1 £ ; ☼ 10h-18h mai-sept), notre endroit de prédilection, comporte une aire de baignade clôturée, pour faire trempette dans les eaux rafraîchissante de la Serpentine. Toujours sur le lac, la **Serpentine Boathouse** (adulte/enfant 8/3 £ de l'heure) loue des pédalos et des barques, de mars à octobre.

Outre des concerts en plein air, des courses de fond pour amateurs et des manifestations, le parc accueille la course de natation **Peter Pan Cup**, le matin de Noël, dans son lac glacé, et le désopilant **Red Bull Flugtag** (p. 29) en juin.

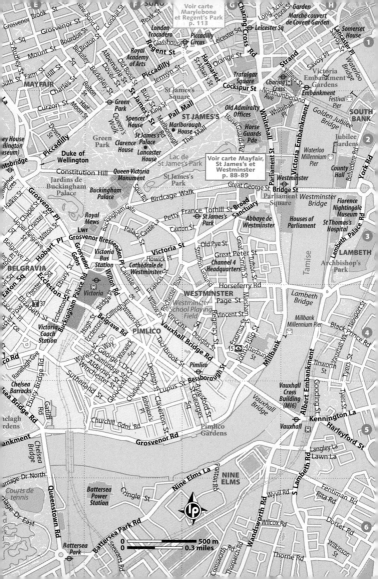

Kensington Palace, ancien palais de la princesse Diana

l'été à des concerts en plein air. La Serpentine Gallery (p. 126) s'inscrit dans cet espace vert, ainsi que la fontaine commémorative de Diana, la princesse de Galles, qui forme comme des "douves sans château".

KENSINGTON PALACE

☎ 0844 482 7777 ; www.hrp.org.uk/kensingtonpalace ; Kensington Gardens ; adulte/5-15 ans/tarif réduit/famille 12,30/6,15/10,75/34 £ ; ⊙ 10h-18h ; ✛ Queensway, Notting Hill Gate ou High St Kensington

Les fans de Diana affluent au palais royal dans les jardins de Kensington pour admirer les souvenirs de la "princesse du peuple". Mais la visite permet avant tout de découvrir les appartements conçus pour préserver l'intimité des jeunes mariés et le joli Sunken Garden, d'inspiration Tudor.

NATURAL HISTORY MUSEUM

☎ 7942 5000 ; www.nhm.ac.uk ; Cromwell Rd ; entrée libre ; ⊙ 10h-17h50 ; ♿ 👶 ; ✛ South Kensington

En plus des squelettes, fossiles et animaux empaillés, ce remarquable Muséum d'histoire naturelle expose des dinosaures robots et propose, pour les enfants, une simulation du tremblement de terre de Kobe (1995). Renseignez-vous sur les visites spéciales des spécimens du Darwin Centre en plein développement. Voir détails p. 16.

ROYAL GEOGRAPHICAL SOCIETY

RGS ; ☎ 7591 3000 ; www.rgs.org ; 1 Kensington Gore, entrée sur Exhibition Rd ; entrée libre ; ⊙ 10h-17h lun-ven ; ♿ ; ✛ Knightsbridge

Pour entendre sir Ranulph Feinnes raconter comment il s'amputa de ses orteils gelés à l'aide d'une scie égoïne, consultez la liste des intervenants programmés par la RGS. Tous les explorateurs dignes de ce nom y font tôt ou tard une apparition. Il y a aussi des expositions photographiques, des soirées voyage et des débats publics réguliers, dont les discussions animées d'**Intelligence Squared** (www. intelligencesquared.com).

ROYAL HOSPITAL CHELSEA
☎ 7881 5303 ; www.chelsea-pensioners .co.uk ; Royal Hospital Rd ; entrée libre, visites guidées payantes ; 🕙 10h-12h et 14h-16h, fermé dim oct-mars ; 🚻 ; ⊖ Sloane Sq
Ce majestueux monument de sir Christopher Wren est surtout connu pour être le théâtre du **Chelsea Flower Show** (www.rhs.org. uk/chelsea) en mai (voir p. 29). On peut néanmoins le visiter, ainsi que son parc, en compagnie d'un des Chelsea Pensioners (anciens

combattants autorisés à prendre leur retraite ici par une loi de 1682) vêtus d'étonnantes livrées (écarlates en été et bleu marine en hiver). Téléphonez pour réserver.

SAATCHI GALLERY
www.saatchi-gallery.co.uk ; Duke of York's HQ, Sloane Sq ; 🚻 ; ⊖ Sloane Sq
Après avoir perdu une centaine d'œuvres du Britart dans l'incendie du Momart en 2004, le magnat de la publicité et collectionneur Charles Saatchi expose désormais des peintres de toutes origines, dans sa galerie, installée depuis 2008 dans les beaux bâtiments du Duke of York's du quartier chic de Chelsea. Consultez le site Web pour connaître les horaires et les tarifs d'entrée.

SCIENCE MUSEUM
☎ 0870 870 4868 ; www. sciencemuseum.org.uk ; Exhibition Rd ; entrée libre, tarifs distincts pour le

---

UNE NUIT AU MUSÉE

Une fois par mois, le Science Museum (ci-dessus) organise pour les familles une "Nuit de la science" avec toutes sortes d'activités amusantes. Les enfants doivent être âgés de 8 à 11 ans et le billet coûte 30 £ (réservez longtemps à l'avance).

Le British Museum (p. 104) propose également des nuits spéciales destinées aux enfants inscrits comme Young Friends of the Museum (20 £ pour l'année). Ses quatre événements annuels se traduisent par des déguisements, des jeux et des visites aux flambeaux. Il importe de réserver bien à l'avance.

Pour que les adultes ne se sentent pas exclus, citons enfin la soirée "Friday Late" programmée le dernier vendredi du mois au Victoria & Albert Museum (p. 126), avec jeux, activités artistiques et DJ de 18h30 à 22h. D'autres manifestations du genre figurent sur le site www.lates.org.

cinéma IMAX et les attractions ; ⏲ 10h-18h ; ♿ 🚻 ; ⊖ South Kensington
Même les plus réfractaires aux sciences et techniques apprécieront ce musée vivant, rempli de maquettes et d'installations interactives. On peut y admirer notamment la locomotive à vapeur de Stephenson et la capsule spatiale d'Apollo 10. Voir aussi p. 16.

🔘 SERPENTINE GALLERY
☎ 7402 6075 ; www.serpentinegallery .org ; Kensington Gardens ; entrée libre ; ⏲ 10h-18h ; ♿ ; ⊖ Knightsbridge
L'ancienne maison de thé des années 1930, sise dans Hyde Park, a été transformée en une galerie d'avant-garde qui expose des artistes de renommée internationale. Il faut venir l'été, pour découvrir son pavillon temporaire, conçu chaque année par un architecte différent (voir l'encadré ci-dessous).

🔘 TATE BRITAIN
☎ 7887 8000 ; www.tate.org.uk ; Millbank ; entrée libre, tarifs variables

pour les expositions temporaires, visites guidées gratuites ; ⏲ 10h-17h50, visites guidées 11h, 12h, 14h, 15h lun-ven, 12h et 15h sam et dim ; ♿ 🚻 ; ⊖ Pimlico
La partie ancienne de la Tate, un énorme édifice en pierre de Portland au bord de la Tamise, se consacre à la peinture du XVIᵉ au XXᵉ siècle, avec des tableaux de Gainsborough, Turner, Hogarth, Constable et Francis Bacon. Une navette fluviale (aller simple adulte 4 £) rejoint la Tate Modern (p. 79) toutes les 40 minutes, entre 10h30 et 17h10.

🔘 VICTORIA & ALBERT MUSEUM
V&A ; ☎ 7942 2000 ; www.vam.ac.uk ; Cromwell Rd ; entrée libre, don demandé 3 £, tarifs variables pour les expositions temporaires ; ⏲ 10h-17h45, jusqu'à 22h ven ; ♿ 🚻 ; ⊖ South Kensington
Sans cesse réorganisé et renouvelé, le V&A possède la plus remarquable collection d'arts décoratifs et de design qui soit. Les salles consacrées à la mode et celles dédiés au monde musulman et asiatique,

LE PAVILLON ÉPHÉMÈRE
Chaque année, la Serpentine Gallery (ci-dessus) invite un des architectes phares de la planète à construire un pavillon temporaire pour abriter sa somptueuse fête estivale et des manifestations destinées au grand public. Dans le passé, on a pu notamment admirer une "soucoupe volante chapeautée" conçue par Olafur Eliasson et Kjetil Thorsen ainsi qu'une sorte de tente moderniste en béton imaginée par Oscar Niemeyer, le créateur de Brasilia. Le pavillon 2008 – un bâtiment anguleux en bois et en verre, inspiré des machines de siège de Léonard de Vinci – est l'œuvre de Frank Gehry, auquel on doit le musée Guggenheim à Bilbao.

LA COURSE À L'ART CONCEPTUEL

Longtemps perçue comme la partie classique, voire poussiéreuse, de la Tate, la Tate Britain (p. 126) a répliqué en 2008 par une œuvre surprenante, *Work No 850*. Son auteur, Martin Creed, avait remporté le Turner Prize en 2001, grâce à une simple ampoule électrique clignotante. L'installation présentée repose sur un groupe de coureurs qui traversent la galerie toutes les 30 secondes. Si les critiques d'art complaisants n'ont pas tari d'éloges sur la "nécessité de réexaminer la façon d'interagir avec l'espace", les visiteurs ont regardé la chose avec perplexité. Les avis sont partagés sur la pertinence de ce genre artistique et beaucoup se demandent si l'art conceptuel a encore de nouveaux terrains à explorer. Le cas échéant, la Tate Modern (p. 79) ou la Tate Britain ne manqueront certainement pas de les exposer.

qui comprennent notamment des tapis, des céramiques, des armes et armures ornementées, séduisent particulièrement les visiteurs. Pour plus de détails, voir p. 16.

SHOPPING

DAYLESFORD ORGANIC
Épicerie fine

☎ 7881 8060 ; www.daylesfordorganic
.com ; 44B Pimlico Rd ; ☽ 8h-20h lun-
sam, 10h-16h dim ; ⊖ Sloane Sq
Équivalent de Carluccio's (voir
l'encadré p. 53) pour la clientèle de
Chelsea et de Pimlico, Daylesford
comprend une épicerie fine à
l'étage et un café, en bas, qui
propose de délicieux repas légers
au déjeuner.

HARRODS
Grand magasin

☎ 7730 1234 ; www.harrods.com ; 87-
135 Brompton Rd ; ☽ 10h-21h lun-sam,
11h30-18h dim ; ⊖ Knightsbridge

Le nec plus ultra des grands
magasins de luxe, célèbre pour
ses articles de mode, ses parfums
mais aussi pour son spectaculaire
hall d' alimentation. Certains
sont même prêts à acheter
absolument n'importe quoi pour
pouvoir se pavaner avec le sac de
l'illustre enseigne. Une fontaine,
particulièrement kitsch, est dédiée à
la princesse Diana et à Dodi al-Fayed
(le fils du propriétaire de Harrods).

HARVEY NICHOLS
Grand magasin

☎ 7235 5000 ; www.harveynichols
.com ; 109-125 Knightsbridge ;
☽ 10h-20h lun-sam, 12h-18h dim ;
⊖ Knightsbridge
Moins ostentatoire que Harrods
mais offrant probablement un
meilleur choix, Harvey Nichols vend
tous les signes extérieurs de la vie de
luxe : grandes marques de la mode,
parfums coûteux et accessoires
sublimes.

🏠 PETER JONES
Grand magasin

☎ 7730 3434 ; www.peterjones.co.uk ;
Sloane Sq ; 🕙 9h30-19h lun-sam, jusqu'à
20h mer, 11h-17h dim ; ⊖ Sloane Sq
Emblématique de Chelsea, ce
grand magasin des années 1960
a été modernisé avec style. On
vient dans cet espace chic futuriste
pour la mode, les cosmétiques et
l'électroménager.

🏠 SHOP AT BLUEBIRD *Mode*

☎ 7351 3873 ; 350 King's Rd ; 🕙 10h-
19h lun-sam, 12h-18h dim ; ⊖ Sloane
Sq, puis bus n° 11, n° 19 ou n° 22
Cette boutique tendance rappelle
ce qu'était King's Rd à l'époque
de Vivienne Westwood et des Sex
Pistols. Des pièces uniques de
créateurs s'inscrivent de manière
informelle dans une salle pleine
de livres d'art, de platines de DJ
et de sculptures en papier mâché.
L'immeuble Arts déco des années
1930 invite à la flânerie dans
les rayons.

🍴 SE RESTAURER
🍴 BIBENDUM *Français*   £££
☎ 7581 5817 ; www.bibendum.co.uk ;
81 Fulham Rd ; 🕙 12h-14h30 et
19h-23h, déjeuner à partir de 12h30 sam-
dim ; ⊖ South Kensington
Un restaurant français qui a élu
domicile dans l'ancien siège
londonien Art déco de la société

La salle Art déco du Bibendum Oyster Bar

Michelin. On y déguste une cuisine
remarquable à des prix tout à fait
remarquables sous le regard du
Bibendum qui orne les vitraux.

🍴 BROMPTON QUARTER
CAFÉ *Méditerranéen*   £-££
☎ 7225 2107 ; www.bromptonquarter
cafe.com ; 225 Brompton Rd ;
🕙 7h30-23h ; ⊖ South Kensington ou
Knightsbridge
Si vous ne pouvez pas vous offrir la
haute cuisine du Gordon Ramsay's,
cet élégant café moderne propose
notamment des assiettes de

hors-d'œuvre à partager, dont de savoureuses salades à base de produits frais d'épicerie fine.

🍴 DAQUISE *Polonais* £-££
☎ 7589 6117 ; 20 Thurloe St ; ⊖ South Kensington

Ce café polonais discret existe depuis les années 1940. Les Européens de l'Est qui vivent à Londres aiment y retrouver la saveur familière des *pierogi* (raviolis), du bortsch, des blinis et du bœuf stroganoff.

🍴 GORDON RAMSAY
Européen moderne £££
☎ 7352 4441 ; www.gordonramsay .com ; 68-69 Royal Hospital Rd ; menu déjeuner/3 plats/7 plats 45/90/120 £ ; 🕙 12h-14h30 et 18h30-23h lun-ven ; ⊖ Sloane Sq

Seul restaurant de Londres doté de trois étoiles au Michelin, ce temple de la gastronomie crée des recettes succulentes (raviolis de homard, de langoustine et de saumon, foie gras sauté…) pour ceux qui ont la chance d'obtenir une table. Il faut réserver exactement deux mois avant la date prévue (l'établissement affiche complet dès le milieu de matinée).

🍴 HUMMINGBIRD BAKERY
Café £
☎ 7584 0055 ; www.hummingbird bakery.com ; 47 Old Brompton Rd ; 🕙 10h30-19h ; ⊖ South Kensington

Les délicats petits gâteaux aux tons pastel de cette minuscule pâtisserie lui valent une clientèle essentiellement féminine. Autre adresse à Notting Hill (p. 139).

🍴 ITSU *Japonais* £-££
☎ 7590 2400 ; www.itsu.co.uk ; 118 Draycott Ave ; 🕙 12h-23h, jusqu'à 22h dim ; ⊖ South Kensington

Un amusant restaurant de sushis proche de la station de métro South Kensington. Les assiettes de sushis, signalées par des codes couleur, couvrent tous les genres (les prix sont calculés d'après les assiettes vides à la fin du repas). En attendant qu'une table se libère, on peut patienter au bar chics à l'étage. Service de livraison.

🍴 OTTOLENGHI
Café-traiteur £-££
☎ 7823 2707 ; www.ottolenghi .co.uk ; 13 Motcomb St ; 🕙 8h-20h lun-ven, 8h-19h sam, 9h-18h dim ; ⊖ Knightsbridge

Installée à Belgravia, cette enseigne d'une petite chaîne de restauration sélecte sert les mêmes délices que l'adresse phare d'Islington (p. 162).

🍴 PÉTRUS
Européen moderne £££
☎ 7592 1609 ; www.gordonramsay .com ; Berkeley Hotel, Wilton Pl ; 🕙 12h-14h30 lun-ven, 18h-23h lun-sam ; ⊖ Knightsbridge

TABLES SÉLECTES

Si la cuisine du Gordon Ramsay ou du Pétrus séduit vos papilles (et que vous disposez d'un budget ad hoc), peut-être aurez-vous envie de tester aussi les adresses haut de gamme qui suivent :

Boxwood Café (☎ 7235 1010 ; www.gordonramsay.com ; Berkeley Hotel, Wilton Pl ; ⊖ Knightsbridge). Renommé pour son veau et ses burgers de foie gras, le Boxwood Café est un autre des restaurants ouverts par l'entreprenant Gordon Ramsay.

Painted Heron (☎ 7351 5232 ; www.thepaintedheron.com ; 112 Cheyne Walk ; ⊖ Sloane Sq). Les saveurs de l'Inde revisitées dans un cadre blanc minimaliste par le chef Yogesh Datta.

Tom Aikens (☎ 7584 2003 ; www.tomaikens.co.uk ; 43 Elystan St ; ⊖ South Kensington). Le second établissement de Tom Aikens (voir ci-dessous) prépare une cuisine européenne moderne des plus exquises.

Marcus Wareing, protégé de Gordon Ramsay, semble avoir dépassé le maître, avec sa cuisine moderne raffinée, qui n'attire que des éloges de la part des critiques gastronomiques.

🍴 TOM'S KITCHEN
Européen moderne   ££-£££
☎ 7349 0202 ; www.tomskitchen.co.uk ; 27 Cale St ; ⏰ 7h-24h lun-ven, 10h-24h sam-dim ; ⊖ South Kensington
Autre chef étoilé au Michelin connu pour son tempérament colérique, Tom Aikens compose des recettes simples mais inspirées à l'aide d'ingrédients d'une qualité irréprochable. Celui-ci est le plus abordable de ses restaurants, de style brasserie (voir l'encadré ci-dessus), ce qui n'empêche pas, néanmoins, de voir affiché sur la carte un steak à 56 £.

🍴 VAMA *Indien*   ££-£££
☎ 7565 8500 ; www.vama.co.uk ; 438 King's Rd ; ⏰ 12h-15h et 18h30-23h30 ; ⊖ Sloane Sq
Vama a certes reçu des hôtes de marque comme Wesley Snipes et le roi Abdallah de Jordanie ; mais ces touristes d'un genre particulier ne doivent pas vous dissuader de venir déguster une des cuisines d'Inde du Nord les plus créatives de Londres.

🍴 ZUMA *Japonais*   £££
☎ 7584 1010 ; www.zumarestaurant .com ; 5 Raphael St ; ⏰ 12h-14h15 lun-ven, 12h30-15h15 sam-dim, 18h-23h tlj ; ⊖ Knightsbridge
Zuma étant un peu moins branché, vous obtiendrez une table plus facilement. Les chefs préparent des spécialités nippones haut de gamme, tels les sushis et les grillades cuites sur un *robata* au charbon de bois.

ⓨ PRENDRE UN VERRE

Outre les pubs qui suivent, notez qu'il existe plusieurs bars et cafés gays prisés dans Old Brompton Rd.

ⓨ BOTANIST *Bar*

☎ 7730 0077 ;
www.thebotanistonsloanesquare.com ;
7 Sloane Sq ; ⊖ Sloane Sq

Baptisé d'après le botaniste sir Hans Sloane, dont la collection forma la base du British Museum (p. 104), ce bar-restaurant présente un décor très classe aux lignes épurées, évoquant le début des années 1950.

ⓨ NAG'S HEAD *Pub*

☎ 7235 1135 ; 53 Kinnerton St ;
⊖ Knightsbridge

L'interdiction des téléphones portables fait partie des agréments de ce pub pittoresque, niché dans une ruelle tranquille, à l'est de la station de métro Knightsbridge. Son patron, l'excentrique Kevin Moran, a su créer un véritable refuge à l'écart des hordes qui affluent vers le grand magasin Harrods.

ⓨ THOMAS CUBITT
Gastropub

☎ 7730 6060 ; www.thethomascubitt
.co.uk ; 44 Elizabeth St ; ⊖ Sloane Sq
ou Victoria

Voilà comment les habitants de Belgravia aiment leurs *gastropubs* :

décor victorien huppé, ales et bières d'importation supérieures à consommer au bar, et carte de brasserie avec de bons plats européens actualisés.

ⓨ TROUBADOUR *Café*

☎ 7370 1434 ; www.troubadour.co.uk ;
265 Old Brompton Rd ; 🕑 9h-24h ;
⊖ Earl's Court

Une adresse rétro vraiment originale, moitié pub moitié café, dont les murs sont tapissés d'un bric-à-brac d'objets de récupération. Des groupes sans maison de disques et des musiciens locaux s'y produisent régulièrement. Une aubaine.

⭐ SORTIR

⭐ CHELSEA CINEMA
Cinéma

☎ 0871 703 3990 ; www.curzoncinemas
.com ; 206 King's Rd ; ⊖ Sloane Sq

Appartenant à une petite chaîne indépendante, cette salle de West London diffuse le même programme de films d'art et d'essai que le Curzons (voir p. 55 et p. 101) dans le West End.

⭐ CHELSEA FOOTBALL CLUB
Sport

☎ renseignements 0871 984 1955,
billets 7915 2900 ; www.chelseafc.com ;
Fulham Rd ; visites guidées adulte/enfant
15/9 £ ; 🕑 visites toutes les heures 11h-
15h ; ⊖ Fulham Broadway

Si le club de football de Chelsea ne remporte pas beaucoup de victoires à Stamford Bridge depuis le départ de l'entraîneur José Mourinho, son propriétaire russe Roman Abramovich a les moyens d'acheter des joueurs de talent. C'est le club de foot le plus riche de Londres. Les supporters du Chelsea viennent profiter d'une visite guidée, à réserver sur www.chelseafctours .com, pour faire le plein de souvenirs.

ROYAL ALBERT HALL
Concerts

☎ 7589 8212 ; www.royalalberthall
.com ; Kensington Gore ;
⊖ South Kensington

La plus célèbre des salles de concerts britanniques a vu défiler quantité de vedettes internationales, comme Jimi Hendrix, les Beatles et Abba. Haut lieu de la musique, du cirque et de l'opéra, elle a accueilli la dernière soirée des **BBC Proms**

L'emblématique Battersea Power Station

LA SAGA DE BATTERSEA

On s'est demandé quoi faire de la Battersea Power Station (F6), depuis que cette centrale électrique a cessé son activité en 1983. Rendue célèbre par la pochette de l'album *Animals* des Pink Floyd – avec un cochon géant flottant entre ses quatre cheminées –, elle a toujours été trop emblématique pour disparaître et trop peu pratique pour être utilisée. Un projet ambitieux, remisé en 1996, prévoyait d'installer des montagnes russes à l'intérieur du bâtiment. Aujourd'hui, les choses bougent enfin. Des travaux sont en cours pour stabiliser les cheminées et aménager des appartements, des boutiques, des restaurants et des équipements de loisirs dans la centrale. En attendant la fin du chantier, le site est loué à des studios de cinéma ; les scènes d'introduction du *Chevalier noir* (2008), le dernier Batman, ont été filmées ici.

(www.bbc.co.uk/proms) presque chaque année depuis 1942 (voir p. 30).

★ ROYAL COURT THEATRE
Théâtre

☎ 7565 5000 ; www.royalcourttheatre .com ; Sloane Sq ; ⊖ Sloane Sq
Le Royal Court Theatre, qui lança le théâtre moderne britannique en montant *La Paix du dimanche*, de John Osborne, en 1956, continue de présenter les pièces de jeunes dramaturges innovants.

★ SHEPHERD'S BUSH EMPIRE
Concerts

☎ 8354 3300 ; www.shepherds-bush -empire.co.uk ; Shepherd's Bush Green ; ⊖ Shepherd's Bush ou Goldhawk Rd
Un lieu de concerts emblématique qui reçoit de grands artistes internationaux. Bien que situé en dehors du principal triangle Kensington-Knightsbridge-Chelsea, il mérite le détour pour la diversité de sa programmation.

>NOTTING HILL ET BAYSWATER

Loin de se résumer au film *Coup de foudre à Notting Hill* et à Portobello Rd, ce quartier intéressant a joué un rôle majeur dans le développement du Londres cosmopolite. Fondé à l'époque georgienne, dans les années 1840, pour héberger l'excédent de population de St James's, il se transforma en vaste bidonville après l'arrivée des premiers immigrés caribéens dans les années 1950.

Au cours des décennies suivantes, Notting Hill fut confronté à des émeutes raciales, décrites avec force dans le livre *Les Blancs-Becs* de Colin MacInnes. Désormais intégrée, la communauté afro-caribéenne célèbre un carnaval haut en couleur dont la réputation dépasse les frontières de la Grande-Bretagne. Les années 1970 et 1980 se sont traduites par un embourgeoisement rampant et l'afflux de bobos qui ont ouvert des boutiques, des magasins d'antiquités et des cafés branchés.

Si Notting Hill a gagné depuis en prospérité, il a perdu un peu de son âme avec la hausse de l'immobilier, qui a chassé ses vieux habitants. Il n'en demeure pas moins un endroit formidable pour faire du shopping, et une atmosphère non-conformiste s'en dégage, en particulier au marché du samedi de Portobello Rd.

Bayswater, à l'est, affiche un caractère plus banal, exempt du snobisme de son voisin. On trouve cependant dans Queensway, l'artère principale, une série de bons restaurants indo-pakistanais.

NOTTING HILL ET BAYSWATER

🏠 SHOPPING

Golborne Rd Market	**1**	A2
Portobello Rd Market	**2**	B4
Rellik	**3**	A2
Retro Clothing	**4**	C5
Retro Clothing	**5**	C5
Rough Trade	**6**	B4
Travel Bookshop	**7**	A4

🍴 SE RESTAURER

202	**8**	B4
Bumpkin	**9**	B3
Cow	**10**	C3
E&O	**11**	A4
Four Seasons	**12**	D5
Grocer on Elgin	**13**	A4
Hummingbird Bakery	**14**	B4
Kiasu	**15**	D5
Ledbury	**16**	B4

🍷 PRENDRE UN VERRE

Churchill Arms	**17**	C6
Crazy Homies	**18**	C3
Earl of Lonsdale	**19**	B4
Lisboa Patisserie	**20**	A2
Lonsdale	**21**	B4
Montgomery Place	**22**	A4
Trailer Happiness	**23**	B4

⭐ SORTIR

Elbow Room	:24	C4
Electric Cinema	**25**	B4
Notting Hill Arts Club	**26**	C5

A

Droop St

Second Ave

Kensal Rd

Hazlewood Cres

Adair Rd

3

Munro Mews

Colbourne Rd

Bevington Rd

Portobello Rd

Ladbroke Grove

Lancaster Rd

bridge Gdns

Elgin Cres

22

13

23

Arundel Gdns

Ladbroke Gdns

Stanley Cres

Elm Cres

Lansdowne

Clarendon Rd

St John's Gdns

Lansdowne Walk

Portland Rd

Holland Park

Vers le Shepherd's Bush Empire (1 km)

B

Third Ave

First Ave

Bravington Rd

Portnall Rd

Ashmore Rd

Lydford Rd

Fernhead Rd

Walterton Rd

Chippenham Rd

HARROW Rd

Fermoy Rd

Hormead Rd

Elkstone Rd

Woodfield Rd

20 St Ervan's Rd

Wornington Rd

Tavistock Cres

Tavistock Rd

St Luke's Rd

Lancaster Rd

Westbourne Park Rd

Portobello Rd

16

11

6

7

25

Colville Tce

Lonsdale Rd

21

Talbot Rd

Ledbury Rd

16

NOTTING HILL

2

19

Chepstow Villas

Portobello Rd

Kensington Park Rd

Ladbroke Gve

Ladbroke Gdns

Ladbroke Sq

Ladbroke Tce

Ladbroke Square Gardens

Aubrey Rd

Aubrey Wk

Holland Park

Hillsleigh Rd

Camden Hill Rd

KENSINGTON

Bedford Gdns

Campden St

17

C

Shirland Rd

WESTBOURNE GROVE

Oakington Rd

Edbrooke Rd

Goldney Rd

Maylands Rd

HARROW Rd

Westway

Alfred Rd

Grand Union Canal

Westbourne Park Villas

18

10

Chepstow Rd

Hereford Rd

Kildare St

Alexander St

Newtown

Artesian Rd

Westbourne Gve

24

Hereford Rd

Chepstow Rd

Kensington Gardens Square

Pembridge Villas

Chepstow

Prince's Sq

Dawson Pl

Pembridge Sq

Moscow Rd

Pembridge Cres

Pembridge Gardens

Linden Gdns

Bayswater Rd

Notting Hill Gate

4

5

26

Notting Hill Gate

Voir carte de Knightsbridge, Chelsea, South Kensington et Pimlico p. 122-123

Uxbridge St

Kensington Pl

Kensington Church St

Campden St

D

Castellan Rd

Warwick Ave

Delaware Rd

Sutherland Ave

Senior St

Bourne Tce

Royal Oak

Porchester Rd

Porchester Sq

Inverness Tce

Redan Pl

Pembridge Kensington

Porchester Gdns

Whiteleys Shopping Centre

Queensway

12

Bayswater

15

Queensway

St Petersburgh Pl

Ossington St

St Petersburgh Pl

The Broad Walk

Kensington Gardens

Palace Gardens Tce

Kensington Palace Gdns

Palace Ave

Kensington Palace

300 m
0.2 miles

LP

🛍 SHOPPING

Le centre commercial Whiteleys, dans Queensway (D4), abrite d'autres commerces, dont une vaste épicerie fine.

🛍 GOLBORNE RD MARKET
Marché

Portobello Rd ; 🕐 8h-18h30 ven et sam ; ⊖ Notting Hill Gate ou Ladbroke Grove
En semaine, Golborne Rd est une rue commerçante animée, où s'affaire la communauté marocaine du quartier. Le vendredi et le samedi, des antiquaires et des brocanteurs investissent les lieux avec leurs bric-à-brac. Idéal si vous êtes à la recherche de cadres vides ou de trophées de bois de cerf.

🛍 PORTOBELLO RD MARKET
Marché

www.portobelloroad.co.uk ; Portobello Rd ; 🕐 8h-18h30 lun-mer, ven et sam, 9h-13h jeu ; ⊖ Notting Hill Gate ou Ladbroke Grove
Composé de plusieurs parties, le célèbre marché de Portobello s'étend de la station de métro Notting Hill Gate jusqu'à

Au marché de Portobello Rd

MODE RÉTRO

Bien que Shoreditch soit le haut lieu incontesté de la mode rétro, Notting Hill lui dispute de plus en plus la vedette. Le grand avantage de ce quartier est que ses magasins vintage vendent des articles griffés de couturiers, comme Vivienne Westwood, Mary Quant et Zandra Rhodes. Essayez, par exemple, les adresses suivantes :

Rellik (☎ 8962 0089 ; www.relliklondon.co.uk ; 8 Golborne Rd ; ⊗ 10h-18h mar-sam ; ⊖ Westbourne Park). Face à la haute Trellick Tower en béton, ce magasin présente de belles fringues des années 1960, 1970 et 1980 bien rangée sur des portants.

Retro Clothing (☎ 0845 644 1442 ; 16, 20, 28, 32-4 Pembridge Rd et 56 Notting Hill Gate ; ⊗ 10h-20h ; ⊖ Notting Hill Gate). Une véritable caverne d'Ali Baba du vêtement d'occasion sur cinq étages.

Westbourne Grove. L'idéal consiste à flâner d'un bout à l'autre. L'extrémité sud regroupe des stands et des magasins d'antiquités, le secteur au nord de Westbourne Grove l'alimentation, les articles pour la maison et les vêtements d'occasion ou de jeunes créateurs. On peut dénicher des choses intéressantes, mais il ne faut pas s'attendre à faire beaucoup d'affaires. Le samedi est le principal jour d'activité.

📷 ROUGH TRADE
Musique
☎ 7229 8541 ; www.roughtrade.com ; 130 Talbot Rd ; ⊗ 10h-18h30 lun-sam, 12h-17h dim ; ⊖ Westbourne Park ou Notting Hill Gate

L'enseigne de ce magasin de disques du label punk éponyme à Notting Hill est le paradis des accros du vinyle et regorge également de raretés et d'albums méconnus qui font la joie des fans

de musique indé. Autre adresse à Shoreditch (p. 148).

📷 TRAVEL BOOKSHOP
Livres
☎ 7229 5260 ; www.thetravelbook shop.co.uk ; 13-15 Blenheim Cres ; ⊗ 10h-18h lun-sam, 12h-17h dim; ⊖ Ladbroke Grove

C'est la librairie de quartier qui a servi de modèle pour *Coup de foudre à Notting Hill*. Depuis la sortie du film, ses propriétaires s'efforcent de ramener l'attention du public sur leur bonne sélection de livres de voyage. Profitez-en cependant pour explorer d'autres échoppes dans Blenheim Cres.

🍴 SE RESTAURER
🍴 202
Bistro   ££
☎ 7727 2722 ; 202 Westbourne Grove ; ⊗ 10h-18h lun, 8h30-18h mar-sam,

10h-17h dim ; ⊖ **Westbourne Park
ou Ladbroke Grove**
Difficile de dire où s'arrête la
boutique et où commence la salle
à manger de ce bistrot à l'élégance
discrète, fréquenté assidûment
par la clientèle féminine à l'heure
du déjeuner, pour ses salades
intéressantes et ses plats d'influence
asiatique.

BUMPKIN
Gastropub   £-££
☎ 7243 9818 ; www.bumpkinuk.com ;
209 Westbourne Park Rd ; 🕙 **12h-15h
et 18h-23h, déjeuner jusqu'à 15h30 sam,
16h dim ;** ⊖ **Westbourne Park
ou Royal Oak**
Au nombre des *gastropubs* sympas
qui jalonnent Westbourne Park Rd,
Bumpkin se veut une "brasserie
rustique". Cela se traduit dans
l'assiette par du poulet rôti, du
saumon grillé, des biftecks et des
grillades surdimensionnés.

COW
Gastropub   ££-£££
☎ 7221 0021 ; www.thecowlondon
.co.uk ; **89 Westbourne Park Rd ;** 🕙 **19h-
23h lun-ven, 12h-15h et 19h-23h sam et
dim ;** ⊖ **Westbourne Park ou Royal Oak**
Tom Conran, fils du célèbre
designer sir Terence Conran, a
fait de ce *gastropub* décontracté
l'une des meilleures tables de
l'Ouest londonien. La carte du
bar comprend notamment des

bigorneaux, des bulots et des
huîtres, tandis que le restaurant plus
chic, à l'étage, sert des plats anglais à
base de viande, préparés avec brio.

E&O
Asiatique   £££
☎ 7229 5454 ; www.rickerrestaurants
.com/eando ; **14 Blenheim Cres ;**
🕙 **12h15-15h et 18h15-23h, déjeuner
jusqu'à 16h sam et dim,** ⊖ **Notting Hill
Gate ou Ladbroke Grove**
E&O veut dire Eastern & Oriental,
ce qui correspond exactement à la
nourriture proposée, mélange varié
de saveurs et de styles culinaires
provenant de toute l'Asie. On peut
dîner dans la salle au décor des
plus minimalistes, ou dehors, sur le
trottoir. Réservation impérative.

FOUR SEASONS
Chinois   £-££
☎ 7229 4320 ; **84 Queensway ;**
🕙 **12h-23h ;** ⊖ **Queensway**
Le monceau de canards laqués
en vitrine et la foule de Chinois
à l'intérieur de ce restaurant
typiquement cantonais sont de
bon augure. Il y a souvent la queue,
même à midi.

GROCER ON ELGIN
Café-épicerie fine   £
☎ 7437 7776 ; www.thegroceron.com ;
6 Elgin Cres ; 🕙 **8h30-17h, boutique
jusqu'à 20h lun-ven et 18h sam-dim ;**
⊖ **Ladbroke Grove**

Nous vous défions d'entrer sans rien acheter dans cette épicerie fine doublée d'un café aux délicieux effluves méditerranéens. Parfait pour déjeuner d'une salade, d'une pizza ou d'une *ciabatta* garnie.

🍴 HUMMINGBIRD BAKERY
Pâtisserie   £

☎ 7229 6446 ; www.hummingbird
bakery.com ; 133 Portobello Rd ;
🕐 10h30-17h30 mar-sam, 11h-17h dim ;
⊖ Westbourne Park

La vitrine de cette pâtisserie américaine a l'air si appétissante qu'on en mangerait, et ses petits gâteaux recouverts de glaçage fondant mettent vraiment l'eau à la bouche. Autre enseigne à Knightsbridge (p. 129).

🍴 KIASU
Malais   £

☎ 7727 8810 ; 48 Queensway ;
🕐 12h-23h ; ⊖ Queensway

Cette cantine malaise sans chichi séduit les riverains grâce à sa cuisine peranakan à prix doux. Son *laksa* n'a rien à envier à ceux qu'on déguste dans le pays.

🍴 LEDBURY
Français   £££

☎ 7792 9090 ; www.theledbury.com ;
127 Ledbury Rd ; 🕐 12h-14h30
et 18h30-22h30 ; ⊖ Westbourne Park
ou Notting Hill Gate

Étoilé au Michelin et d'un goût admirable, l'établissement de Brett Graham a la faveur d'une clientèle locale fortunée qui porte des jeans avec des vestes griffées. Pour éviter de grever votre budget, choisissez plutôt le menu.

🍸 PRENDRE UN VERRE

🍸 CRAZY HOMIES
Bar

☎ 7727 6771 ; www.crazyhomies
london.co.uk ; 127 Westbourne
Park Rd ; 🕐 18h-23h lun-ven,
12h-23h sam, 12h-22h30 dim ;
⊖ Westbourne Park

Des souvenirs de la fête des Morts mexicaine et des plantes vertes composent le décor de ce lieu mémorable dont tout le monde apprécie la cuisine. Le bar en bas accueille des stars improbables comme **DJ Wheelie Bag** (www.djwheeliebag.co.uk) et sa sono dans un caddie.

🍸 LISBOA PATISSERIE
Café-pâtisserie

☎ 8968 5242 ; 57 Golborne Rd ;
🕐 8h-19h30 ; ⊖ Westbourne Park
ou Ladbroke Grove

Les jours de marché, il n'y a plus un espace libre dans cette pâtisserie portugaise extrêmement populaire de Golborne Rd. Les habitués ne jurent que par ses *pasteis de nata* (petits flans) à consommer sur place où à emporter.

☒ LONSDALE
Bar

☎ 7727 4080 ; www.thelonsdale.co.uk ; 48 Lonsdale Rd ; 🕑 18h-24h lun-jeu, 18h-1h ven-sam, 18h-23h30 dim ; ⊖ Notting Hill Gate ou Westbourne Park
Le Lonsdale concocte de formidables cocktails à l'ancienne et programme des attractions originales dans un décor chic futuriste. À l'occasion de la soirée Magic Wednesday, le mercredi, un prestidigitateur effectue des tours de passe-passe à votre table.

☒ MONTGOMERY PLACE
Bar

☎ 7792 3921 ; www.montgomeryplace .co.uk ; 31 Kensington Park Rd ; 🕑 17h-24h lun-jeu, 17h-1h ven, 14h-1h sam ; ⊖ Ladbroke Grove
Hommage distingué aux bars des années 1950, Montgomery Place

combine art du cocktail, ambiance Rat Pack détendue et musique d'époque.

☒ TRAILER HAPPINESS
Bar

☎ 7727 2700 ; www.trailerh.com ; 177 Portobello Rd ; 🕑 17h-23h mar-ven, 18h-23h sam-dim ; ⊖ Notting Hill Gate
Le cadre s'inspire ironiquement d'un "appartement de célibataire californien du milieu des années 1960" : rideaux de perles, salons en cuir, bibelots hawaïens rétro et reproduction de la célèbre miss Wong du peintre Tretchikoff. Les cocktails sont bons et la carte est exemplaire.

⭐ SORTIR
☆ ELBOW ROOM
Brasserie-salle de billard

☎ 7221 5211 ; www.theelbowroom .co.uk ; 103 Westbourne Grove ; 🕑 12h-23h lun-sam, 13h-22h30 dim ; ⊖ Bayswater

---

LES PUBS DE NOTTING HILL
Pour échapper à la foule de Portobello, vous pourrez toujours vous réfugier au calme et commander une pinte de bière réparatrice dans l'un des pubs suivants :
Churchill Arms (☎ 7727 4242 ; 119 Kensington Church St ; ⊖ Notting Hill Gate). Couvert de jardinières et de paniers suspendus, ce joyeux établissement a remporté le concours du bar le plus fleuri, lors du Chelsea Flower Show, en 2007.
Earl of Lonsdale (☎ 7727 6335 ; 277-81 Portobello Rd ; ⊖ Notting Hill Gate ou Westbourne Park). Une enseigne conviviale de la chaîne Sam Smiths, qui a été restaurée en 2005 pour retrouver sa splendeur victorienne d'origine.

Y **Lucy Besant**
Directrice de jour du bar Lonsdale à Notting Hill

Quel est le meilleur cocktail de la maison ? Le Lonsdale (p. 140) est spécialisé dans les cocktails inventés à Londres du XIXᵉ siècle à nos jours. J'aime le Bloodhound : framboises fraîches, vermouth, gin et marasquin. **Quel est le meilleur endroit pour sortir à Notting Hill ?** Ici, le mercredi ou le dimanche soir. Un prestidigitateur fait des tours sur les tables le mercredi et nous proposons des cocktails gratuits de bonne heure le dimanche, dans le cadre de Soulful Sunday. **Quelles sont vos suggestions pour la tournée des bars ?** Il faut commencer au Lonsdale, bien sûr, puis se rendre au Montgomery Place (p. 140) et au Trailer Happiness (p. 140). Les amateurs de tequila peuvent ensuite poursuivre ce joli circuit par le Crazy Homies (p. 139). **Où peut-on manger avant de faire la fête ?** E&O (p. 138), dans Portobello Rd, est un bon restaurant. Il y a aussi les délicieux petits gâteaux de la pâtisserie Hummingbird Bakery (p. 139). **Quels sont les meilleurs lieux de shopping ?** Personnellement, j'apprécie les boutiques rétro autour de Notting Hill Gate (voir l'encadré p. 137).

Les passionnés de billard aimeront ce lieu moderne et design à l'extrémité de Ladbroke Grove, côté Notting Hill. Autre adresse à Shoreditch (p. 156).

⭐ **ELECTRIC CINEMA** *Cinéma*
☎ 7908 9696 ; www.electriccinema
.co.uk ; 191 Portobello Rd ; ⊖ Ladbroke
Grove ou Notting Hill Gate
Aménagé dans un bâtiment édouardien, ce cinéma comporte des fauteuils en cuir confortables, des repose-pieds et deux canapés à deux places. Des tables sont prévues pour boire et manger dans l'auditorium, et une brasserie haut de gamme accueille les dîneurs avant la séance.

⭐ **NOTTING HILL ARTS CLUB**
Concerts
NHAC ; ☎ 7460 4459 ; www.
nottinghillartsclub.com ; 21 Notting Hill
Gate ; ⏰ lun-sam, horaires des spectacles
variables ; ⊖ Notting Hill Gate

La culture caribéenne colorée envahit les rues lors du carnaval de Notting Hill

LE CARNAVAL DE NOTTING HILL

Notting Hill fait déjà figure de quartier animé en temps normal, mais son **carnaval** (p. 30) draine une foule considérable de quelque deux millions de personnes. Organisée en août de chaque année depuis 1965, cette joyeuse célébration de la culture caribéenne constitue la deuxième plus grande fête de rue au monde après le carnaval de Rio. Le défilé du dimanche, parade en costumes excentriques et flamboyants, constitue le temps fort du week-end. Il se déroulait traditionnellement au son du calypso et de groupes de steeldrums, remplacés aujourd'hui par des camions sono.

En dépit de sa popularité, la manifestation connaît des problèmes. Le défilé a été maintes fois le théâtre de violences perpétrées par des gangs et l'on estime que 4 millions de livres sont dépensés chaque année pour assurer la sécurité. En 2000, l'ancien maire, Ken Livingstone, avait lancé un autre carnaval caribéen à Hyde Park, le même week-end que celui de Notting Hill, afin de désengorger ce dernier. Il a cependant été abandonné au bout de deux ans, suite à des allégations d'irrégularités financières. L'idée d'un second carnaval n'est pas totalement délaissée néanmoins. Pour l'actualité du carnaval, consultez le site www.nottinghillcarnival.biz.

Accessible par une entrée discrète qui passe facilement inaperçue, le NHAC tient davantage du club underground que du centre artistique. Il programme chaque semaine des DJ, des groupes et des soirées Craft Night (artfelues, associant musique et travaux manuels (voir www.myspace.com/craftnight pour plus de détails). Rough Trade Records offre une scène aux musiciens qui montent, le samedi de 16h à 20h.

>HOXTON, SHOREDITCH ET SPITALFIELDS

Il y a vingt ans, les quartiers de Hoxton et de Shoreditch tombaient littéralement en ruine. S'ils sont devenus tendance, on le doit en partie aux Young British Artists – Tracey Emin, Damien Hirst et compagnie – qui ont exposé à la White Cube Gallery. Depuis, ce secteur où les coupes de cheveux extravagantes font rage constitue un lieu de sortie florissant, avec des dizaines de bars, de restaurants et de clubs. C'est véritablement là que les choses se passent. Pour comprendre Hoxton, il suffit de jeter un œil au magazine d'art gratuit *Vice*.

Jusqu'à peu, l'activité se concentrait à Spitalfields Market, mais l'installation d'entreprises a poussé les boutiques, cafés et bars bobos vers l'est, dans les ruelles autour de Brick Lane. Toute différente, l'extrémité sud de Brick Lane abrite Bangla Town, l'enclave bangladaise de Londres, prisée pour ses curries.

HOXTON, SHOREDITCH ET SPITALFIELDS

◉ VOIR

Brick Lane	1	C6
Christ Church Spitalfields	2	B5
Dennis Severs' House	3	B5
Geffrye Museum	4	B2
White Cube Gallery	5	A4
Whitechapel Art Gallery	6	C6

🏠 SHOPPING

A Gold	7	B5
Absolute Vintage	8	B5
Beyond Retro	9	C4
Blondie	10	B5
Brick Lane Market	11	C4
Broadway Market	12	D1
Columbia Road Flower Market	13	B3
Hoxton Boutique	14	A3
Laden Showrooms	15	C5
Rough Trade	(voir 37)	
Shop	16	C4
Spitalfields Market	17	B5
Start	18	A4
Start	19	A4
Start	20	A4
Sunday Up Market	21	C5
Tatty Devine	22	C4
Westland London	23	A4

🍴 SE RESTAURER

Brick Lane Beigel Bake	24	C4
Buen Ayre	25	D1
Canteen	26	B5
Eyre Brothers	27	A4
Giraffe	(voir 26)	
Green & Red Cantina	28	C4
Les Trois Garçons	29	B4
Loong Kee	30	B3
Mirch Masala	31	D6
New Tayyab	32	D6
Princess	33	A4
Rochelle School Canteen	34	B4
St John	35	B5
Sông Qûe Café	(voir 30)	
Viet Hoa	36	B3

🍸 PRENDRE UN VERRE

Big Chill Bar	37	C5
Commercial Tavern	38	B5
Dove	39	D1
Drunken Monkey	40	B4
Favela Chic	41	A4
Foundry	42	A4
George & Dragon	43	B3
Golden Heart	44	B5
Hawksmoor	45	B5
Loungelover	46	B4
Ten Bells	47	B5
Vibe Bar	48	C5

★ SORTIR

333	49	A4
93 Feet East	50	C5
Bethnal Green Working Men's Club	51	D3
Cargo	52	B4
Elbow Room	53	A4
Old Blue Last	54	B4
Rich Mix	55	B4

⊙ VOIR

⊙ BRICK LANE

⊖ Aldgate East

Brick Lane a connu plusieurs vagues d'immigration, notamment celles des Huguenots au XVIIe siècle et de la diaspora juive au XIXe siècle. Surnommé aujourd'hui Banglatown, le secteur regroupe des dizaines de magasins de saris et de marchands d'épices en gros, ainsi que des restaurants de curries bangladais (voir l'encadré p. 152) qui font sa réputation. Les marchés du dimanche autour de Brick Lane constituent une expérience haute en couleurs (voir l'encadré p. 150).

⊙ CHRIST CHURCH SPITALFIELDS

☎ 7859 3035 ; www.christchurchspital fields.org ; Commercial St ; 🕑 11h-16h mar, 13h-16h dim, 10h-16h le reste de la semaine s'il n'y a pas de messe ; ⊖ Liverpool St

On prétend que l'architecte Nicholas Hawksmoor, qui conçut cette église du XVIIIe siècle aux parfaites proportions, était un adepte du culte dionysiaque et que l'édifice recélerait des symboles païens. Libre à vous d'y croire ou non.

⊙ DENNIS SEVERS' HOUSE

☎ 7247 4013 ; www.dennissevershouse .co.uk ; 18 Folgate St ; dim/lun 8/5 £, lun soir 12 £ ; 🕑 12h-16h 1er et 3e dim du mois, 12h-14h lun suivant le 1er et 3e dim du mois, tous les lun soir (horaire variable) ; ⊖ Liverpool St

Unique en son genre, cette maison huguenote du XVIIIe siècle semble réellement habitée. La lumière vacillante des chandelles, le repas à moitié terminé sur la table et

---

LES GANGSTERS DE L'EAST END

À en croire les films, les gangsters qui régnaient sur l'East End londonien dans les années 1960 étaient de sympathiques voyous. En réalité, ces derniers faisaient grand usage de la violence et de l'intimidation pour contrôler le crime organisé.

À l'époque, le sud de Londres se trouvait sous la coupe de Charlie Richardson, tristement célèbre pour avoir extorqué de l'argent aux patrons de pubs et de discothèques sous la torture. Dans l'East End, les jumeaux Ronnie et Reggie Kray exerçaient une domination sans partage. Leurs activités couvraient aussi bien des pubs et des music-halls licites que le recours au vol à main armée et à l'incendie criminel. Leur empire tomba lorsqu'ils furent condamnés à la prison à vie pour le meurtre de Jack "The Hat" McVitie en 1968.

Malgré cela, le malfrat de l'East End est devenu le cliché rebattu d'un certain cinéma de genre. Si la plupart des portraits de gangsters tiennent de la caricature, quelques acteurs ont toutefois réussi à incarner le rôle avec brio. Ainsi, le personnage mal embouché joué par Ben Kingsley dans *Sexy Beast*.

ART URBAIN

En regardant les murs de Shoreditch couverts de graffitis, vous remarquerez peut-être, au milieu des tags et des inscriptions vulgaires, quelques dessins qui tranchent par leur qualité artistique. Mi-vandale mi-reporter de la vie sociale, le graffeur Banksy a créé certaines des œuvres les plus marquantes de l'art urbain londonien, réalisées au pochoir sur les murs de boutiques, de parkings et de bâtiments industriels. Hélas, les autorités ne l'entendent pas de cette oreille : nombre de ses fresques ont été délibérément recouvertes d'une couche de peinture, ce qui n'empêche pas l'artiste d'en créer sans cesse de nouvelles. Les rumeurs abondent sur sa véritable identité, mais il se refuse à les démentir ou à les confirmer. Le site www.zeemaps.com/map.do?group=1571 comporte un plan interactif qui permet de localiser les peintures murales de Banksy.

les vêtements abandonnés sur les chaises donnent l'impression étrange que ses habitants viennent tout juste de quitter les lieux.

WHITE CUBE GALLERY

☎ 7930 5373 ; www.whitecube.com ; 48 Hoxton Sq ; entrée libre ; ☾ 10h-18h mar-sam ; ♿ ; ⊖ Old St

Même si l'activité de cette galerie d'avant-garde se déroule essentiellement au White Cube (p. 93) de Mayfair, elle acccueille de temps à autre d'intéressantes expositions d'art conceptuel.

WHITECHAPEL ART GALLERY

☎ 7522 7888 ; www.whitechapel.org ; 80-82 Whitechapel Rd ; entrée libre, certaines expositions payantes ; ☾ 11h-18h mer-dim ; ♿ ; ⊖ Aldgate East

Cette galerie très appréciée des étudiants en art et des experts de

l'avant-garde s'adresse davantage au grand public que le White Cube (ci-contre). En cours d'agrandissement, elle devrait offrir bientôt un programme complet d'expositions.

🛍 SHOPPING

A GOLD *Épicerie fine*

☎ 7247 2487 ; 42 Brushfield St ; ☾ 9h30-17h30 lun-ven, 11h-18h sam, 10h-18h dim ; ⊖ Liverpool St

Une boutique de produits *british* à l'ancienne – *ginger beer* (boisson gazeuse au gingembre), *elderflower cordial* (liqueur de fleurs de sureau) et *pork pies* (tourtes à la viande de porc) notamment – qui n'a guère changé depuis un siècle et ravira les amoureux de l'époque victorienne.

ABSOLUTE VINTAGE *Mode*

☎ 7247 3883 ; www.absolute vintage.co.uk ; 15 Hanbury St ; ☾ 12h-19h lun-sam, 11h-19h dim ; ⊖ Liverpool St

Vous avez la nostalgie des années 1980 ? Qu'à cela ne tienne, Absolute Vintage est rempli de vêtements, de chaussures et de sacs d'occasion à prix raisonnables, qui couvrent quatre décennies de mode.

HOXTON BOUTIQUE *Mode*
☎ 7684 2083 ; www.hoxtonboutique .com ; 2 Hoxton St ; ☉ 10h30-18h30 mar-ven, 11h-18h sam, 12h-17h dim ; ⊖ Liverpool St ou Old St
Ce ravissant magasin propose le genre de marques que seuls les branchés connaissent. Nous aimons son intérieur lumineux et ses vêtements éparpillés sans façon.

LADEN SHOWROOMS *Mode*
☎ 7247 2431 ; www.laden.co.uk ; 103 Brick Lane ; ☉ 11h-18h30 lun-sam, 10h30-18h dim ; ⊖ Liverpool St ou Aldgate East
Si vous rêvez de vous habiller au même endroit que Noel Gallagher,

Pete Doherty et Sophie Ellis-Bextor, rendez-vous dans cette boutique ultratendance qui ne vend que des modèles de jeunes stylistes indépendants.

ROUGH TRADE *Musique*
☎ 7392 7788 ; www.roughtrade.com ; Dray Walk, Old Truman Brewery ; ☉ 8h-21h lun-jeu, 8h-20h ven-sam, 11h-19h dim ; ⊖ Liverpool St
Les fans de rock alternatif reconnaîtront dans Rough Trade le label des Smiths, de Jarvis Cocker et des Butthole Surfers. Il possède désormais deux excellents magasins de disques – l'un ici et l'autre à Notting Hill (p. 137) – où l'on trouve des albums rares.

START *Mode*
☎ 7739 3334 ; www.start-london.com ; 40, 42 et 59 Rivington St ; ☉ 10h30-18h30 lun-ven, 11h-18h sam, 13h-17h dim ; ⊖ Liverpool St

VOUS AVEZ DIT RÉTRO ?
Le secteur de Hoxton et de Spitalfields fait désormais figure de haut lieu du vêtement vintage, avec des dizaines de boutiques spécialisées, où vous pourrez dénicher les chaussures à talons seventies ou la veste en cuir d'occasion de vos rêves. Outre Absolute Vintage (p. 147), essayez les adresses suivantes :
Beyond Retro (☎ 7613 363 ; www.beyondretro.com ; 112 Cheshire St ; ☉ 10h-18h lun-sam, 11h-19h dim ; 🚇 Bethnal Green). Un entrepôt entier de trésors rétro.
Blondie (☎ 7247 0050 ; 114-118 Commercial St ; ☉ 10h-19h ; ⊖ Liverpool St). Associé à Absolute Vintage, le magasin propose des chaussures sexy dans la même veine.
The Shop (☎ 7739 5631 ; 3 et 7 Cheshire St ; ☉ 11h-18h lun-sam, 9h30-17h dim ; ⊖ Liverpool St). Deux boutiques pleines à craquer de mode vintage.

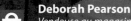

Deborah Pearson
Vendeuse au magasin de chapeaux Fred Bare dans Columbia Rd

Qu'est-ce qui fait l'attrait de Columbia Rd ? Les fleurs, bien entendu, mais l'ambiance bat vraiment son plein le dimanche. Un endroit au bout de la rue sert du thé et des scones, comme autrefois. Il y a aussi un violoncelle et un accordéon qui jouent le matin dans la cour. **Quelles sont les rues commerçantes les plus intéressantes de l'East End ?** Brick Lane (p. 146) est super, de même que les petites boutiques de Sclater St (carte p. 145, C4) et de Cheshire St (carte p. 145, C4). **Quel est le bijou du secteur ?** Broadway Market (p. 150), plus d'ailleurs pour l'ambiance que pour les achats. **Quels sont les meilleurs pubs ?** The Commercial Tavern (voir l'encadré p. 155) pour son décor, le Dove (p. 157) pour ses délicieuses bières belges. **Quels restaurants conseillez-vous ?** Le St John (p. 154), à Spitalfields, prépare d'excellents petits-déjeuners pas chers et la femme du patron tient le Rochelle School Canteen (p. 153).

LES MARCHÉS DE L'EAST END

Depuis le Moyen Âge, l'East End est le lieu des marchés de Londres. Nous indiquons ci-dessous les principaux :

Brick Lane Market (angle Brick Lane et Cheshire St ; 9h-14h dim ; Aldgate East). Un immense marché aux puces qui vend de tout, des T-shirts fantaisie aux tourne-disques déglingués. En farfouillant bien, vous pourrez sans doute y dénicher de véritables pièces de brocante.

Broadway Market (www.broadwaymarket.co.uk ; Broadway Market ; 9h-17h sam ; Bethnal Green ou London Fields). S'étendant vers le sud, de London Fields au Regent's Canal, il regroupe de nombreux stands de cuisine ethnique et d'artisanat. Il est bordé par de bons pubs et restaurants où faire une pause (voir l'encadré p. 157).

Columbia Road Flower Market (www.columbia-flower-market.freespace.com ; Columbia Rd ; 8h-14h dim ; Bethnal Green ou Cambridge Heath). L'artère majeure donne à voir une débauche de fleurs et de plantes en pots, tandis que les boutiques derrière proposent de petits bijoux, des bibelots et des accessoires.

Spitalfields Market (www.spitalfields.co.uk ; Brushfield St ; 8h-23h, à partir de 9h sam et dim ; Liverpool St). Moins intéressant depuis sa réhabilitation, il mérite néanmoins une visite le dimanche pour ses accessoires bobos et ses vêtements vintage.

Sunday Up Market (www.sundayupmarket.co.uk ; Ely's Yard, Old Truman Brewery ; 10h-17h dim ; Liverpool St). Le marché du dimanche de la vieille Truman Brewery comprend plus de 140 étals, souvent rescapés du Spitalfields Market. Bien, pour les bibelots et l'habillement rétro.

Réparti entre trois bâtiments, Start s'adresse à la clientèle bobo qui habite les lofts du quartier. Le n° 42 se consacre aux vêtements pour femmes, le n° 59 au prêt-à-porter masculin et le n° 40 au sur mesure.

TATTY DEVINE *Bijoux*
7739 9009 ; www.tattydevine.com ; 236 Brick Lane ; 11h-18h ; Liverpool St

Une farandole de bijoux fantaisie loufoques et d'accessoires inspirés des années 1950, tels ces pendentifs avec inscription en plexiglas et ces

colliers ornés d'une moustache ou d'un fantôme en plastique. Autre enseigne à Soho (p. 51).

WESTLAND LONDON
Décoration d'intérieur
7739 8094 ; www.westland.co.uk ; St Michael's Church, Leonard St ; 9h-18h lun-ven, 10h-17h sam ; Old St

Si vous rénovez votre intérieur, vous dénicherez ici des lampes, des devants de cheminée, des éléments d'architecture et autres trésors de récupération. Difficile de ne pas se laisser tenter.

🍽 SE RESTAURER

🍽 BISTROTHEQUE

Britannique ££-£££

☎ 8983 7900 ; www.bistrotheque.com ;
23-27 Wadeson St ; ⏲ 18h30-22h30
lun-jeu, jusqu'à 23h ven, 11h-16h et
18h30-23h sam et dim ; ⊖ Old St

Il n'y a pas plus urbain que ce
bar-restaurant, doublé d'un
cabaret, qui a élu domicile dans
une ancienne usine de vêtements.
On peut y passer toute la soirée
en savourant d'abord la cuisine
moderne servie à l'étage, avant
de descendre voir un spectacle
délicieusement kitsch.

🍽 BRICK LANE BEIGEL BAKE

Juif £

☎ 7729 0616 ; 159 Brick Lane ;
⏲ 24h/24 ; ⊖ Liverpool St

Les clubbers affectionnent
particulièrement cette vieille
boulangerie juive, qui confectionne
24h/24 des bagels tout chauds
garnis de bœuf salé ou de saumon
et de fromage frais à tartiner.

🍽 CANTEEN *Britannique* £-££

☎ 0845 686 1122 ; www.canteen
.co.uk ; 2 Crispin Pl, Spitalfields Market ;
⏲ 8h-23h lun-ven, 9h-23h sam-dim ;
⊖ Liverpool St

Restaurant de Brick Lane, l'enclave bangladaise de Londres

La meilleure des enseignes de restauration du centre commercial à l'ouest du Spitalfields Market. Les employés de bureau s'y pressent à la pause déjeuner pour commander des plats anglais sains et des salades fraîches du marché.

🍴 **EYRE BROTHERS** *Ibérique* ££
☎ 7613 5346 ; www.eyreborthers
.co.uk ; 70 Leonard St ; 🕙 12h-15h lun-
ven, 18h30-22h45 lun-sam ; ⊖ Old St
Après le succès du Eagle à Clerkenwell (p. 67), les frères Eyre ont ouvert ce restaurant de tapas discret aux accents du Mozambique. Délicieuses crevettes *peri-peri*.

🍴 **FIFTEEN** *Italien* ££-£££
☎ 0871 330 1515 ; www.
fifteenrestaurant.com ; 15 Westland Pl ;
🕙 12h-15h et 18h30-21h45 ; ⊖ Old St

Qu'on aime où non la figure médiatique insolente et joviale de Jamie Oliver, on ne peut qu'admirer l'initiative de son établissement de Shoreditch, qui forme au métier de cuisinier des jeunes de milieux défavorisés. Les clients ont le choix entre le restaurant sélect et la trattoria, plus décontractée et abordable.

🍴 **GIRAFFE** *International* £-££
☎ 3116 2000 ; www.giraffe.net ;
1 Crispin Pl, Spitalfields Market ;
🕙 8h-23h lun-ven, 9h-22h30 sam-dim ;
👶 ; ⊖ Liverpool St
Il s'agit certes d'une chaîne, mais les enfants adorent ses plats sains, inspirés des cuisines du monde entier. Les parents échapperont ainsi avec bonheur au MacDonald's. Plusieurs enseignes à Londres, dont une à Bloomsbury (p. 108).

L'ESSOR DES KEBABS

Brick Lane a longtemps été le fief de la cuisine bangladaise à Londres, mais la réputation de ses tables de curries a décliné proportionnellement aux techniques d'approche agressives des rabatteurs. Bien des habitants l'évitent désormais au profit des kebabs pakistanais, situés plus au sud dans le secteur de Commercial Rd. Voici nos préférés, tous accessibles depuis la station de métro Whitechapel :

Mirch Masala (☎ 7377 0155 ; www.mirchmasalarestaurant.co.uk ;
111-113 Commercial Rd ; 🕙 12h-24h). Rien dans cet établissement d'allure modeste ne prépare aux saveurs qui sortent des fourneaux : l'assortiment de grillades confine à l'expérience mystique.

New Tayyab (☎ 7247 9543 ; www.tayyabs.co.uk ; 83 Fieldgate St ; 🕙 12h-24h).
Ce vaste restaurant pakistanais pris d'assaut sert les meilleures spécialités du sous-continent, notamment des grillades, des *pulao* (riz sauté) à la viande, des *karahi* (ragoûts cuits dans une sorte de wok) et d'authentiques *mithai* (pâtisseries).

SAVEURS DU VIETNAM

Hackney abrite une petite communauté vietnamienne dynamique. De nombreuses cantines sans prétention servent du *pho* (soupe tonkinoise au bœuf et aux pâtes de riz) et des *banh cuon* (gros raviolis rectangulaires au porc haché). Pour rejoindre les adresses citées, prenez le métro jusqu'à Liverpool St, puis le bus n° 149.

Loong Kee (☎ 7729 8344 ; 134g Kingsland Rd ; 🕓 12h-15h30 et 17h30-23h30 lun-ven, 12h-23h sam et dim). Un établissement tout simple qui prépare du *pho* et des raviolis à la vapeur savoureux. Pratique si vous allez au Geffrye Museum.

Sông Qûe Café (☎ 7616 3222 ; 134 Kingsland Rd ; 🕓 12h-15h30 et 17h30-23h30 lun-ven, 12h-23h sam et dim). Grand et lumineux, il a la réputation d'être le meilleur restaurant vietnamien de Londres.

Viet Hoa (☎ 7729 8293 ; ; 70-72 Kingsland Rd ; 🕓 12h-15h30 et 17h30-23h30 lun-ven, 12h-23h sam et dim). L'une des premières tables vietnamiennes à avoir acquis une certaine renommée, toujours bonne et pas chère.

🍴 GREEN & RED CANTINA
Mexicain ££

☎ 7749 9670 ; www.greenred.co.uk ; 51 Bethnal Green Rd ; 🕓 17h30-24h lun-jeu, 17h30-1h ven-sam, 17h30-22h30 dim ; ⊖ Liverpool St

Ses authentiques spécialités mexicaines changent agréablement de la tambouille tex-mex habituelle. Green & Red parvient même à ressembler à une vraie *cantina*, avec de vieilles affiches de propagande sur les murs et une vaste sélection de tequilas.

🍴 LES TROIS GARÇONS
Français £££

☎ 7613 1924 ; www.lestroisgarcons .com ; 1 Club Row ; 🕓 19h-22h lun-sam ; ⊖ Liverpool St

Pleine à craquer d'animaux empaillés coiffés de tiares, de sacs à main suspendus et même d'un alligator portant un sceptre, cette adresse tient autant du décor de théâtre que du restaurant. Absorbé dans la contemplation du cadre clinquant, on en oublie presque que la cuisine française servie ici n'est pas toujours à la hauteur des prix pratiqués.

🍴 PRINCESS *Gastropub* ££

☎ 7729 9270 ; 76 Paul St ; 🕓 12h30-15h lun-ven, dîner 19h-23h lun-sam ; ⊖ Old St

Les plats méditerranéens carnés sont à l'ordre du jour dans ce *gastropub* de Shoreditch, niché dans le lacis de ruelles au sud d'Old St. On accède à la salle de restaurant ornée d'un audacieux papier à fleurs en montant un vieil escalier en colimaçon.

⚏ ROCHELLE SCHOOL CANTEEN *Britannique* £-££

☎ 7729 5667 ; www.arnoldandhenderson.com ; Rochelle School, Arnold Circus ; ⏱ 9h30-16h lun-ven ; ⊖ Old St

Ce lieu unique, la cantine de l'ancienne Rochelle School, existe de toute évidence pour nourrir ceux qui travaillent dans les studios de design alentour, mais les visiteurs de passage sont néanmoins les bienvenus. Il n'ouvre qu'au déjeuner – la carte britannique haut de gamme change quotidiennement – et l'on peut apporter son vin.

⚏ ST JOHN *Britannique* ££-£££

☎ 7251 0848 ; www.stjohnrestaurant.co.uk ; 94-96 Commercial St ; ⏱ 9h-23h lun-ven, 10h-22h30 sam-dim ; ⊖ Liverpool St

Une table moderne qui propose de savoureux petits-déjeuners et de copieux repas où les abats, caractéristiques de la cuisine britannique avant l'arrivée de la viande conditionnée de supermarché, ont la part belle. Enseigne principale à Clerkenwell (p. 68).

▾ PRENDRE UN VERRE

▾ BIG CHILL BAR *Bar*

☎ 7392 9180 ; www.bigchill.net ; Dray Walk, Old Truman Brewery ; ⏱ 12h-24h dim-jeu, jusqu'à 1h ven-sam ; ⊖ Old St

Au sein de l'Old Truman Brewery, ce bar tente de recréer toute l'année l'atmosphère du festival de musique Big Chill qui se déroule au mois d'août dans le Herefordshire. Des soirées bruyantes, impertinentes et drôles en perspective. La terrasse à l'avant invite au farniente quand le soleil brille l'après-midi.

▾ DRUNKEN MONKEY *Bar*

☎ 7490 7110 ; www.thedrunkenmonkey.co.uk ; 222 Shoreditch High St ; ⏱ 12h-24h lun-ven, 18h-24h sam, 12h-23h dim ; ⊖ Old St

Que diriez-vous de raviolis chinois pour accompagner votre bière en bouteille pendant qu'un DJ passe du hip-hop ? Des lanternes en tissu rouge ajoutent une note asiatiaque dans cet établissement de Shoreditch à l'ambiance rythmée, où l'on peut commander des *dim-sum* toute la journée en guise d'en-cas.

▾ FAVELA CHIC *Bar*

☎ 7613 5228 ; www.favelachic.com ; 91-93 Great Eastern St ; ⏱ 17h-1h mar-jeu, 17h-2h ven-sam ; ⊖ Old St

La déco négligé-chic inspirée des bidonvilles brésiliens et la prédilection des DJ pour les rythmes sud-américains composent une atmosphère latino séduisante. Les filles en raffolent et les garçons suivent.

POUR LES AMATEURS DE PUBS

Tout le monde ne souhaite pas forcément boire un verre en compagnie de designers portant des lunettes de soleil griffées et une coupe de cheveux décalée. Pour les réfractaires, il existe plusieurs pubs corrects aux abords de la station de métro Liverpool St, même si aucun d'eux n'échappe entièrement à la branchitude :

Commercial Tavern (☎ 7247 1888 ; 142 Commercial St). Avec son décor victorien, l'endroit cultive l'ironie. Branché, certes, mais plaisant.

Golden Heart (☎ 7247 2158 ; 110 Commercial St). Un pub de Hoxton rendu célèbre par les Chapman Bros, Tracey Emin et Sandra, sa charmante patronne excentrique.

Ten Bells (☎ 7366 1721 ; 84 Commercial St). Le lien de ce vestige de l'époque victorienne avec Jack l'Éventreur importe moins aux habitués que son cadre agréablement fatigué et son atmosphère relax.

▼ FOUNDRY *Bar*
☎ 7739 6900 ; www.foundry.tv ;
84-86 Great Eastern St ; 🕑 16h30-23h
mar-ven, 14h30-23h sam-dim ; ⊖ Old St
Il se dégage de ce fameux bar
à bières aux allures de squat
l'ambiance nonchalante d'une
soirée grunge dans l'East Village
new-yorkais. Renseignez-vous au
sujet des *happenings* impromptus.

▼ GEORGE & DRAGON *Bar*
☎ 7012 1100 ; 2 Hackney Rd ;
🕑 18h-24h ; ⊖ Old St
Jadis pub local louche, il est depuis 10
ans l'un des bar gays les plus branchés
de Hoxton. Les gens sont là pour
s'amuser ; si vous voulez prendre un
verre au calme, n'y allez pas.

▼ HAWKSMOOR *Bar*
☎ 7247 7392 ; www.hawksmoor.co.uk ;
157 Commercial St ; 🕑 12h-24h lun-ven,
18h-24h sam ; ⊖ Liverpool St

La presse insiste sur le fait que
Hawksmoor concocte les meilleurs
cocktails de Londres. Nous sommes
pour une fois tentés d'approuver.
La carte ne comprend pas moins
de neuf variétés de *mint julep*, sans
parler des différentes sortes de
martini, manhattan, punch *fizz* et
sour. Le restaurant attenant prépare
des steaks épais et juteux.

▼ LOUNGELOVER *Bar*
☎ 7012 1234 ; www.loungelover.co.uk ;
1 Whitby St ; 🕑 18h-24h dim-jeu, 18h-1h
ven-sam ; ⊖ Liverpool St
L'équipe de décorateurs du
restaurant Les Trois Garçons (p. 153)
a aussi exercé ses talents dans ce bar
à cocktails sublimement tendance
situé juste à l'angle. Le bric-à-brac
d'objets anciens, la profusion de
lustres, de lanternes et d'abat-jour
sur les murs et au plafond compose
un cadre tape-à-l'œil mais non
dénué de classe.

☗ VIBE BAR *Bar*

☎ 0870 850 4989 ; Old Truman Brewery ; 91-95 Brick Lane ; ☽ 11h-23h30 dim-jeu, 11h-1h ven-sam ; ⊖ Liverpool St
Champion de la scène musicale "retro new wave" de Hoxton, le Vibe constitue souvent la dernière étape de la tournée des bars de Brick Lane. Il accueille une clientèle jeune pleine d'énergie et sa programmation va des groupes aux DJ, en passant par le "rave cabaret".

⭐ SORTIR

⭐ 333 *Club*

☎ 7739 5949 ; www.333mother .com ; 333 Old St ; ☽ 22h-4h ven-sam ; ⊖ Old St
Si l'énigmatique 333 fut un pionnier du clubbing à Hoxton, il a perdu de sa branchitude. La file d'attente à l'entrée s'est raccourcie et la clientèle se regarde moins le nombril. Il s'y passe cependant toujours des choses, techno, drum 'n' bass, rock indé ou soirées à thème excentriques.

⭐ 93 FEET EAST
Club

☎ 7247 3293 ; www.93feeteast.co.uk ; 150 Brick Lane ; ☽ 17h-23h lun-jeu, 12h-1h ven-sam, 12h-22h30 dim ; ⊖ Liverpool St ou Aldgate East
Les soirées Rock'n' Roll Cinema ont hélas cessé, mais une musique tonitruante secoue toujours la piste de danse et l'on peut recharger ses

batteries grâce au barbecue dans la cour.

⭐ BETHNAL GREEN WORKING MEN'S CLUB *Club*

☎ 7739 7170 ; www.workersplaytime .net ; 44-46 Pollard Row ; ☽ horaires des spectacles variables ; ⊖ Bethnal Green
Surfant sur le renouveau du swing, cette boîte kitsch délicieusement underground s'inscrit entre le club et le cabaret. Sa programmation variée inclut "rockabilly burlesque" et "Grind A Go Go", une soirée lounge style années 1960 avec des "gogo-danseuses". La tenue d'époque n'est de rigueur que pour les soirées boogie-woogie.

⭐ CARGO *Club*

☎ 7739 3440 ; www.cargo-london.com ; 83 Rivington St ; ☽ 12h-1h lun-jeu, 12h-3h ven, 18h-3h sam, 12h-24h dim ; ⊖ Old St
Le Cargo affiche une programmation éclectique, avec des DJ reconnus et des groupes de l'envergure du Hot 8 Brass Band. Ses espaces de repos sous les arches du chemin de fer arborent des graffitis de Banksy (voir l'encadré p. 147).

⭐ ELBOW ROOM
Salle de billard

☎ 7613 1316 ; www.theelbowroom .co.uk ; 97-113 Curtain Rd ; ☽ 17h-2h lun, 12h-2h mar-sam, 12h-24h dim ; ⊖ Liverpool St

HACKNEY ET BETHNAL GREEN

Bethnal Green et Hackney, au nord et à l'est de Hoxton, ont accueilli les artistes qui résidaient à Shoreditch quand ce quartier est devenu trop onéreux. Outre le populaire Broadway Market (voir l'encadré p. 150) et les cantines vietnamiennes autour de Kingsland Rd (voir l'encadré p. 153), beaucoup d'autres lieux méritent l'attention :

Buen Ayre (☎ 7275 9900 ; www.buenayre.co.uk ; 50 Broadway Market ; 🕒 18h30-22h30 lun-ven, 12h-22h30 sam et dim ; 🚉 London Fields). D'énormes pièces de viande et de bons vins rouges dans la plus pure tradition argentine.

Dove (☎ 7275 7617 ; 24-28 Broadway Market ; 🚉 Bethnal Green ou London Fields). Le bistrot phare de Broadway Market, doté d'une longue carte de bières belges goûteuses.

Geffrye Museum (☎ 7739 9893 ; www.geffrye-museum.org.uk ; 136 Kingsland Rd ; entrée libre ; 🕒 10h-17h mar-sam, 12h-17h dim ; ⊖ Liverpool St, puis bus n° 149). Une merveilleuse découverte de l'architecture d'intérieur britannique à travers des reconstitutions de pièces meublées couvrant toutes les périodes, du XVIIe au XXIe siècle.

Mangal II (☎ 7254 7888 ; www.mangal2.com ; 4 Stoke Newington Rd ; 🕒 12h-1h ; 🚉 Kingsland). Le meilleur restaurant de grillades anatolien de Hackney, où des monceaux de brochettes cuisent sur un immense gril au charbon de bois.

V&A Museum of Childhood (☎ 8980 2415 ; www.vam.ac.uk/moc ; Cambridge Heath Rd et Old Ford Rd ; entrée libre ; 🕒 10h-17h45 ; ⊖ Bethnal Green). Une superbe collection de jouets, propre à raviver les souvenirs d'enfance.

Une salle de billard de style américain aux lignes épurées qui compte de nombreuses tables. Autre adresse à Notting Hill (p. 142).

⭐ RICH MIX *Musique live*
☎ 7613 7498 ; www.richmix.org.uk ; 35-47 Bethnal Green Rd ; 🕒 9h-23h lun-ven, 10h-23h sam-dim, 22h-4h dim ; ⊖ Old St

Créé en 2006 dans une ancienne usine d'habillement, ce centre culturel moderne contient un cinéma de trois salles, un bar et un lieu de concerts. Contrairement aux films projetés, plutôt grand public,

le programme musical se révèle parfois intéressant.

⭐ THE OLD BLUE LAST
Musique live
☎ 7739 7033 ; www.theoldbluelast .com ; 38 Great Eastern St ; 🕒 12h-24h lun-mer, 12h-00h30 jeu et dim, 12h-1h30 ven et sam ; ⊖ Old St

Selon le magazine de musique *NME*, c'est le pub le plus génial au monde. C'est aller un peu loin, même si les groupes et DJ qui se produisent chaque soir mettent le feu. Mais un concert secret de Lily Allen ou des Arctic Monkeys n'est pas impossible.

>KING'S CROSS ET ISLINGTON

Longtemps négligé, King's Cross semble renaître depuis l'ouverture du terminal de l'Eurostar à St Pancras International, en 2007. Des trains à grande vitesse rallient désormais quotidiennement Paris, Bruxelles et Lille. Il faut cependant admettre que beaucoup reste à faire – de nombreuses rues autour de la gare pimpante auraient bien besoin d'être réhabilitées – mais les perspectives n'ont jamais été meilleures depuis des décennies et l'optimisme est de mise.

Hormis la British Library et les imposantes St Pancras Chambers de style néogothique victorien, King's Cross ne possède guère de monuments marquants. Le quartier se trouve en revanche à une courte distance d'Islington, fief de la classe moyenne de gauche, qui lit *The Guardian*. Ce coin de Londres vaut pour les petites boutiques et les restaurants d'Upper St, pour les spectacles du charmant Almeida Theatre et pour une poignée de pubs. Les lieux de sortie se concentrent toutefois davantage aux abords de King's Cross, notamment les discothèques emblématiques l'Egg et la Scala.

Prostitution, vol, usage de drogue et ivresse publique ne sont pas rares à King's Cross. Mieux vaut donc se montrer prudent après la tombée de la nuit.

KING'S CROSS ET ISLINGTON

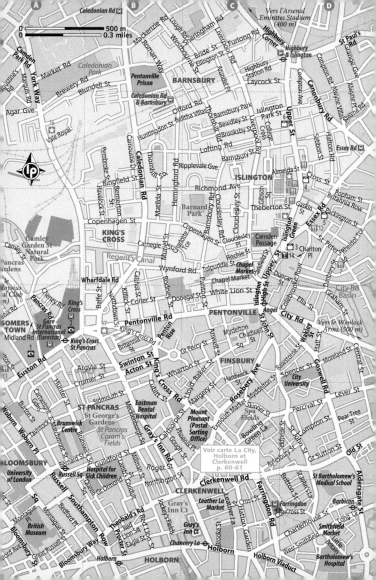

◉ VOIR

◉ BRITISH LIBRARY

☎ 0870 444 1500 ; www.bl.uk ;
96 Euston Rd ; entrée libre, visites
guidées adulte/tarif réduit 8/6,50 £,
gratuit le matin en semaine ; 🕑 9h30-
18h lun-ven, jusqu'à 20h mar, 9h30-17h
sam, 11h-17h dim, visites guidées 11h et
15h lun, mer et ven, 10h30 et 15h sam,
11h30 et 15h dim ; 🕭 ; ✛ King's Cross/
St Pancras

Installée dans un bâtiment
contemporain qui continue de
diviser l'opinion, la British Library
conserve bon nombre de livres et de
manuscrits inestimables, à l'image
de la *Magna Carta*, des carnets
de Léonard de Vinci et du journal
intime de Lewis Carroll. Son café
élégant s'organise autour d'une tour
de verre contenant la bibliothèque
personnelle du roi George III.

◉ ST PANCRAS CHAMBERS

Euston Rd ; ✛ King's Cross/St Pancras
Conçu comme un hôtel (The
Midland Grand Hotel) en 1868 avant
d'être intégré à la gare ferroviaire
St Pancras, ce chef-d'œuvre en
brique du néogothique victorien

fait partie des bâtiments les plus
caractéristiques de Londres.
Il subit actuellement des travaux
de réaménagement pour être
transformé en un cinq-étoiles et
complexe d'appartements rattaché
au nouveau terminal ferroviaire
St Pancras International.

◻ SHOPPING

◻ AFTER NOAH *Antiquités*

☎ 7359 4281 ; www.afternoah.com ;
121 Upper St ; 🕑 10h-18h lun-sam,
12h-17h dim ; ✛ Angel

Le genre de boutique qu'affectionne
Islington : une grande surface
originale où se côtoient des
meubles, luminaires, bibelots et
jouets anciens, vintage ou actuels.
Autre adresse dans King's Rd,
à Chelsea.

◻ CAMDEN PASSAGE ANTIQUES MARKET

Antiquités/Brocante
www.camdenpassageislington.co.uk ;
Camden Passage ; 🕑 9h-17h mer et
sam ; ✛ Angel

Deux fois par semaine, les ruelles
autour de Camden Passage se

PROMENADE LE LONG DU REGENT'S CANAL

Le chemin de halage du vieux Regent's Canal constitue un raccourci pratique et pittoresque
entre Limehouse, Hackney, Islington, King's Cross, Camden, Regent's Park, Marylebone et
Little Venice, près de Paddington. Il est toutefois discontinu, obligeant à traverser quelques
routes pour franchir les tunnels à Islington et à Marylebone.

La British Library, grand conservatoire du livre

remplissent de brocanteurs et d'antiquaires. Moins touristique que le marché de Portobello Rd, l'endroit regroupe également quelques bons cafés, pubs et restaurants, où vous pourrez passer en revue vos achats.

🏠 DIVERSE *Mode*
☎ habillement masculin 7359 0081, habillement féminin 7359 8877 ; www.diverseclothing.com ; 286 et 294 Upper St ; 🕙 10h30- 18h30 lun-sam, 12h-17h30 dim ; ⊖ Angel or Highbury et Islington

Mayfair n'a pas le monopole des vêtements griffés. Cette boutique élégante vend des modèles de couturiers comme Paul Smith, Chloe, et Stella McCartney. Rendez-vous au n° 286 pour l'habillement masculin, au n° 294 pour la mode féminine.

🏠 ECCENTRICITIES
Décoration
☎ 7359 5633 ; 46 Essex Rd ; 🕙 10h-19h lun-sam, 10h-18h dim ; ⊖ Angel
En accord avec son nom, cet immense bâtiment renferme un

étrange et fabuleux bric-à-brac de meubles et d'objets, où se mêlent pièces anciennes et reproductions.

⬚ GILL WING
Accessoires

☎ 7226 5392 ; www.gillwing.co.uk ; **Upper St** ; ⏰ **10h-18h lun-sam, 12h-17h dim** ; ⊖ **Angel ou Highbury & Islington**

Un ensemble de petites boutiques destinées aux habitants d'Islington en pleine ascension sociale : bijoux au n° 182, arts de la table au n° 190, chaussures au n°192 et mignons gadgets au n° 194-195.

🍴 SE RESTAURER
🍴 DUKE OF CAMBRIDGE
Gastropub   £-££

☎ 7359 3066 ; www.dukeorganic.co.uk ; **30 St Peter's St** ; ⏰ **12h-23h, jusqu'à 22h30 dim** ; ⊖ **Angel**

Bio avant la lettre (même le vin et la bière ne font pas exception à la règle), le Duke of Cambridge est le *gastropub* préféré d'Islington.

🍴 GALLIPOLI *Turc*   £-££

☎ 7359 0630 ; www.cafegallipoli.com ; **102 Upper St** ; ⏰ **10h30-23h, jusqu'à 24h ven-sam** ; ⊖ **Angel ou Highbury & Islington**

Cette table très populaire propose depuis des décennies d'authentiques kebabs anatoliens. En plus du bistrot d'origine, les patrons possèdent deux autres

restaurants : le **Gallipoli Again** (au n° 120) et le petit **Gallipoli Bazaar** (au n° 107) au décor très oriental.

🍴 ISARN *Thaï*   ££

☎ 7424 5153 ; www.isarn.co.uk ; **119 Upper St** ; ⏰ **12h-15h et 18h-23h lun-ven, 12h-23h sam, 12h-22h dim** ; ⊖ **Angel**

Un petit restaurant thaï où les arômes de la citronnelle, du piment, du galanga et des feuilles de bergamote parfument délicieusement les curries et les marinades. Parfait pour un rendez-vous galant décontracté.

🍴 OTTOLENGHI
Café-traiteur   £-££

☎ 7288 1454 ; www.ottolenghi.co.uk ; **287 Upper St** ; ⏰ **8h-23h lun-sam, 9h-19h dim** ; ⊖ **Angel ou Highbury & Islington**

Si les meringues roses géantes exposées en vitrine ne vous incitent pas à entrer, c'est à n'y rien comprendre. Les sandwichs raffinés, les salades gastronomiques et les pâtisseries fourrées sont à consommer sur place où à emporter. Autres enseignes partout dans Londres, notamment à Knightsbridge (p. 129).

🍴 S&M CAFÉ
Britannique   £-££

☎ 7359 5361 ; www.sandmcafe.co.uk ; **4-6 Essex Rd** ; ⏰ **7h30-23h30 lun-jeu,**

7h30-24h ven, 8h30-24h sam, 8h30-22h30 dim ; ⊖ Angel

Ce spécialiste du *banger and mash* (saucisse et purée de pommes de terre), plat de pub emblématique de la classe ouvrière britannique, a élu domicile dans un ancien local chromé de Mods and Rockers. Autres adresses à Spitalfields et à Notting Hill.

🍽 SNAZZ SICHUAN

Chinois   ££

☎ 7388 0808 ; www.newchinaclub .co.uk ; 37 Charlton St ; 🕑 12h30-22h30 ; ⊖ King's Cross ou Euston

Une des très rares tables londoniennes assez courageuse pour servir la cuisine fort pimentée du Sichuan, une région à l'ouest de la Chine. Les rognons et le *guai wei tu ding* (littéralement "lapin au goût étrange") enflammeront à coup sûr vos papilles.

🍸 PRENDRE UN VERRE

🍸 ELK IN THE WOODS *Pub*

☎ 7226 3535 ; www.the-elk-in-the-woods.co.uk ; 39 Camden Passage ; ⊖ Angel

Cet aspirant au statut de *gastropub* plaît aux trentenaires qui font du shopping dans les boutiques d'Islington. Briques apparentes et mobilier négligé-chic composent le décor.

🍸 WENLOCK ARMS *Pub*

☎ 7608 3406 ; www.wenlock-arms .co.uk ; 26 Wenlock Rd ; ⊖ Angel

Régulièrement classé meilleur pub de North London par la Campaign for Real Ale (CAMRA), l'établissement sert des bières provenant de tout le pays. Soirées jazz autour du piano ("old Joanna") les vendredis et les samedis.

SWINGING LONDON

Si la tradition des thés dansants a pris fin dans les années 1950, le swing connaît de nouveau un véritable engouement ces dernières années, grâce à des événements cultes comme **Viva Cake** (www.myspace.com/vivacakebitches). Cette célébration des fifties, à grand renfort de gâteaux servis par des jeunes filles en rollers se déroule périodiquement en différents lieux, dont le **Bloomsbury Bowling** (p. 111) et le **St Aloysius Social Club** (☎ 7419 6891 ; 20 Phoenix Rd ; 🕑 horaires variables ; ⊖ Euston) à Islington. La plupart des soirées swing, jitterbug et Lindy-hop sont organisées dans des petites salles ou des espaces associatifs. Prévoyez une tenue ad hoc, de la coiffure bouffante aux semelles de crêpe. Pour connaître le programme, consultez les sites www.swingdanceuk.com, www.swingland.com et www.jitterbugs.co.uk. Le Stompin' Mondays du **100 Club** (p. 110), dans Oxford St, attire du monde chaque lundi.

FOOTBALL CRAZY

En ce qui concerne leurs équipes de football préférées, les Londoniens adoptent une attitude tribale. Les rencontres entre deux grands clubs rivaux se traduisent par des hymnes passionnés qui soulèvent la foule et rappellent les batailles médiévales.

Les deux principales équipes de Londres sont l'**Arsenal Football Club** (ci-dessous) et le **Chelsea Football Club** (p. 131), mais le **Tottenham Hotspurs Football Club** (www.tottenhamhotspur.com), le **Fulham Football Club** (www.fulhamfc.com) et le **West Ham United Football Club** (www.whufc.com) jouent également en première division.

Bien que les billets soient mis en vente environ un mois à l'avance, mieux vaut s'inscrire au club et les acheter en ligne.

SORTIR

⭐ ALMEIDA THEATRE
Théâtre

☎ 7359 4404 ; www.almeida.co.uk ;
Almeida St ; ⊖ Angel

Malgré sa taille modeste, ce théâtre intimiste a eu le privilège d'accueillir les prestations de grands noms, comme Ralph Fiennes ou Kevin Spacey, dans des pièces contemporaines exigeantes.

⭐ ARSENAL EMIRATES STADIUM *Sports*

☎ billetterie 0870 3800 232, visites guidées 7704 4504 ; www.arsenal.com ;
Ashburton Grove ; visites guidées adulte/tarif réduit 12/6 £ ;
⊖ Arsenal ou Holloway Rd

Bien qu'entraînée par le Français Arsène Wenger dans un stade financé par la compagnie aérienne Emirates et ne comportant presque aucun joueur britannique,

l'équipe de football d'Arsenal conserve une foule de supporters locaux proches du fanatisme. Des visites du stade et des vestiaires ont lieu quotidiennement (consultez le site Web pour les horaires).

⭐ EGG
Club

☎ 7609 8364 ; www.egglondon.net ;
200 York Way ; 🕐 21h30-6h ven,
22h-6h sam, 5h-14h dim ;
⊖ King's Cross/St Pancras

Cool, industriel et typiquement urbain, Egg résonne des dernières productions électro, hip-hop et house. Les clubbers du samedi soir peuvent s'attarder jusqu'à l'heure du déjeuner, grâce à l'after Breakfast at Egg dans le jardin.

⭐ SCALA
Musique live

☎ 7833 2022 ; www.scala-london.co.uk ;
275 Pentonville Rd ; 🕐 22h-6h ven-sam,

horaires variables pour les concerts et événements ; ⊖ King's Cross/St Pancras La boîte a frôlé la faillite après avoir projeté illégalement *Orange mécanique* de Stanley Kubrick et perdu son procès, dans les années 1990. Ses soirées clubbing, ses concerts et ses événements n'en gardent pas moins un côté contestataire.

⭐ SCREEN ON THE GREEN
Cinéma

☎ 7226 3520 ; www.everymancinema club.com ; 83 Upper St ; ⊖ King's Cross/ St Pancras
Ce confortable cinéma indépendant du groupe Everyman programme des films étrangers d'art et d'essai ainsi que quelques blockbusters de qualité.

>CAMDEN, HAMPSTEAD ET PRIMROSE HILL

Difficile d'imaginer quartiers plus dissemblables. Camden est le bastion londonien des goths, du grunge et de tous les mouvements alternatifs, tandis que Primrose Hill affiche une distinction presque exagérée. Plus au nord, le "village" de Hampstead ne semble pas avoir compris qu'il faisait partie de la capitale britannique.

Les curiosités de ces secteurs du nord de Londres se résument en trois mots : les marchés, la vie nocturne et la lande. Bien qu'ils aient été presque détruits par un incendie début 2008, les immenses marchés de Camden entretiennent toute une série de subcultures en matière de musique, d'art et de mode. Autour se tiennent des bars et des clubs dernier cri, où les talents émergeants de la scène musicale font leurs armes.

Si Camden vous paraît bruyant et juvénile, Hampstead Heath offre calme et isolement. Par beau temps, les Londoniens rejoignent en masse cette vaste étendue de nature sauvage pour se baigner, pique-niquer, jouer au cerf-volant ou se prélasser dans l'herbe. La perspective depuis Parliament Hill est tellement splendide qu'une loi la protège. Pour ceux qui n'ont pas envie de marcher, il existe une autre vue depuis Primrose Hill, au-dessus de Regent's Park.

CAMDEN, HAMPSTEAD ET PRIMROSE HILL

◉ VOIR
Freud Museum	1	A5
Hampstead Heath	2	B2
Highgate Cemetery Entrance	3	D2
Keats House	4	B4
Kenwood House	5	B1
London Waterbus Company	6	D6

◨ SHOPPING
Camden Lock Market	7	D5
Camden Market	8	D6
Inverness St Market	9	D6
Rosslyn Delicatessen	10	A4
Stables Market	(voir 19)	

▥ SE RESTAURER
Gilgamesh	(voir 19)	
Haché	11	D6
Lansdowne	12	C5
Mango Room	13	D6
Manna	14	C5
Marine Ices	15	C5
Masala Zone	16	D6
Trojka	17	C5
Wells	18	A3

▣ PRENDRE UN VERRE
At Proud	19	C5
Hollybush	20	A3
Lock Tavern	21	D5

★ SORTIR
Barfly	22	C5
Boogaloo	23	D1
Dublin Castle	24	D6
Jazz Cafe	(voir 16)	
Koko	25	D6
Roundhouse	26	C5
Underworld	27	D6

Map labels

A · **B** · **C** · **D**

Highgate
☆ 23

Terrain de golf
de Hampstead

1 km
0.5 miles

The Bishops Ave

Shelton Ave
Denewood Rd

HIGHGATE

North Hill

North Rd

Southwood La

Archway Rd

North
Wood ⏰ 5

Ken Wood

Highgate West Hill

Highgate High St

South Gve

Waterlow
Park

Cimetière
de Highgate
◉ 3

Highgate Hill

Spaniard's
Inn

Hampstead
Heath
Extension

Spaniards Rd

• Sculptures
de Henry Moore

Stock
Pond

Fitzroy Park

Réserve
ornithologique

Kenwood
Ladies' Pond
(étang des femmes)

Hampstead
Heath ⏰ 2

Highgate Men's Pond
(étang des hommes)

Millfield La

Dartmouth Park Hill

End Way

Heath St

Vale of
Health
Pond

Men's Bathing Pond
(étang des hommes)

Parliament
Hill

Swains La

Highgate Rd

East Heath
Rd

East Heath

Mixed Bathing Pond
(étang mixte)

Highgate
Ponds

Hampstead
Ponds

Parliament
Hill Fields

Parliament
Hill Lido

Tufnell Park ⓣ

Fortess Rd

Well
Walk

⏰ 18

Flask Wk

Downshire Hill

Keats Gve

South End Rd

Gospel Oak ⓣ

Gordon Ho Rd

GOSPEL
OAK

⧖ 20

Hampstead ⓣ
Hampstead
High St

⏰ 10

HAMPSTEAD

Rosslyn Hill

⏰ 4

Hampstead
Heath ⓣ

Pond St

Fleet Rd

Royal Free
Hospital

Mansfield Rd

Southampton Rd

Grafton Rd

KENTISH
TOWN

Kentish
Town ⓣ

kwright Rd

Maresfield Gardens

Fitzjohn's Ave

Belsize La

Belsize Ave

Belsize
Park ⓣ

Haverstock Hill

Malden Rd

Spring Pl

Holmes Rd

Kentish
Town West

Castle Rd

Kentish Town Rd

ley Rd
ognal

Daleham Gdns

Belsize Park Gve

College Cres

Lancaster Gve

BELSIZE
PARK

Eton Ave

Fellows Rd

Eton Rd

Maitland Park

Queen's Cres

Prince of Wales Rd

Ferdinand St

☆ 21

Swiss Cottage ⓣ

Adelaide Rd

King Henry's Rd

Primrose Hill Rd

Chalk
Farm ⓣ

⏰ 15

CAMDEN

Erskine
Rd

⏰ 14 ⏰ 17

⏰ 12

Chalk Farm Rd

⏰ 19

Camden Rd

Camden Rd

⏰ 7

Camden
Town ⓣ

Hilgrove Rd

South
Hampstead

Finchley Rd

Avenue Rd

Elsworthy Rd

PRIMROSE
Hill

Regent's Park Rd

Chalcot Rd

Camden High St

Camden
Town

⏰ 6 ⏰ 9 ⏰ 8 ⏰ 13

⏰ 11

ST JOHN'S
WOOD

Queen's Gve

Norfolk Rd

Acacia Rd

Townshend Rd

Prince Albert Rd

Outer Circle

Regent's
Park

London
Zoo

Gloucester Ave

Oval Rd

Canal

Regent's Canal

Camden Lock

Camden St

Voir carte Marylebone
et Regent's Park
p. 113

Mornington
Cres ⓣ

◉ VOIR

◉ FREUD MUSEUM

☎ 7435 2002 ; www.freud.org.uk ;
20 Maresfield Gardens ; adultes/- de
12 ans/tarif réduit 5/gratuit/3 £ ;
🕐 12h-17h mer-dim ; ⊖ Finchley Rd

La maison que Sigmund Freud
occupa jusqu'à sa mort en 1939,
après avoir fui la Vienne nazie,
conserve des effets personnels
du père de la psychanalyse, ainsi
que le fameux divan sur lequel
s'allongeaient ses patients.

Banc avec vue, Parliament Hill

◉ HAMPSTEAD HEATH

☎ 7485 4491 ; ⊖ Hampstead,
🚃 Gospel Oak ou Hampstead Heath,
🚌 214 ou C2 jusqu'à Parliament
Hill Fields

Comparé au rythme trépidant du
reste de Londres, cet immense parc
vallonné, avec des plans d'eau et des
prairies, donne l'impression d'un
retour à la nature. Il n'est pourtant
qu'à 6,5 km de la City. L'été, des
milliers de Londoniens viennent
s'y promener et admirer la vue.
Reportez-vous p. 21 pour de plus
amples détails.

◉ HIGHGATE CEMETERY

☎ 8340 1834 ; www.highgate-
cemetery.org ; Swain's Lane ; Eastern
Cemetery 3 £, visite guidée du Western
Cemetery 5 £ ; 🕐 10h-17h lun-ven,
11h-17h sam-dim, jusqu'à 16h lun-dim
nov-mars, visite guidée 14h lun-ven
et toutes les heures 11h-16h sam-
dim, dernière visite 15h nov-mars ;
⊖ Highgate

Karl Marx est l'un des illustres
mortels (voir l'encadré p. 169)
qui reposent dans cet énorme
cimetière victorien en friche. On
peut découvrir seul la section
est, mais la partie ouest de style
gothique, plus pittoresque, tel
un labyrinthe de chemins sinueux,
fait l'objet d'une visite organisée
(téléphonez pour réserver ;
pas de réservation le dimanche).

EX-LONDONIENS CÉLÈBRES

Karl Marx n'est pas la seule personnalité connue à reposer pour l'éternité sous le gazon du **Highgate Cemetery** (p. 168). En voici quelques autres, auxquels vous pourrez rendre visite en arpentant les allées du cimetière :

Western Cemetery
> Michael Faraday (1791-1867). Père de l'électromagnétisme moderne.
> Alexander Litvinenko (1962-2006). Dissident russe empoisonné à Londres en 2006.
> Samuel Taylor Coleridge (1772-1834). Poète qui écrivit *Kubla Khan* sous l'effet de l'opium.

Eastern Cemetery
> Douglas Adams (1952-2001). Auteur du *Guide du voyageur galactique*.
> William Foyle (1885-1963). Fondateur de la librairie **Foyles** (p. 49) dans Charing Cross Rd.

KEATS HOUSE
☎ 7435 2062 ; www.cityoflondon.gov.uk/keats ; Wentworth Pl, Keats Grove ; ⊖ Hampstead

Le grand poète romantique John Keats composa sa célèbre *Ode to a Nightingale* (Ode à un rossignol) dans cette maison, avant de tomber amoureux d'une voisine et de mourir de phtisie à l'âge de 25 ans. Le lieu est désormais un musée consacré à sa vie et à son œuvre.

KENWOOD HOUSE
☎ 8348 1286 ; www.english-heritage.org.uk ; Hampstead Lane ; entrée libre ; ⏱ 11h-16h ; ⊖ Archway ou Golders Green, puis bus n° 210

Cette magnifique demeure néoclassique a servi de décor à de nombreux films en costumes, notamment l'adaptation cinématographique du roman

Mansfield Park de Jane Austen. Si l'on peut admirer à l'intérieur des tableaux de Gainsborough, Reynolds, Turner, Vermeer, Van Dyck et d'autres peintres, beaucoup de gens viennent ici juste pour prendre le thé au distingué Brew House Café. Des concerts de musique classique ont lieu l'été sur la pelouse.

SHOPPING

CAMDEN MARKETS
Marché

www.camdenlockmarket.com ; Camden High St/Chalk Farm Rd ; ⏱ 10h-18h ; ⊖ Camden Town

Les punks, les goths et les emos de Londres se fournissent ici en cuissardes à semelles compensées, T-shirts à messages, pantalons avec zips sur les jambes et cuirs bondages. Passé maître dans l'art

Camden High St

de vendre les cultures "alternatives" sous toutes leurs formes, l'endroit comprend quatre zones principales : le marché d'origine dans Camden High St (bien pour l'habillement), les stands de rue d'Inverness St (encore des vêtements), Camden Lock Market et Stables Market dans Chalk Farm Rd (brocante, artisanat et nourriture ethnique).

⌂ ROSSLYN DELICATESSEN
Épicerie fine

☎ 7794 9210 ; www.delirosslyn.co.uk ; 56 Rosslyn Hill ; 🕑 8h30-20h30 lun-sam,

8h30-20h dim ; ⊖ Hampstead ou Belsize Park
Ce traiteur primé constitue l'adresse idéale pour acheter de quoi pique-niquer à Hampstead Heath, au lieu des sandwichs préemballés des cafés.

🍴 SE RESTAURER
Hormis les restaurants suivants, il existe de nombreux petits cafés dans Regent's Park Rd (C6), à Primrose Hill, où l'on peut déjeuner après une promenade dans Regent's Park.

🍴 GILGAMESH

Panasiatique ££-£££

☎ 7482 5757 ; www.gilgameshbar.com ;
Stables Market, Chalk Farm Rd ;
⏱ **12h-15h et 18h-24h, bar jusqu'à
2h30 lun-sam, jusqu'à 13h30 dim ;**
⊖ **Camden Town**

Certains accusent Gilgamesh de
pratiquer des prix exagérés et de
se la jouer un peu. Nous aimons
cependant ses *dim-sum* et ses
curries d'Asie du Sud-Est, sans
parler du décor exubérant de style
babylonien.

🍴 HACHÉ

Américain £-££

☎ 7485 9100 ; www.hacheburgers.com ;
24 Inverness St ; ⏱ **12h-22h30, jusqu'à
22h dim ;** ⊖ **Camden Town**

Oubliez McDonald's et Burger
King car cet établissement élève
l'humble steak haché au rang de la
gastronomie. Il offre ainsi le choix
entre des burgers de bœuf, canard,
gibier, poulet ou agneau, proposant
même une version végétarienne.

Autre enseigne dans Fulham Rd,
à Chelsea.

🍴 LANSDOWNE *Gastropub* ££

☎ 7722 0950 ; www.thelansdowne pub
.co.uk ; 90 Gloucester Ave ; ⊖ Chalk Farm

En concurrence avec l'Engineer,
situé, au bout de la rue, le
Lansdowne est un *gastropub* qui
a conservé son côté bistrot de
quartier. La carte présente de
nombreuses viandes et poissons de
provenance locale, accommodés
avec une touche méditerranéenne.

🍴 MANGO ROOM

Caribéen ££

☎ 7482 5065 ; www.mangoroom.co.uk ;
10-12 Kentish Town Rd ; ⏱ **12h-23h ;**
⊖ **Camden Town**

Cette table chic de Camden a
amené la cuisine caribéenne dans
le centre de Londres. Un fond de
calypso classique ajoute ce qu'il
faut d'ambiance, pendant que les
convives se régalent de spécialités
comme le curry de chèvre ou la

CAMDEN AU FIL DE L'EAU

Les prix fous de l'immobilier ont conduit nombre de Londoniens à élire domicile dans des
péniches le long de canaux désaffectés. Une promenade à bord de ce type de bateau avec la
London Waterbus Company (☎ 7482 2660 ; www.londonwaterbus.com ; 2 Middle
Yard, Camden Lock ; ⊖ Camden Town) vous donnera un aperçu de la vie au fil de l'eau.
Ces péniches couvertes, peintes de manière originale, naviguent sur le Regent's Canal de
Camden Lock à Little Venice en passant par Regent's Park et le London Zoo. Elles partent
toutes les heures (toutes les 30 min le dimanche) d'avril à septembre. L'aller simple/aller-
retour adulte coûte 6,50/9 £.

morue séchée au aki (fruit jamaïcain apparenté au litchi).

🍴 MANNA *Végétarien* ££-£££

☎ 7722 8028 ; www.manna-veg.com ; 4 Erskine Rd ; 🕑 18h30-23h lun, 12h-15h et 18h30-23h lun-dim ; 🅥 ; ⊖ Chalk Farm

L'un des premiers restaurants végétariens de Grande-Bretagne, Manna attire la clientèle de Primrose Hill grâce à une carte internationale préparée avec des tas d'ingrédients de provenance locale, bio et garantis sans OGM. La qualité de la cuisine justifie les prix élevés.

🍴 MARINE ICES

Glaces italiennes £

☎ 7482 9003 ; www.marineices.co.uk ; 8 Haverstock Hill ; 🕑 12h-15h et 18h-23h mar-ven, 12h-23h sam, 12h-23h dim ; ⊖ Chalk Farm

Les Londoniens font la queue après le travail pour acheter des boules de glace à la pistache et de sorbet à la mangue, chez ce glacier italien, en activité depuis 1931.

🍴 MASALA ZONE

Indien £-££

☎ 7267 4422 ; www.masalazone.com ; 25 Parkway ; 🕑 12h30-15h et 17h30-23h lun-ven, 12h30-23h sam, 12h30- 22h30 dim ; ⊖ Chalk Farm

La cuisine indienne à la manière de la chaîne Wagamama (p. 109). Les puristes trouveront sans doute

la nourriture un peu fade, mais les *thali* (assortiments de plats formant repas) se laissent manger avec plaisir. Autres enseignes partout en ville (voir site Web).

🍴 TROJKA

Européen de l'Est £-££

☎ 7483 3765 ; www.trojka.co.uk ; 101 Regent's Park Rd ; 🕑 9h-22h30 ; ⊖ Chalk Farm

Petite parcelle d'âme slave à Primrose Hill, ce charmant restaurant sert un délicieux thé russe au sirop de framboise ainsi que de copieux plats russes, polonais, juifs et ukrainiens, comme les blinis aux œufs de lump.

🍴 WELLS *Gastropub* ££-£££

☎ 7794 3785 ; www. thewellshampstead.co.uk ; 30 Well Walk ; ⊖ Hampstead

Ce pub huppé du XVIIIᵉ siècle voit affluer le week-end une importante clientèle locale sur son trente et un. Sa cuisine britannique traditionnelle de qualité ne manque ni de style ni de créativité.

🍸 PRENDRE UN VERRE

🍸 AT PROUD *Bar*

☎ 7482 3867 ; www.atproud.net ; Stables Market, Chalk Farm Rd ; 🕑 11h-13h mar-mer, 11h-2h jeu-sam, 11h-00h30 dim ; 🖵 wi-fi ; ⊖ Camden Town

Un bar très cool installé dans l'ancien hôpital construit pour les chevaux de halage de Regent's Canal. Prélassez-vous sur une chaise longue en terrasse ou savourez une bière fraîche dans l'une des vieilles écuries en bois tendues de tissu.

☒ HOLLYBUSH *Pub*
☎ 7435 2892 ; www.hollybushpub.com ; 22 Holly Mount ; 🕑 12h-23h lun-sam, 12h-22h30 dim ; ⊖ Hampstead

Tous les pubs devraient ressembler au Hollybush, caché dans une ruelle près de Heath St. Ses salles reliées les unes aux autres présentent une patine rassurante qui rappelle l'époque où les citadins bravaient les bandits de grand chemin pour venir respirer l'air de la campagne.

☒ LOCK TAVERN
Pub
☎ 7482 7163 ; www.lock-tavern .co.uk ; 35 Chalk Farm Rd ; 🕑 12h-24h

lun-jeu, 12h-1h ven-sam, 12h-23h dim ; ⊖ Camden Town ou Chalk Farm

Cadre aux couleurs sombres, canapés en cuir usés, terrasse sur le toit et musique live participent à l'ambiance urbaine de ce pub rénové, sis à l'extrémité nord de Camden.

⭐ SORTIR

⭐ BARFLY *Musique live*
☎ 0844 847 2424 ; www.barflyclub .com ; 49 Chalk Farm Rd ; 🕑 à partir de 19h30 ⊖ Chalk Farm ou Camden Town

Pour savoir qui sera en tête d'affiche au festival de Glastonbury dans deux ans, inutile d'aller plus loin que ce club de rock indé turbulent, situé au bout de Camden, côté Chalk Farm. Programmation impressionnante et volume maximum.

⭐ BOOGALOO *Musique live*
☎ 8340 2928 ; www.theboogaloo .co.uk ; 312 Archway Rd ; 🕑 18h à tard

---

CAMDEN ET LE ROCK

Camden et le rock sont aussi indissociables que Sid Vicious et les Dr Martens. Toute une génération de rockers a percé à l'Electric Ballroom et au Music Machine. Les concerts restent aujourd'hui au cœur du quartier, où des lieux comme **The Underworld** (p. 175), **Koko** (p. 174), Dingwalls et **Roundhouse** (p. 174) fournissent une scène à de nouveaux artistes alternatifs.

Camden accueille en avril le **Camden Crawl** (www.thecamdencrawl.com), deux nuits de rock non-stop au cours desquelles se déroulent quelque 130 concerts dans plus de 25 salles. Le quartier s'anime à nouveau en octobre à l'occasion des **Electric Proms** (www.bbc.co.uk/ electricproms), cinq jours de musique en tout genre au Roundhouse, au **Barfly** (ci-dessus), au Koko et ailleurs (voir p. 31).

LES QUARTIERS

CAMDEN, HAMPSTEAD ET PRIMROSE HILL

lun-ven, à partir de 14h sam et dim ;
⊖ Highgate
Cela vaut la peine de sortir sur
Archway, pour profiter des soirées
avec DJ et des concerts organisés
dans cette salle doublée d'un pub.
Son juke-box est régulièrement
reprogrammé par des stars comme
Pete Doherty et Shane MacGowan.

⭐ **DUBLIN CASTLE** *Musique live*
☎ 7485 1773 ; www.myspace.com/
thedublincastle ; 94 Parkway ;
🕐 à partir de 19h30 ; ⊖ Camden Town

**LES MEILLEURES
CHANSONS
SUR LONDRES**
Toute playlist en rapport avec Londres
ne peut être qu'éminemment subjective.
Voici néanmoins quelques titres à écouter
sur votre Mp3 en parcourant la capitale.
> *Baker Street*, Gerry Rafferty
> *Down in the Tube Station
  at Midnight*, The Jam
> *Electric Avenue*, Eddy Grant
> *I Don't Want to Go to Chelsea*,
  Elvis Costello
> *LDN*, Lily Allen
> *London Calling*, The Clash
> *Mile End*, Pulp
> *Play with Fire*, The Rolling Stones
> *Up the Junction*, Squeeze
> *Warwick Avenue*, Duffy
> *Waterloo Sunset*, The Kinks
> *West End Girls*, Pet Shop Boys
> *(White Man) in Hammersmith Palais*,
  The Clash

Un pub très grunge au palmarès
impressionnant. Madness et Travis
comptent parmi les nombreux
groupes qui ont connu leurs
premiers succès sur sa scène
minuscule. Consultez le programme
sur www.bugbearbookings.com.

⭐ **JAZZ CAFÉ**
Musique live
☎ réservations 0870 060 3777,
restaurant 7688 8899 ; www.jazzcafelive
.co.uk ; 5 Parkway ; 🕐 à partir de 19h ;
⊖ Camden Town
Des artistes aussi divers que De
La Soul, Eddy Grant ou Martha
and the Vandellas ont fait bouger
en rythme le public de ce club de
jazz enlevé proche de la station de
métro Camden. La programmation
musicale est plus mobo (musique
black) que be-bop, avec une bonne
dose de jazz-funk, de R&B et de soul.

⭐ **KOKO**
Musique live
☎ 0870 432 5527 ; www.koko.uk.com ;
1a Camden High St ; ⊖ Mornington Cres
Cet ancien théâtre victorien a
traversé les années 1970 sous le
nom de Music Machine, les années
1980 et 1990 sous celui de Camden
Palace. Rebaptisé Koko en 2004, il
figure toujours parmi les meilleurs
lieux de concerts londoniens, en
partie parce que le bâtiment a été
vraiment conçu pour le public.

⭐ ROUNDHOUSE *Musique live*

☎ 0844 482 8008 ; www.roundhouse
.org.uk ; Chalk Farm Rd ; ⊖ Chalk Farm

Dans les années 1960 et 1970, le Roundhouse accueillait le nec plus ultra du spectacle vivant. C'est ici qu'eurent lieu par exemple le seul concert des Doors au Royaume-Uni et les pièces bizarroïdes du Living Theatre of New York. Aujourd'hui, sa programmation pointue comprend aussi bien des numéros de cirque que de la musique du monde ou des groupes connus.

⭐ THE UNDERWORLD
Musique live

☎ 7482 1932 ; www.theunderworld
camden.co.uk ; 174 Camden High St ;
⊖ Camden Town

Un escalier menaçant conduit à ce haut lieu de la scène rock et gothique, au sous-sol du pub World's End. Les groupes qui jouent devant le public tout de noir vêtus portent des noms à l'image d'Aortic Dissection et de Monday Massacre (électro). Tremblez !

>GREENWICH ET DOCKLANDS

Associée à l'histoire maritime et à la royauté depuis le Moyen Âge, l'enclave de Greenwich sise dans un méandre de la Tamise joua un rôle aussi prépondérant pour le pays que Westminster et St James's. Trois chefs-d'œuvre de sir Christopher Wren, l'Old Royal Naval College, le Royal Hospital for Seamen (1692) et le célèbre Observatoire royal (1675), qui marque le méridien d'origine, dominent le paysage.

Greenwich se distingue également par ses majestueuses colonnades néoclassiques, son cadre splendide au bord du fleuve et sa vue imprenable vers l'Isle of Dogs et les gratte-ciel des Docklands depuis le sommet de Greenwich Park. Organisées autour du One Canada Square (244 m) caractéristique, ces tours de bureaux construites sur des centres commerciaux en sous-sol constituent les plus hauts bâtiments de Londres.

Le Docklands Light Railway (DLR) et les bateaux de Thames River Services (voir l'encadré p. 226) permettent de rallier facilement les Docklands et Greenwich lors d'une même excursion. Le week-end, ce dernier grouille de monde, tandis qu'un calme presque surréaliste règne sur les Docklands désertés par ceux qui y travaillent en semaine.

GREENWICH ET DOCKLANDS

👁 VOIR
Canary Wharf **1** B2
Cutty Sark **2** C5
Tunnel piétonnier de
    Greenwich **3** C5
Museum in Docklands **4** B1
National Maritime
    Museum **5** D5
Old Royal Naval College .. **6** C5
Peter Harrison
    Planetarium **7** D6
Queen's House **8** D5
Royal Naval College
    Chapel **9** D5

Royal Naval College
    Painted Hall **10** C5
Observatoire royal **11** D6

🛍 SHOPPING
Beehive .... (voir 12)
Emporium **12** C5
Greenwich Market **13** C5
Joy **14** C5
Meet Bernard **15** C5

🍴 SE RESTAURER
Inside **16** C6
Pavement Restaurants .. **17** B1

Plateau **18** B1
Royal Teas **19** C6
SE10 Restaurant & Bar .. **20** C5

🍷 PRENDRE UN VERRE
Greenwich Union **21** C6
Gun **22** C2
Trafalgar Tavern **23** D5

⭐ SORTIR
The O2 .... **24** D2

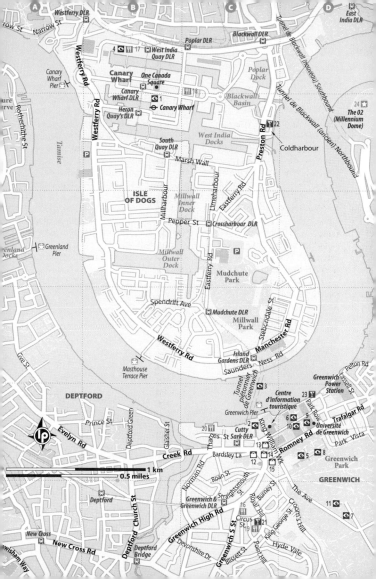

👁 VOIR
👁 CANARY WHARF

www.mycanarywharf.com ;
1 Canada Square, Docklands ;
entrée libre ; ♿ ; 🚇 Canary Wharf
Le plus haut gratte-ciel de Grande-Bretagne, One Canada Square (244 m), réalisé par Cesar Pelly, est en réalité plus impressionnant vu de loin. Même si la tour n'est pas accessible au public, cela vaut la peine de s'arrêter à la station Canary Wharf DLR pour découvrir l'architecture futuriste des Docklands et parcourir les galeries marchandes en sous-sol.

👁 CUTTY SARK

☎ 8858 2698 ; www.cuttysark.org.uk ;
Cutty Sark Gardens ; 🚇 Cutty Sark
Emblème historique de la marine britannique, ce superbe clipper du XIXᵉ siècle a été gravement endommagé par un incendie en 2007, alors même qu'il subissait un programme de rénovation. Heureusement, une grande partie des éléments en bois avaient déjà été retirés pour être sauvegardés et sont indemnes. Un vaste projet de restauration est maintenant en cours (le site Web tient le visiteur informé de la réouverture prochaine du bateau).

Canary Wharf dans la lumière de l'aube

◉ TUNNEL PIÉTONNIER DE GREENWICH

Cutty Sark Gardens ; entrée libre ; ⊗ par les escaliers 24h/24, ascenseurs 7h-19h lun-sam, 10h-17h30 dim ; ⓡ Cutty Sark
Accessible par un petit bâtiment en brique rouge coiffé d'un dôme en verre de part et d'autre de la Tamise, ce tunnel pittoresque creusé en 1902 relie Greenwich à l'Isle of Dogs. Les personnes en fauteuil roulant peuvent l'emprunter, quand les ascenseurs fonctionnent.

◉ MUSEUM IN DOCKLANDS

☎ 0870 444 3851 ; www. museumindocklands.org.uk ; Warehouse No 1, West India Quay ; adulte/étudiant et - de 16 ans/tarif réduit 5/3 £/gratuit ; ⊗ 10h-17h30 ; ⓓ ⓐ ; ⓡ West India Quay
Ce musée divertissant retrace l'histoire du commerce sur la Tamise. Outre d'excellentes sections consacrées à l'esclavage et au Blitz, la pièce maîtresse est la reconstitution d'un quai de l'époque victorienne à Wapping, avec marchands d'animaux, magasins de matériel nautique et odeurs plus vraies que nature.

◉ NATIONAL MARITIME MUSEUM

☎ 8312 6565 ; www.nmm.ac.uk ; Romney Rd ; entrée libre, prix variables pour les expositions temporaires ; ⊗ 10h-17h ; ⓓ ⓐ ; ⓡ Cutty Sark

LE MÉRIDIEN DE GREENWICH

Le temps universel et tous les points situés dans les hémisphères Est et Ouest de la terre sont mesurés à partir du point de longitude 0 à l'Observatoire royal de Greenwich. Initialement conservé par des horloges mécaniques, le temps universel l'est désormais par une horloge atomique d'une extrême précision (elle ne perd qu'une seconde tous les millions d'années). Le méridien d'origine étant davantage un concept qu'une entité physique, l'Observatoire a rendu son tracé visible grâce à un laser de couleur verte qui traverse le ciel nocturne et peut être aperçu à 15 km de distance.

Rendu plus vivant par des dioramas et de vrais bateaux, ce musée à succès montre aussi des maquettes, des tableaux et des objets de marine. On peut notamment traverser la reconstitution d'un paquebot des années 1940 et voir l'uniforme taché de sang de l'amiral Nelson, tué à la bataille de Trafalgar. Des peintures sont exposées dans la **Queen's House** attenante dessinée par Inigo Jones, dont les bâtiments de l'autre côté du fleuve furent en grande partie détruits lors du grand incendie de 1666.

◉ OLD ROYAL NAVAL COLLEGE

☎ 8269 4799 ; www.oldroyalnaval college.org ; King William Walk ; entrée

libre ; ⏱ 10h-17h lun-sam, parc 8h-18h dim ; ♿ ; 🚇 Cutty Sark

L'ancien Naval College, occupé essentiellement par l'université de Greenwich, compte parmi les prestigieux bâtiments municipaux conçus par sir Christopher Wren. Ne manquez pas la chapelle rococo et le Painted Hall décoré d'étonnantes fresques baroques dues à sir James Thornhill. Des scènes des films *Les Promesses de l'ombre* et *À la croisée des mondes : la boussole d'or* ont été tournées ici.

◉ OBSERVATOIRE ROYAL

☎ 0870 781 5168 ; www.nmm.ac.uk ; Greenwich Park ; entrée libre sauf planétarium ; ⏱ 10h-17h oct-mai, cour jusqu'à 20h mai-août ; ♿ ; 🚇 Cutty Sark

Qu'il pleuve ou qu'il vente, une file de gens attend toujours de se faire photographier en train d'enjamber le méridien d'origine, un pied dans l'hémisphère Ouest, l'autre dans l'hémisphère Est. Parmi les choses les plus intéressantes figurent le **planétarium Peter Harrison** à l'architecture futuriste, la lunette d'approche et les quatre chronomètres qui permirent à John Harrison de calculer la longitude.

🛍 SHOPPING

🛍 BEEHIVE *Vintage*

☎ 8858 1964 ; www.flying-duck.com ; 320-322 Creek Rd ; ⏱ 10h30-18h lun-

ven, 10h30-18h30 sam-dim ; 🚇 Cutty Sark

Assorti d'un café et d'un magasin de disques d'occasion, ce temple du kitsch mène la tendance rétro bobo qui déferle sur Greenwich. On rentre pour boire un café et l'on ressort avec une robe *mods* des années 1950 ou un téléphone en bakélite.

🛍 EMPORIUM *Mode*

☎ 8305 1670 ; 330-332 Creek Rd ; ⏱ 10h30-18h mer-dim ; 🚇 Cutty Sark

Austin Powers adorerait cette boutique de vêtements griffés vintage qui regorge de chemises à fanfreluches et de vestes d'intérieur bleu électrique. Les modèles de couturiers célèbres se vendent toutefois à des prix très actuels.

🛍 GREENWICH MARKET *Mode*

☎ 8293 3110 ; www.greenwichmarket .net ; College Approach ; ⏱ 9h30-17h30 ven-dim, à partir de 7h30 jeu ; 🚇 Cutty Sark

Londres a une demi-douzaine de marchés qui vendent des objets d'art et d'artisanat destinés aux touristes. Si celui de Greenwich mérite quand même le coup d'œil, ne vous attendez à rien de transcendant.

🛍 JOY *Mode et décoration*

☎ 8293 7979 ; www.joythestore.com ; 9 Nelson Rd ; ⏱ 10h-19h30 ; 🚇 Cutty Sark

Bien qu'appartenant à une chaîne, Joy ne manque pas d'originalité. Les vêtements branchés pour hommes et femmes y côtoient de curieux bouquins, des articles pour la maison impertinents et des babioles qui feront la joie des enfants à Noël.

🏠 MEET BERNARD *Mode*
☎ 8858 4047 ; www.meetbernard.com ; 23 Nelson Rd ; 🕑 10h-18h ;
🚇 Cutty Sark

Qui est Bernard ? Mystère. Cette boutique déborde de vêtements de créateurs, soigneusement sélectionnés à l'intention des jeunes hommes tendance.

🍴 SE RESTAURER

Le rond-point de Greenwich abrite quantité de chaînes quelconques, le West India Quay des Docklands, des restaurants d'entreprise en terrasse. Les tables suivantes, installées dans des petites rues, sont préférables.

🍴 INSIDE
Européen moderne ££
☎ 8265 5060 ; www.insiderestaurant .co.uk ; 19 Greenwich South St ; 🕑 12h-14h30 mar-dim, 18h30-23h mar-sam ;
🚇 Cutty Sark

Une adresse gastronomique inattendue dans le secteur le plus

Élégance discrète et cuisine haut de gamme à l'Inside

ordinaire de Greenwich. Salle à l'élégance discrète et cuisine haut de gamme axée sur les fruits de mer et les viandes de petits producteurs locaux.

🍴 PLATEAU *Britannique* £££

☎ 7719 7800 ; www.danddlondon.com ; Canada Place ; ☎ 12h-15h lun-ven, 18h-22h30 sam ; 🚇 Canary Wharf

Au 4e étage, au-dessus de l'hypermarché Waitrose, le restaurant de Terence Conran est sans doute le plus classe des Docklands. Découvrez une haute cuisine dans un décor futuriste (mobilier design monochrome).

🍴 ROYAL TEAS *Végétarien* £

☎ 8691 7240 ; www.royalteascafe .co.uk ; 76 Royal Hill ; ☎ 9h30-17h30 lun-ven, 10h-18h sam, 10h30-18h dim ; 🇻 ; 🚇 Cutty Sark

Un petit établissement charmant qui sert du café, de superbes gâteaux, de copieux petits-déjeuners, des sandwichs à la baguette et des soupes réconfortantes. Idéal pour échapper à la foule de Greenwich.

🍴 SE10 RESTAURANT & BAR *Britannique* ££

☎ 8858 9764 ; www.se10restaurant .co.uk ; 62 Thames St ; ☎ 12h30-15h30 et 19h-22h lun-sam, 10h30-16h dim ; 🚇 Cutty Sark

Dissimulé derrière un complexe immobilier à l'ouest du Cutty Sark, cet ancien pub offre une interprétation décontractée de la gastronomie. Sa carte britannique moderne trahit des influences asiatique et méditerranéenne.

🍸 PRENDRE UN VERRE

🍸 GREENWICH UNION *Pub*

☎ 8692 6258 ; www.greenwichunion .com ; 56 Royal Hill ; 🚇 Greenwich

---

LES DOCKS AU CINÉMA

L'Isle of Dogs a figuré dans un nombre surprenant de films durant la période qui l'a vu passer de l'état de friche industrielle à celui de centre financier à l'architecture futuriste. Le délabrement des docks était tel en 1987 que Stanley Kubrick choisit le site pour des scènes de *Full Metal Jacket* censées se dérouler dans le Vietnam en guerre. Lors du boom économique de la période Thatcher, les docks furent transformés en immeubles de bureaux et en appartements pour yuppies. La course à la réussite et au profit caractéristique de cette époque a été brillamment rendue dans le thriller *Du sang sur la Tamise* (1980). Le Millennium Dome a été le théâtre d'une course-poursuite spectaculaire en hors-bord dans le James Bond *Le monde ne suffit pas* (1999). Enfin, Canary Wharf a incarné plus récemment le dernier espoir de Londres infecté par un virus dans l'apocalyptique *28 semaines plus tard* (2007).

Laissez tomber les pubs touristiques autour du parc au profit de cet établissement distingué. La brasserie Meantime installée sur place fabrique d'excellents produits, notamment une robuste bière brune, et des variétés aux fruits à la manière belge.

☿ THE GUN Gastropub
☎ 7515 5222 ; www.thegundocklands .com ; 27 Coldharbour ; Ⓡ Blackwall ou Canary Wharf

Docklands est le fief des chaînes, mais vous pourrez commander une honnête pinte et de délicieux plats britanniques dans ce pub de dockers rénové au bord de la Tamise, face au Millennium Dome.

☿ TRAFALGAR TAVERN Pub
☎ 8858 2909 ; www.trafalgartavern .co.uk ; Park Row ; Ⓡ Cutty Sark

La vue splendide justifie les prix élevés de ce majestueux pub victorien au bord de l'eau. Les tables en salle et en terrasse donnent en effet sur les gratte-ciel des Docklands qui s'élèvent de l'autre côté de la Tamise.

SORTIR

☆ THE O2 Concerts
☎ 8463 2000 ; www.theo2.co.uk ; Drawdock Rd, Greenwich ; Ⓡ North Greenwich ou bateau jusqu'à l'embarcadère QEII

L'ancien Millennium Dome est devenu un immense complexe de loisirs doté d'un cinéma multiplexe, d'un lieu d'exposition (O2 Bubble) et de deux salles de concerts (Indigo2 et O2) qui accueillent des vedettes comme James Blunt et Tina Turner.

Londres est une ville aux multiples facettes. Que vous vous intéressiez à l'architecture ou à la musique, que vous privilégiez les musées ou le shopping, ou que vous veniez pour le théâtre, les discothèques ou la scène gay, Londres vous offrira un choix inégalé et vous permettra de vivre pleinement vos envies.

Pause détente dans la bousculade de Broadway Market (p. 150)

ALIMENTATION

La restauration à Londres ne se limite plus à l'alternative entre une table guindée avec des couverts en argent et une assiette de frites dans un boui-boui. Ces dernières années, la cuisine britannique moderne a su s'imposer parmi les grandes cuisines d'Europe. Même les chefs français sont concurrencés par Gordon Ramsay (voir l'encadré p. 98), Tom Aikens (voir l'encadré p. 130) et leurs émules.

Il faut noter deux choses importantes concernant la restauration londonienne comparée à celle d'autres villes du monde : primo, les végétariens bénéficient d'une offre variée (voir les rubriques *Se restaurer* de chaque quartier). Secundo, ce ne sont pas les établissements tape-à-l'œil qui préparent la cuisine la plus remarquable, mais parfois de petites adresses sans prétention, dans des quartiers périphériques à forte population étrangère.

Pour goûter, par exemple, des spécialités turques de grande qualité, il faut se rendre à Islington (p. 162) ou à Hackney (p. 151), qui abrite aussi les meilleures tables vietnamiennes (voir l'encadré p. 153). Les amateurs de grillades coréennes trouveront leur bonheur dans les ruelles de Soho (p. 53) et de Holborn (p. 66). Les restaurants chinois se concentrent surtout dans Gerrard St et Lisle St à Chinatown (p. 52), ainsi que dans Queensway à Bayswater (p. 137).

Le nec plus ultra de la gastronomie indienne – ou plus exactement, bangladaise et pakistanaise – vous attend à l'est dans le secteur de Commercial Rd et Whitechapel Rd (voir l'encadré p. 152), la cuisine britannique moderne à Soho et dans le triangle Knightsbridge-Chelsea-Kensington (p. 128). Edgware Rd (p. 118) est le fief incontesté des chefs libanais.

Les nombreux *gastropubs*, ces pubs qui ont troqué la carte *pie and chips* contre des plats plus raffinés, constituent une autre option pour se régaler. Bien que l'épicentre du phénomène se situe à Clerkenwell (voir l'encadré p. 67), on peut maintenant manger du *pub grub* haut de gamme aussi loin qu'à Notting Hill (Cow, p. 138) et aux Docklands (The Gun, p. 183).

Le paysage culinaire londonien évolue sans cesse. Longtemps impressionnés par des restaurants de la Baltique, comme Daquise (p. 129), Baltic (p. 80) et Trojka (p. 172), les experts se demandent quel va être l'effet produit sur la cuisine de la capitale par l'arrivée récente d'immigrés polonais et originaires de l'Europe de l'Est.

LES GASTROPUBS
> Anchor & Hope (p. 80)
> Eagle (p. 67)
> Gun (p. 183)
> Wells (p. 172)

LES MEILLEURES ADRESSES PEOPLE
> Gordon Ramsay (p. 129)
> The Ivy (p. 54)
> Wolseley (p. 100)

LES CHAÎNES
> Carluccio's (p. 53)
> Ottolenghi (p. 162)
> Wagamama (p. 109)

CÔTÉ CUISINE ASIATIQUE
> Painted Heron (p. 130)
> Hakkasan (p. 108)
> Nahm (p. 99)
> Nobu (p. 99)

En haut à gauche La salle raffinée du Boxwood Café de Gordon Ramsay (p. 130) **Ci-dessus** Café de l'East End

ARCHITECTURE

Alors que certaines villes affichent un style architectural unifié, Londres n'a pas bénéficié pour sa part d'une réelle planification urbaine et résulte des aléas de 2 000 ans d'histoire. Si l'on devait désigner un type de bâtiment typiquement londonien, cela serait sans doute la haute demeure georgienne, présente partout dans le West End et à West London. Ces jolis hôtels particuliers sont en effet emblématiques d'une ville sur la pente ascendante, où même l'habitat faisait l'objet d'une ornementation.

Étant donné que plus d'un million de bombes sont tombées sur Londres durant la Seconde Guerre mondiale, on peut s'étonner que de nombreux monuments remarquables aient survécu. On trouve toutefois peu de vestiges antérieurs au XVIIe siècle, en raison du grand incendie de 1666. Plusieurs œuvres du célèbre architecte Inigo Jones (1573-1652) ont pourtant résisté au temps, notamment Covent Garden Piazza (voir l'encadré p. 49) et la splendide Queen's House à Greenwich (p. 179).

Il existe également quelques trésors plus anciens : la Tour de Londres (p. 64) date en partie du XIe siècle, l'abbaye de Westminster (p. 92) et Temple Church (voir l'encadré p. 62) du XIIe au XIIIe siècle, le bâtiment d'entrée de l'église St Bartholomew the Great (p. 63) de 1595.

Après l'incendie, le renommé sir Christopher Wren fut chargé de superviser la reconstruction, mais son projet grandiose, fondé sur de larges avenues symétriques, fut écarté. Il dota néanmoins la capitale de monuments splendides, dont la cathédrale Saint-Paul (p. 63), le Royal Naval College de Greenwich (p. 176) et moult églises de la City (p. 70).

Disciple de Wren, Nicholas Hawksmoor rejoignit James Gibb dans son travail sur le baroque anglais. Celui-ci trouve sa plus belle expression dans la Christ Church à Spitalfields (p. 146) et l'église St Martin-in-the-Fields à Trafalgar Sq (p. 47). Parallèlement, des traces du classicisme d'Inigo Jones perdurèrent, évoluant vers le style néopalladien à l'époque georgienne.

Comme Wren avant lui, l'architecte georgien John Nash tenta d'imposer une certaine symétrie dans le plan urbain désordonné et y parvint un peu mieux que son prédécesseur. Il réalisa l'aménagement de Trafalgar Sq et la galerie courbe de Regent St. D'un style similaire, les places de St James's (p. 86) figurent aujourd'hui encore parmi les plus beaux espaces publics de Londres – rien d'étonnant donc à ce que la reine Victoria se soit installée en 1837 dans le palais de Buckingham (p. 87), vacant depuis peu.

Sous le règne victorien, le pragmatisme se substitua aux projets grandioses. Les bâtiments publics se devaient de refléter la gloire de l'Empire, tout en étant accessibles au peuple. Les musées de Kensington (p. 16) et les St Pancras Chambers (p. 160) incarnent à merveille le style néogothique de cette période, caractérisé par des tours, tourelles et voûtes en ogive. Dans le même temps apparurent des rangées de maisons populaires, qui valent désormais quelque 400 000 à 900 000 £.

Après le bref engouement pour l'Art déco, qui précéda la Seconde Guerre mondiale, la ville confrontée aux impératifs de la reconstruction fut marquée par un modernisme fonctionnel. Vint ensuite la réhabilitation des Docklands (p. 176), débarrassés de leurs maisons ouvrières et de leurs entrepôts pour accueillir des gratte-ciel et des lofts destinés aux yuppies de l'ère Thatcher.

L'approche du deuxième millénaire fut l'occasion de redéfinir Londres par un ensemble de constructions de grande envergure, à l'image de la London Eye (p. 10) érigée sur la rive sud de la Tamise. Si le "Gherkin" (voir l'encadré p. 65) de Norman Foster inaugura par la suite une série de gratte-ciel, la volonté d'ouvrir de nouveaux chantiers se heurte actuellement à la réprobation de l'Unesco et des gardiens du patrimoine architectural londonien – pour plus de détails, lire l'encadré p. 65.

LES TRÉSORS HISTORIQUES
> Palais de Buckingham (p. 87)
> Houses of Parliament (p. 90)
> Cathédrale Saint-Paul (p. 63)
> Tour de Londres (p. 64)
> Abbaye de Westminster (p. 92)

LES ICÔNES DU XXIe SIÈCLE
> City Hall (p. 73)
> Gherkin (p. 65)
> Millennium Bridge (p. 76)
> Tate Modern (p. 79)

Ci-dessus Vue sur le Gherkin (p. 65) et les gratte-ciel depuis le restaurant Vertigo 42 (p. 69)

MUSÉES ET GALERIES

Depuis les gentlemen collectionneurs de l'époque georgienne, la Grande-Bretagne joue dans la cour des grands en matière de musées. Même des fleurons nationaux comme le British Museum (p. 104) s'organisèrent à l'origine autour de collections privées, en l'occurrence celle du médecin et philanthrope Hans Sloane, inventeur du chocolat au lait. Il compte aujourd'hui 13 millions de pièces provenant du monde entier, notamment des objets emblématiques, comme les marbres du Parthénon et la pierre de Rosette. Quelques musées originaux rappellent encore l'âge d'or de ces riches excentriques. C'est le cas en particulier du Sir John Soane's Museum (p. 62), de la Wellcome Collection (p. 104) et du Hunterian Museum (p. 59).

Les musées de Kensington – le Natural History Museum (p. 124), le Science Museum (p. 125) et le Victoria & Albert Museum (V&A, p. 126) – figurent sans doute parmi les plus connus de Londres et font des efforts louables d'accessibilité. Le Science Museum a adopté des formes innovantes pour présenter les idées scientifiques, comme en témoigne l'excellente exposition Dan Dare de 2008 utilisant un personnage de bande dessinée. Le Natural History Museum a ouvert au public les spécimens conservés dans le formol du Darwin Centre en cours d'agrandissement. Enfin, le V&A, jadis immuable a l'air plus pimpant et plus audacieux que jamais.

Il ne faudrait pas négliger pour autant les petits musées. Le Museum of London (p. 62) et le Museum in Docklands (p. 179) illustrent des événements historiques d'une manière moderne et engageante qui leur vaut une reconnaissance croissante. On peut aussi louer l'existence de curiosités, comme le Pollock's Toy Museum (p. 104), l'Old Operating Theatre Museum (p. 78) et la Wallace Collection (p. 115).

New York et Paris regroupent davantage d'œuvres célèbres, mais Londres excelle dans sa façon de les dévoiler au grand public. La remarquable Tate Modern (p. 79) doit se doter d'une nouvelle aile futuriste en 2010, et même la très sclérosée Tate Britain (p. 126) change ses habitudes en montant des expositions d'art conceptuel (voir l'encadré p. 127).

Ailleurs, le White Cube (p. 93 et p. 147) continue de faire parler de lui, en exposant les réalisations parfois complaisantes des Young British Artists. Dans sa galerie (p. 125), le magnat de la publicité Charles Saatchi, expose des artistes plasticiens contemporains issus de diverses cultures (Chine, Moyen-Orient…). Certaines des créations les plus attachantes peuvent toutefois être admirées en dehors des musées et galeries traditionnels. Nous aimons, par exemple, la fresque satirique One Nation under CCTV, dans Newham St, que le graffeur Banksy (voir l'encadré p. 147) a peinte sous l'œil des caméras de surveillance (CCTV).

Dans le même temps, les grandes galeries londoniennes organisent moins d'expositions à succès d'artistes de renom au profit de thématiques plus originales. La Tate Britain a prouvé récemment qu'elle était toujours à la pointe avec *When Human Walk the Earth,* des frères Chapman et une rétrospective du prix Turner. De son côté, la Royal Academy of Arts (p. 91) s'est intéressée à Cranach ainsi qu'aux peintures françaises et russes de Moscou et Saint-Pétersbourg. Fidèle à son nouvel esprit plus ludique, le V&A a donné à voir les costumes extravagants de Diana Ross et des Supremes.

Un phénomène récent consiste à organiser des expositions très en vue hors des lieux établis. Le trésor de Toutankhamon a ainsi été présenté dans le lieu de concerts The O2 (p. 183), les œuvres de Dalí à la galerie County Hall (p. 73). Il y a peu, nous avons pu apprécier au British Museum les guerriers chinois en terre cuite, et à la Wellcome Collection, 26 squelettes antiques découverts dans les environs de Londres.

Pour connaître les événements en cours, consultez les sites www.visitlondon.com, www.thisislondon.co.uk et www.guardian.co.uk.

LES GRANDES EXPOSITIONS
> National Gallery (p. 46)
> Royal Academy of Arts (p. 91)
> British Museum (p. 104)
> Tate Britain (p. 125)

RESSUSCITÉE
> Saatchi Gallery (p. 125)

ART CONCEPTUEL CONTROVERSÉ
> Tate Modern (p. 79 ; photo ci-dessus)
> White Cube (p. 93 et p. 147)

DU CÔTÉ DE L'AVANT-GARDE
> Institute of Contemporary Arts (p. 91)
> Serpentine Gallery (p. 126)
> Whitechapel Art Gallery (p. 147)

VILLAGES DE LONDRES

Afin de comprendre comment Londres est agencé, il faut s'intéresser à la façon dont la ville a évolué. N'ayant jamais fait l'objet d'un plan d'urbanisme cohérent, la ville a simplement débordé de son enceinte romaine avant d'absorber les parcs, les terres agricoles et les villages alentour pour loger sa population en pleine croissance.

Bien qu'ils soient désormais intégrés à l'agglomération urbaine, beaucoup d'anciens villages ont conservé une atmosphère campagnarde, avec de vastes parcs publics et des rues principales pittoresques bordées de petits magasins indépendants. Ils comptent parmi les lieux de résidence les plus prisés, leur côté bohème les distinguant du reste de la métropole.

Sans doute le plus connu d'entre eux, Greenwich (p. 176) abrite des ruelles sinueuses, des boutiques et cafés charmants, des pubs rustiques et l'immense Greenwich Park. Les habitants du nord de Londres éprouvent une affection particulière pour Hampstead (p. 168), qui semble encore à mille lieues de la métropole. Au XVIIIe siècle, les résidents de la City bravaient les chemins de terre et les brigands pour rejoindre son paysage vallonné et ses tavernes distinguées.

Inutile de se rendre en banlieue pour trouver des villages. Primrose Hill (p. 166) constitue un spécimen classique du genre, bordé de cafés culturels et de petits commerces, le long de la colline menant à Regent's Park (p. 115). De même Islington (p. 158), où des restaurants, boutiques et cafés originaux jalonnent Upper St et les abords d'Islington Green. L'ambiance villageoise existe jusque dans le centre. Marylebone (p. 112), par exemple, possède des épiceries en gros et de minuscules échoppes. Même Bermondsey (p. 84), dans le South Bank, s'en rapproche grâce à sa rue principale regroupant de nombreuses tables gastronomiques et un petit parc.

LES PLUS BEAUX ESPACES VERTS

> Hampstead Heath (p. 168)
> Greenwich Park (p. 176)
> Regent's Park, Marylebone (p. 115)

LES MEILLEURES TABLES

> Inside (p. 181), Greenwich
> Locanda Locatelli (p. 118), Marylebone
> Ottolenghi (p. 162), Islington
> Village East (p. 84), Bermondsey
> Trojka (p. 172), Primrose Hill

SHOPPING

Beaucoup vont à Londres uniquement pour le shopping, plus attirés par le choix impressionnant que par les bonnes affaires. Malgré les chaînes, la capitale britannique se distingue par ses petites boutiques indépendantes. Même des couturiers de réputation mondiale comme Stella McCartney et Matthew Williamson ont un magasin unique, où l'on peut découvrir le dernier cri de la haute couture sans le snobisme des grandes maisons.

La mode représente sans doute la principale activité commerciale. Londres lance les tendances depuis que Mary Quant a inventé la minijupe, et les modèles des stylistes connus ne tardent pas à se retrouver dans la rue. Tandis que Mayfair (p. 93) s'adresse à une clientèle haut de gamme, Primark (p. 96) s'en inspire pour proposer des vêtements similaires à petits prix.

Hoxton (p. 147) est à l'avant-garde, faisant et défaisant les modes en un clin d'œil. À l'opposé, les grands magasins chics – Harrods (p. 127), Selfridges (p. 116) et Fortnum & Mason (p. 94) – affichent un certain classicisme. Si vous voulez faire des folies, prévoyez un séjour durant les soldes de juin et juillet.

Londres contredit sa réputation de désert gastronomique, avec plusieurs excellents marchés d'alimentation – Borough Market, en particulier (p. 79) – et des dizaines d'épiceries fines qui vendent de la charcuterie, de bons fromages et autres produits du terroir. Ne négligez pas les autres marchés, dont les meilleurs se concentrent dans l'East End (voir l'encadré p. 150), à Notting Hill (p. 136) et à Camden (p. 169).

MARCHÉS INTÉRESSANTS
> Borough Market (p. 79)
> Columbia Road Flower Market
  (voir l'encadré p. 150)
> Portobello Rd Market (p. 136)
> Camden Markets (p. 169)

MODE URBAINE
> Absolute Vintage (p. 147)
> Retro Clothing (voir l'encadré p. 137)
> Laden Showrooms (p. 148)
> Start (p. 148)

THÉÂTRE

Avec Broadway à New York, Londres est la principale scène théâtrale de langue anglaise. Certains visiteurs effectuent même le voyage juste pour assister à une comédie musicale dans le West End (p. 24). Les spectacles vont du sublime – *Le Lac des cygnes* masculin de Michael Bourne – à l'enthousiasmant – *Les Misérables,* qui bat tous les records de longévité – en passant par le surfait – *Spamalot* d'Eric Idle, qui exploite la veine des Monty Python.

Les domaines de la danse et de l'art dramatique produisent des créations encore plus passionnantes. Kevin Spacey a finalement trouvé ses marques à l'Old Vic (p. 84), tandis que Nicholas Hytner et David Lan attirent de nouveaux talents prometteurs au National Theatre (p. 83) et au Young Vic (p. 85). Pendant ce temps, Sadler's Wells (p. 70) continue de dominer le secteur de la danse, offrant un lieu d'expression à des formes artistiques étrangères comme le kabuki japonais.

Le West End lui-même semble prendre quelques risques. Ainsi, les critiques n'en finissent pas d'encenser le récent opéra pop *Monkey: Journey to the West* de Damon Albarn et Jamie Hewlett à la Royal Opera House (p. 57). Mais les vétérans demeurent, notamment *Phantom of the Opera*, qui remplit toujours Her Majesty's Theatre, et les pièces de Shakespeare mises en scène tel qu'à l'origine au Globe Theatre (p. 84). Pour connaître l'affiche, consultez le site www.officiallondontheatre.co.uk.

PIÈCES CLASSIQUES
> National Theatre (p. 83)
> Shakespeare's Globe
  (p. 84 ; photo ci-contre)

SCÈNES AVANT-GARDISTES
> Almeida Theatre (p. 164)
> Donmar Warehouse (p. 55)
> Old Vic (p. 84)
> Royal Court Theatre (p. 133)
> Young Vic (p. 85)

SCÈNE GAY ET LESBIENNE

À Londres, la communauté gay et lesbienne montre clairement son importance. À voir la profusion d'établissements spécialisés en ville, on ne dirait pas que la légalisation de l'homosexualité date seulement de 1967. Elle s'affiche aujourd'hui avec fierté – les cas de discrimination sont rares et le harcèlement davantage encore. Homos et hétéros se côtoient dans les bars et les clubs.

La première destination qui s'impose est Old Compton St (p. 42), à Soho, où règne de jour comme de nuit une ambiance de carnaval et dont les cafés en terrasse offrent un poste stratégique pour observer le défilé des jolis garçons. Des bars, pubs et boutiques gays jalonnent toute la rue. On peut s'y procurer *Boyz, QX* et autres journaux gratuits, ainsi que des magazines comme *Attitude, Gay Times* ou *Diva,* qui fournissent des tuyaux sur le milieu.

La boîte gay la plus célèbre, Heaven (voir l'encadré p. 56), se situe à Charing Cross sous les arches de la voie ferrée mais il en existe beaucoup d'autres dans les ruelles de Soho et du West End. On trouve aussi un groupe de discothèques au sud de la Tamise, dans le secteur surnommé "Vauxhall Village" (voir l'encadré p. 82), et un plus discret à Kensington, le long d'Old Brompton Rd (p. 131).

Même si certains déplorent son mercantilisme, la scène homosexuelle londonienne, assez diversifiée, ne déverse pas uniquement de la techno grand public pour une clientèle exhibant sa plastique musclée. Les amateurs de rock indé, de musiques alternatives et même de heavy metal ne sont pas oubliés lors de soirées comme la fameuse Popstarz du SIN (voir l'encadré p. 56).

POUR S'ÉCLATER SUR LA PISTE
> Heaven (voir l'encadré p. 56)
> South Central (voir l'encadré p. 82)
> Soirée Popstarz au SIN
  (voir l'encadré p. 56)

CABARETS GAYS
> Bistrotheque Cabaret (p. 151)
> Royal Vauxhall Tavern
  (voir l'encadré p. 82)
> Circus, Soho Revue Bar
  (voir l'encadré p. 56)

CLUBBING

Rares sont les villes à pouvoir rivaliser avec Londres par le nombre de clubs et de soirées. En outre, aucune n'offre une telle diversité de genres musicaux : disco, soul, house, rock indé, funk, punk, R&B, drum 'n' bass, hip-hop, électro et techno, pour n'en citer que quelques-uns. Il y a même quelques soirées consacrées à la pop russe !

Le West End présente la plus forte concentration de boîtes et de bars, mais la soûlographie ambiante et l'absence de toilettes publiques (avec les conséquences que cela implique) gâchent un peu la fête. À l'écart du centre, les bars et discothèques de Clerkenwell (p. 70) et de Notting Hill (p. 139) garantissent en revanche de passer un bon moment. La scène la plus originale se trouve sans doute à Hoxton (p. 154), à condition de supporter l'extrême branchitude.

Les rockers se rendent à Camden, où des lieux comme le Koko (p. 174) et le Barfly (p. 173) programment des DJ et des concerts de groupes indé. Les fans de danse urbaine préfèrent quant à eux l'ambiance du End (p. 56) et du Egg (p. 164), dont la soirée du samedi Breakfast at Egg se prolonge par un after le dimanche matin.

Le code vestimentaire varie du classique au chic décontracté en passant par toutes sortes de looks. D'une façon générale, mieux vaut adopter la même tenue que la clientèle de l'endroit pour éviter d'être refoulé à l'entrée. Pour le programme des soirées, consultez le site www.dontstayin.com ou l'hebdomadaire *Time Out* (2,99 £).

LES DJ CÉLÈBRES
> Egg (p. 164)
> End (p. 56)
> Fabric (p. 70)
> Ministry of Sound (p. 83)

UNE PROGRAMMATION ÉCLECTIQUE
> Barfly (p. 173)
> Big Chill Bar (p. 154)
> Cargo (p. 156)
> Koko (p. 174)

MUSIQUE

Si des groupes comme Madness, les Sex Pistols et les Pogues viennent immédiatement à l'esprit quand on parle de la scène musicale londonienne, la ville a aussi produit des musiciens de talent dans les siècles passés. Georg Friedrich Haendel, par exemple, composa certains de ses plus célèbres oratorios dans sa maison de Mayfair, entre 1723 et 1759.

Sans doute l'événement majeur du calendrier classique, les Proms (p. 30) ont étendu leur répertoire ces dernières années pour satisfaire un plus large public. Ainsi, un précédent programme a inclus les musiques de la série télévisée de science-fiction *Doctor Who* présentées au Royal Albert Hall (p. 132). The Royal Festival Hall (p. 85) a également surpris en choisissant Motorhead lors de son grand concert de réouverture en 2007.

La scène rock affiche une vigueur inédite et se frotte à d'autres styles musicaux. Des lieux réputés à l'image du Barfly (p. 173), du Dublin Castle (p. 174) et du Old Blue Last (p. 157) continuent d'accueillir de jeunes talents.

Parallèlement, le jazz suit son petit bonhomme de chemin, notamment au Ronnie Scott's (p. 57) et au 100 Club (p. 110). À Camden, le Jazz Café (p. 174) sort de la définition stricte du genre avec des artistes MOBO comme Finley Quaye et De La Soul.

AIMANTS À STARS

> Brixton Academy (p. 83)
> Koko (p. 174)
> Ronnie Scott's (p. 57)
> Royal Albert Hall (p. 132)
> Shepherd's Bush Empire (p. 133)

REPAIRES UNDERGROUND

> Barfly (p. 173)
> Boogaloo (p. 173)
> Dublin Castle (p. 174)
> The Old Blue Last (p. 157)

LONDRES AU FIL DE L'EAU

La Tamise a toujours été la raison d'être et l'âme de Londres. Sans elle, les Romains n'auraient pas fondé Londinium et la ville ne serait pas devenue un centre marchand prospère. Il devait être impressionnant de voir les imposants bateaux amarrés le long des docks jusqu'au tournant du XXe siècle.

Cent ans plus tard, les Londoniens n'utilisent plus guère leur fleuve. S'il existe encore quelques services de transport fluvial, les touristes forment la majeure partie des deux millions de personnes qui naviguent chaque année sur la Tamise. Actuellement, des projets visent à augmenter considérablement les lignes de ferry (voir l'encadré p. 226) dans la perspective des Jeux olympiques de 2012.

Suite au déclin du port de Londres à partir des années 1960, les docks sont tombés en ruine, et même les centres artistiques construits le long du South Bank (p. 85) dans les années 1950 sombraient dans la grisaille. La réhabilitation des Docklands (p. 176) s'est enclenchée début 1990, quand la génération des yuppies a investi dans les tours de bureaux et les lofts.

L'installation de la London Eye (p. 76) en 2000 a inauguré la renaissance des berges de la Tamise. La grande roue a bientôt été rejointe par le Millennium Bridge (p. 76), la Tate Modern (p. 79) et le City Hall (p. 73). En dépit de cela, les sites les plus charmants restent les moins occupés. La rive sur laquelle se dresse l'Old Royal Naval College (p. 179), à Greenwich, n'a en effet que très peu changé depuis trois siècles.

LES PLUS BELLES PERSPECTIVES
> London Eye (p. 76)
> Millennium Bridge (p. 76)
> Tate Modern (p. 79)
> Thames Path, Southbank (p. 80)
> The Tate boat (p. 126)

LES MONUMENTS HISTORIQUES
> Museum in Docklands (p. 179)
> Old Royal Naval College (p. 179)
> Tower Bridge (photo ci-contre ; p. 64)
> Tour de Londres (p. 64)

AVEC DES ENFANTS

L'idée que les enfants ne doivent pas broncher a heureusement disparu avec l'époque victorienne. Londres devient chaque année plus accueillant pour eux, offrant des activités nouvelles et des manifestations spéciales dans les musées et les monuments. Il ne faut pas oublier toutefois que la foule et les longues marches qu'implique la visite de la ville fatiguent vite les petits. En conséquence, ne prévoyez pas des journées trop chargées et ménagez des moments de repos dans les parcs (p. 15).

Une nuit au Science Museum ou au Natural History Museum (voir l'encadré p. 125) constitue une excellente idée, mais vous devrez pour cela réserver plusieurs mois à l'avance. Le Museum of London (p. 62) et le Museum in Docklands (p. 179) proposent aussi des activités intéressantes, le Natural History Museum (p. 124) des sacs à dos d'explorateur pour les moins de sept ans. La plupart des attractions appliquent un tarif famille et des réductions pour les moins de 15 ou 16 ans (et généralement gratuit jusqu'à 5 ans).

En matière de déplacements, les bus conviennent davantage aux enfants que le métro, surtout parce qu'ils permettent d'apercevoir les sites au passage. Les circuits en bus à impériale amusent toujours les familles (p. 224). Les 5 à 10 ans peuvent emprunter gratuitement les transports publics, à condition d'être accompagnés d'un adulte. Les 11 à 15 ans munis d'une Oyster Card ne paient pas dans le bus (www.tfl.gov.uk). Les transports fluviaux pratiquent également des réductions.

POUR LES JEUNES ESPRITS CURIEUX
> British Museum (p. 104)
> Natural History Museum (p. 124)
> Pollock's Toy Museum (p. 104)
> Science Museum (p. 125)
> V&A Museum of Childhood (p. 157)

POUR FAIRE UNE PAUSE
> Giraffe (photo ci-contre ; p. 152)
> Hyde Park et Kensington Gardens (p. 121)
> London Zoo (p. 114)
> St James's Park (p. 91)

SPORT

Pour apprécier pleinement ce qu'éprouvent les Londoniens devant le sport, vous devez impérativement visionner la victoire des Tottenham Hotspurs lors de la Coupe d'Angleterre de football en 1981. Ce sont en effet des fans invétérés du ballon rond, et les matchs qui se déroulent dans les stades des cinq clubs de la ville lors du championnat passionnent les foules.

Les Tottenham Hotspurs s'opposent farouchement à Arsenal (p. 164), dont le terrain n'est qu'à 2 km, et toutes les équipes en veulent à Chelsea (p. 131) car elles considèrent que Roman Abramovich a perverti l'esprit du jeu en dépensant plus d'argent que n'importe qui dans l'achat de nouveaux joueurs. Pour en savoir plus, lire l'encadré p. 164.

Le cricket constitue le deuxième grand amour des habitants de Londres, mais les rencontres qui ont lieu au Lord's (p. 114) et à l'Oval (p. 85) se traduisent souvent par la victoire d'équipes étrangères sur les joueurs locaux. Pour plus de détails, voir l'encadré p. 115.

Le tournoi de tennis de Wimbledon (p. 29) représente l'événement marquant de la saison sportive estivale. Pour l'anecdote, le tennis moderne tient ses origines du jeu de paume médiéval, toujours pratiqué à Hampton Court Palace (voir l'encadré p. 92).

Enfin, le rugby à XV possède également de nombreux adeptes. La fédération anglaise de rugby (Rugby Football Union ; www.rfu.com) a son siège officiel au stade de Twickenham, dans le sud-ouest de Londres, où se déroulent en mars les matchs musclés du tournoi des Six Nations.

LES ÉQUIPES PHARES
> Arsenal Football Club (p. 164)
> Chelsea Football Club (p. 131)
> Les trois autres clubs londoniens
  de première division
  (voir l'encadré p. 164)

LES LIEUX PHARES
> Lord's (p. 114)
> The Oval (p. 85)
> Twickenham Stadium (ci-dessus)
> Wimbledon (p. 29)

>HIER ET AUJOURD'HUI

Deux Beefeaters discutant le bout de gras

HIER ET AUJOURD'HUI
HISTOIRE
LA NAISSANCE D'UNE CAPITALE
La métropole cosmopolite d'aujourd'hui est l'héritière de Londinium.
En 43, les Romains fondent une cité fortifiée sur la rive nord de la Tamise,
dans le secteur correspondant à la City actuelle ; des pans de remparts
subsistent aujourd'hui encore dans ce périmètre (voir p. 62). Ils construisent
un pont enjambant le fleuve et établissent un grand port, doublé d'un
centre marchand. Londinium est abandonnée en 410, lorsque les invasions
barbares entraînent la chute de l'Empire romain d'Occident.

LES SAXONS ET LES DANOIS
Au cours du VIe siècle, les Saxons, peuple germain originaire du Nord,
s'installent à l'ouest de la cité fortifiée, sur le site des actuels Aldwych
et Charing Cross. Entre 842 et le début du XIe siècle, les Vikings danois
lancent des attaques le long de la Tamise et finissent par conquérir le pays.
En 1016, leur roi monte sur le trône d'Angleterre sous le nom de Knut Ier.
Par la suite, Édouard le Confesseur marquera Londres de son empreinte.
Après son couronnement en 1042, il s'installe avec sa cour à Westminster,
fonde l'abbaye éponyme et dote la capitale de deux centres distincts :
l'un politique (Westminster), l'autre commercial (la City).

LES NORMANDS
En 1066, l'Angleterre anglo-saxonne est envahie par les Normands, des
"Norse Men" scandinaves installés en France, sous la conduite de Guillaume
le Conquérant. La méfiance de ce dernier envers la "populace féroce" l'amène
à édifier plusieurs forteresses, dont la White Tower, aujourd'hui au cœur de la
Tour de Londres (p. 64).

LE RÈGNE DES TUDORS
Au Moyen Âge, Londres devient un carrefour majeur du commerce
international. Des corporations influentes protègent les intérêts des
marchands et les galions anglais sillonnent les mers pour aller chercher
la soie, l'or et les épices sur des terres lointaines. Il faudra toutefois
attendre l'avènement des Tudors, au XVIe siècle, pour que l'Angleterre
se transforme en une véritable puissance économique, capable de rivaliser
avec l'Europe continentale.

Henri VIII (règne 1509-1547), le souverain le plus célèbre de la dynastie et sans doute de toute la royauté britannique, rompt avec l'Église catholique, qui refuse d'annuler son mariage avec Catherine d'Aragon, la première de ses six épouses. Il fonde en 1534 l'Église d'Angleterre, qui débouchera sur la Réforme. Le monarque confisque alors de nombreuses terres appartenant aux monastères pour en faire des terrains de chasse, qui formeront plus tard Hyde Park (p. 121) et Regent's Park (p. 115).

Sa fille Élisabeth Iʳᵉ (règne 1558-1603) se lance avec l'aide de la marine anglaise dans une politique de conquête coloniale en Asie et aux Amériques. Cette concurrence avec les empires français, hollandais, portugais et espagnol d'obédience catholique ne va pas sans déclencher moult conflits. La "reine vierge", connue pour emprisonner ses ennemis dans la Tour de Londres, meurt sans héritier. Ses successeurs, Jacques Iᵉʳ – fils de sa cousine catholique la reine d'Écosse Marie Stuart – et Charles Iᵉʳ, contribuent par leur règne à la déstabilisation de la monarchie.

LA GUERRE CIVILE

Dans les premières années du XVIIᵉ siècle, les aristocrates fortunés prennent l'habitude de passer le printemps à Londres, d'où l'apparition de nouveaux lieux de convivialité tels que bals, jardins publics, cafés, brasseries et maisons closes. Les théâtres, dont le Rose et le Globe (p. 84), fleurissent également dans la capitale pour représenter les pièces de William Shakespeare et de ses contemporains.

Ce mode de vie facile prend fin durant la guerre civile (1642-1649), lorsque les têtes rondes (Roundheads) d'Oliver Cromwell, une coalition de puritains, de parlementaires, de marchands et de Londoniens ordinaires, renversent la monarchie. Le roi Charles Iᵉʳ est décapité à Whitehall (voir p. 86) en 1649. Le Parlement restaure la royauté en 1660, mais l'idée d'un pouvoir populaire restera fermement ancrée dans l'esprit des Anglais. Le pays ne connaîtra plus jamais de monarque absolu.

LE TEMPS DES CATASTROPHES

Londres survit au XVIIᵉ siècle à deux désastres majeurs. La Grande Peste (1665), propagée par les rats des navires marchands, tue un cinquième de sa population, soit 100 000 personnes. Un an plus tard, le Grand Incendie détruit 80% de la City, ne faisant par miracle que neuf victimes. Depuis la flèche de l'église All Hallows by the Tower (p. 70), le chroniqueur Samuel Pepys décrit alors des scènes de dévastation dantesques.

LONDRES RENAÎT DE SES CENDRES

À l'issue du grand incendie de 1666, les Londoniens reconstruisent leurs maisons en utilisant la brique et la pierre au lieu du bois. Chargé de redessiner la ville, sir Christopher Wren érige la cathédrale Saint-Paul (p. 63), de nombreuses églises et d'autres édifices remarquables dans la City (p. 70) et à Greenwich (p. 176). Son Monument (p. 62) commémorant cet événement tragique se dresse près du London Bridge.

Le Grand Incendie a cependant des effets positifs inattendus. Il améliore considérablement les conditions d'hygiène, réduisant les risques de nouvelles épidémies de peste. S'ensuit également un essor de la construction qui entraîne un afflux massif de travailleurs migrants. Peu après la catastrophe, Charles II (1660-1685) quitte Westminster pour St James's. Le quartier, dès lors investi par la petite noblesse, se pare de grandes places et d'hôtels particuliers. De cette époque date le palais de Buckingham (p. 87), qui deviendra le siège de la monarchie en 1837.

C'est au XVIIe siècle que Londres revêt une envergure internationale. Dans les années 1680, quelque 13 500 huguenots fuyant les persécutions des catholiques français se réfugient dans la capitale. Beaucoup se tournent vers l'artisanat de luxe tel que l'horlogerie, la chapellerie ou la fabrication de soieries et s'installent dans les secteurs de Spitalfields (voir l'encadré p. 150), Soho (p. 42) et Clerkenwell (p. 58). En l'espace d'un siècle, Londres devient la plus grande ville de la chrétienté, avec une population de 500 000 âmes.

LA PÉRIODE GEORGIENNE

L'Empire colonial britannique s'étend massivement au cours du XVIIIe siècle, ce malgré la déclaration d'indépendance de l'Amérique le 4 juillet 1776, sous le règne de George III (1760-1820). Ce dernier, atteint d'aliénation mentale, est jugé responsable de cette perte. Les spécialistes pensent aujourd'hui qu'il devait souffrir de porphyrie, une maladie peut-être due à un empoisonnement à l'arsenic.

La période georgienne se distingue par l'apparition d'une architecture de style Regency et néoclassique, dont les bâtiments de sir John Soane (p. 62), remarquable architecte et concepteur de la Bank of England (p. 59), et de l'incomparable John Nash, le planificateur de Trafalgar Sq (p. 47) et de Regent St (p. 42), constituent des exemples emblématiques.

L'ÈRE VICTORIENNE

Le règne de la reine Victoria (1837-1901) marque une période faste pour la Grande-Bretagne et davantage encore pour Londres. La richesse engendrée par la révolution industrielle et l'expansion de l'empire colonial afflue dans la capitale, dont la population passe en un siècle de moins de un million à plus de 6,5 millions d'habitants. On construit pour loger les nouveaux arrivants des rangées de maisons à la périphérie de la ville, intégrant ainsi des dizaines de villages à l'agglomération urbaine.

Le progrès se traduit par l'installation de l'éclairage au gaz, le développement du réseau de chemin de fer et le réaménagement des docks dans l'East End pour les navires de la Compagnie des Indes orientales. L'époque affectionne l'architecture néogothique, à l'image du Natural History Museum (p. 124) et du Victoria & Albert Museum (V&A ; p. 126) à Kensington ou des Houses of Parliament (p. 90) de Charles Barry, érigées en 1840-1860 sur le site du palais de Westminster détruit par le feu.

La société victorienne demeure toutefois une société très inégalitaire où règne une terrible misère urbaine, si bien décrite par Charles Dickens. Les prisons où l'on enferme les personnes endettées débordent littéralement et des milliers d'indigents triment comme des forçats dans les hospices.

La reine Victoria meurt en 1901. Le règne de son fils, Édouard VII, voit l'apparition des bus motorisés, l'expansion du métro et les premiers Jeux olympiques de Londres.

LES GUERRES MONDIALES

Parmi les centaines de milliers de Londoniens qui combattent lors de la Grande Guerre (1914-1918), plus de 120 000 perdent la vie sur les champs de bataille européens. Mais les pertes humaines de ce conflit n'ont pourtant rien de comparable avec l'hécatombe de la Seconde Guerre mondiale. En 1940-1941, depuis les Cabinet War Rooms (p. 90) des sous-sols de White Hall, Winston Churchill et son gouvernement se montrent impuissants face aux bombardements allemands du Blitz, qui détruisent des pans entiers de la ville. À la fin de la guerre, en 1945, 30 000 Londoniens ont péri sur place et des centaines de milliers d'autres ont été tués hors du territoire.

Dans l'immédiate après-guerre, de vastes cités d'immeubles modernes bon marché remplacent les maisons rasées par le Blitz. Pour pallier la pénurie de main-d'œuvre, le gouvernement se lance parallèlement dans une politique d'immigration encourageant la venue de milliers de travailleurs originaires des Caraïbes et du sous-continent indien. C'est le début du Londres multiethnique que nous connaissons aujourd'hui.

En matière d'architecture, le "modernisme brutal" qui domine alors se caractérise par des tours en béton inhumaines. Les docks de la Tamise ne se remettront jamais vraiment du coup fatal porté par la Seconde Guerre mondiale. Tandis que le transport fluvial se déplace vers l'est, à Tilbury, ils tombent à l'abandon, jusqu'à leur reconversion en quartier financier dans les années 1980-1990.

Le système d'État providence instauré par les travaillistes après la guerre est largement démantelé au cours des 18 années de pouvoir conservateur, inaugurées en 1979. Durant les 11 ans de Margaret Thatcher au 10 Downing St (p. 91), la City devient le premier centre financier mondial, mais cette apparente prospérité s'accompagne d'un cortège de pauvreté, de chômage, de grèves et d'inflation galopante. En réponse à la tentative d'instaurer la Poll Tax, des émeutes éclatent dans les rues de Londres, et le Premier ministre est renversé par son propre parti. Le mandat de son successeur John Major, entaché par des scandales de corruption, conduit à l'élection du travailliste Tony Blair en 1997.

PLUS PRÈS DE NOUS

Une vague d'optimisme envahit les premières années du gouvernement travailliste, aidé en cela par le charisme de Tony Blair et une économie forte. Les choses se gâtent cependant avec des décisions impopulaires, comme l'implication de la Grande-Bretagne dans le conflit irakien en 2003. Les manifestations contre la guerre font descendre dans les rues de Londres plus de un million de personnes et contribuent à fragiliser le parti. En 2005, ce dernier remporte les élections avec une majorité beaucoup moins confortable.

LONDRES EN CHIFFRES

> Population de Londres : 7,5 millions environ
> Pourcentage des habitants nés en dehors du Royaume-Uni : 33%
> Londres dans le PIB du Royaume-Uni : 19%
> Revenu annuel moyen des ménages : 25 700 £
> Prix moyen d'une maison à Londres : 358 500 £
> Prix moyen d'une maison à Kensington et Chelsea : 1 185 349 £
> Salaire horaire moyen : 12,75 £
> Salaire horaire moyen dans la City : 28,20 £
> Temps de travail nécessaire pour l'achat d'un Big Mac : 11 minutes
> Taux de chômage : 6,8%
> Nombre d'usagers de Heathrow chaque année : 67 millions
> Nombre de touristes venus pour deux jours en 2005 : 25,4 millions
> Revenu annuel du tourisme : 15 milliards de livres

SITES INTERNET UTILES
> www.cityoflondon.gov.uk – Toute l'actualité sur Londres
> www.corpoflondon.gov.uk – Toutes les nouvelles en ligne du Lord Mayor (maire).

La colère à l'égard de la politique étrangère britannique persiste. Le 7 juillet 2005, le lendemain de la désignation de Londres comme ville organisatrice des Jeux olympiques 2012, un attentat à la bombe tue 52 personnes dans le métro et le réseau de bus. Plus tard en 2005, et en 2007 deux autres bombes manquent d'exploser.

En 2007, le parti travailliste remplace Tony Blair, trop associé à la guerre en Irak, par Gordon Brown. Mais le nouveau Premier ministre ne tarde pas à montrer son impuissance face à la hausse du prix du pétrole et à la crise financière mondiale qui affecte, en premier lieu, la City.

LA PERSPECTIVE DES JEUX OLYMPIQUES

Confrontés à la chute des capitaux, à l'augmentation de la violence criminelle et à la hausse du prix du carburant, les Londoniens rejettent le maire travailliste Ken Livingstone et élisent en 2008 le conservateur Boris Johnson. L'impressionnante moisson de médailles récoltées par les athlètes britanniques à Pékin, la même année, regonfle le soutien de la population aux Jeux olympiques de Londres.

Pendant ce temps, le pays continue de glisser vers la récession. Deux banques britanniques manquent de disparaître et plusieurs fusions et faillites modifient du jour au lendemain la physionomie des Docklands. Pour tenter de consolider l'économie, le gouvernement nationalise des banques et limite les investissements à risque des courtiers de la City.

Quoi qu'il en soit, ces mesures ont peu de chance d'aider les milliers de Londoniens qui ont emprunté au-dessus de leurs moyens pour acheter un logement bien trop cher. Par ailleurs, il est certain que Londres va devoir surveiller ses dépenses, ce qui peut affecter des projets comme les Jeux olympiques et la construction des nouveaux gratte-ciel prévus dans la City.

LES LONDONIENS

La capitale britannique constitue depuis longtemps un pôle d'attraction pour les travailleurs immigrés, les réfugiés et les individus en quête de fortune. Elle abrite aujourd'hui près de 50 groupes ethniques parlant plus de 300 langues et un habitant sur trois est né à l'étranger.

LONDRES EN PEINTURE

La capitale britannique a toujours inspiré les peintres. Certains, comme sir James Thornhill (1675-1734), ont même peint *sur* Londres – ses fresques qui ornent les murs du Old Royal Naval College (p. 179), à Greenwich, sont toujours visibles. Siège de la Royal Academy of Arts (p. 91), la ville a vu naître des artistes illustres, parmi lesquels Joshua Reynolds (1723-1792), Thomas Gainsborough (1727-1788), Joseph Turner (1775-1851) et John Constable (1776-1837), qui ont réalisé de majestueux portraits des membres de la haute société londonienne et de remarquables vues de Londres et de la Tamise.

Les étrangers se sont également emparés de ce riche sujet. On doit ainsi à Canaletto (1697-1768) plusieurs tableaux évocateurs représentant le paysage urbain à l'époque georgienne, avec la toute nouvelle cathédrale Saint-Paul qui resplendit à l'arrière-plan. Claude Monet a quant à lui produit une série de toiles impressionnistes des Houses of Parliament entre 1900 et 1904.

Non contraint par les règles de la Royal Academy, William Hogarth (1697-1764) a pu montrer une vision bien différente de Londres. Ses œuvres satiriques, à l'image de *La Ruelle du gin*, *La Rue de la bière* et *La Carrière du débauché*, dénoncent en effet le déclin des valeurs morales dans la société locale.

Aujourd'hui, le digne successeur de Hogarth ne fait pas partie de ces Young British Artists nombrilistes. Il s'agit du graffeur contestataire Banksy (né en 1974), l'un des rares artistes actuels à s'exprimer sur la société londonienne (voir l'encadré p. 147).

Si Londres est souvent décrit comme un melting-pot, les différentes communautés, concentrées dans des zones distinctes, ne se mélangent guère en réalité. D'ailleurs, les Londoniens aiment à décrire leur ville comme un monde en miniature. Même parmi les nouveaux arrivants se manifeste un fort tribalisme géographique. La plupart des visiteurs perçoivent rapidement la rivalité, le plus souvent bon enfant, qui existe entre le nord et le sud de Londres, ainsi qu'entre l'Ouest et tous les autres secteurs. Pour faire marcher les habitants du Sud, montrez-leur le plan du métro à l'envers (le Sud a en effet été honteusement négligé par Transport for London, l'organisme responsable des transports en commun).

Une chose unit les Londoniens, c'est leur enthousiasme pour la ville où ils résident. Ils ont beau déplorer ses prix élevés, son taux de criminalité important, sa surpopulation et son délabrement, ils la défendent bec et ongles lorsque des gens, étrangers à la ville, la critiquent. Comme ils le font remarquer, peu de métropoles dans le monde offrent davantage d'attractions, d'expériences à vivre et de gens aussi divers avec qui les partager.

Les Londoniens ont la réputation d'être froids et distants, ce qui correspond à une certaine réalité. Quiconque se promène en souriant aux passants et salue des inconnus dans le métro passe à coup sûr pour quelqu'un de dérangé. D'un autre côté, ils restent étonnamment imperturbables devant tout comportement bizarre, excentrique ou saugrenu et se montrent vite plus avenants une fois la glace brisée. En fait, votre plus gros problème sera sans doute de trouver un habitant du cru à qui demander votre chemin, dans une ville qui draine chaque année plus de 20 millions de touristes.

VIE POLITIQUE

Depuis 2000, la Greater London Authority (GLA) dirige l'agglomération londonienne sous l'intendance d'un maire directement élu, mais la City of London reste largement sous le contrôle du Lord Mayor of London, sans étiquette politique, et de l'archaïque Corporation of London, l'autorité locale la plus riche au monde, qui date du XIVe siècle.

US ET COUTUMES

Pour s'adapter au mode de vie londonien, il suffit de suivre quelques règles simples.

À FAIRE

> Rester à droite sur les escalators du métro afin de laisser le côté gauche aux personnes les plus pressées.
> Porter des chaussures confortables – les trottoirs londoniens sont redoutables pour les talons.
> Vérifier l'addition pour savoir si le service est inclus – autrement, ajouter 10%.
> Se montrer respectueux des identités régionales – les personnes d'ascendance écossaise, irlandaise ou galloise peuvent être "britanniques" mais en aucun cas "anglaises".

À NE PAS FAIRE

> Passer devant tout le monde dans la file d'attente – pour les Anglais, c'est pratiquement un crime.
> Vouloir être servi à table dans un bar au lieu de commander au comptoir.
> Saluer quelqu'un que l'on ne connaît pas en lui faisant la bise ; les Londoniens sont plus réservés que beaucoup d'Européens.
> Sourire à un inconnu, à moins de draguer ouvertement.

Siégeant au City Hall (p. 73), dans le South Bank, la GLA remplace le défunt Greater London Council (GLC) dissout en 1986 par le gouvernement de Margaret Thatcher pour dépenses inconsidérées et parti pris politique. Ironie du sort, lors des élections municipales de 2000, les Londoniens votent massivement pour le candidat travailliste Ken Livingstone, anciennement à la tête du GLC.

Malgré quelques réussites majeures lors de ses deux premiers mandats, notamment la réduction des embouteillages, l'attribution des Jeux olympiques et le bon règlement des tensions communautaires après l'attentat de juillet 2005, Ken Livingstone est rattrapé par des accusations de mauvaise gestion financière et de copinage. Sa décision de substituer aux célèbres Routemasters (bus rouges à impériale) des "bus à soufflet" de 30 m de long contribue aussi à son impopularité.

En 2008, les électeurs désavouent "Ken le Rouge" au profit de Boris Johnson, l'excentrique candidat conservateur. Dans son manifeste de campagne, celui-ci promet de réduire les dépassements budgétaires pour les Jeux olympiques et de réintroduire les bus à impériale.

LITTÉRATURE

Charles Dickens n'est pas le seul, loin s'en faut, à avoir fait de Londres un sujet littéraire. Bien des romanciers ont exprimé leur vision particulière de la ville, parmi lesquels de nombreux auteurs originaires d'Asie et des Caraïbes. Les écrivains londoniens se sont toujours efforcés de pénétrer la vie secrète de la ville, les tensions et les intrigues qui se cachent derrière son flegme apparent. Voici une petite sélection de leurs œuvres :

Les Blancs-Becs (Absolute Beginners ; Gallimard, coll. Folio, 1985), de Colin MacInnes. Une peinture admirable de la jeunesse londonienne des années 1950.

Le Meilleur des mondes (Brave New World ; Pocket, coll. Best, 2002), d'Aldous Huxley. La meilleure contre-utopie du futur, qui se déroule en 2540 dans un Londres obsédé par le sexe et la drogue.

Sept Mers et treize rivières (Brick Lane ; 10-18, 2006), de Monica Ali. Une Bangladaise musulmane arrive à Londres après un mariage arrangé, et accepte son sort avant de partir à la découverte de sa propre personnalité.

Les Grands Singes (Great Apes ; Seuil, coll. Points, 2000), de Will Self. Une satire surréaliste de la vie londonienne à travers l'expérience d'un Young British Artist hédoniste qui se réveille un beau matin pour découvrir qu'il est le seul être humain dans un monde de chimpanzés.

Haute Fidélité (High Fidelity ; 10-18, 2006), de Nick Hornby. L'histoire des déboires amoureux d'un homme passionné par la pop anglaise des années 1970 et les listes de "Top 5" à Holloway, dans la banlieue nord de Londres.

La Dernière Tournée (Last Orders ; Gallimard, coll. Monde Entier, 1997), de Graham Swift. Quatre amis vieillissants se remémorent l'East End de la dernière guerre.

Londres, la biographie (London: The Biography ; Stock, 2000), de Peter Ackroyd. Beaucoup considèrent ce livre très accessible, organisé par thèmes, comme l'histoire de référence de Londres.

London Fields (London Fields ; Christian Bourgois, 1989), de Martin Amis. Une étude poignante des bas-fonds londoniens. Selon un critique : du Dickens, sexe et argot en plus, et compassion en moins.

Neverwhere (Neverwhere ; J'ai Lu, 1998), de Neil Gaiman. L'auteur de la bande dessinée *Sandman* nous livre un roman effrayant dont les événements se déroulent dans un Londres parallèle, où Black Friars et Angel Islington ne sont plus des quartiers mais des personnages.

Oliver Twist (Oliver Twist ; Livre de Poche, 2005), de Charles Dickens. Si ce n'est pas nécessairement le meilleur roman de Dickens, ce récit d'un orphelin en fuite qui tombe dans les mains d'un gang de voleurs offre un portrait vivant du Londres victorien.

Le Bouddha de banlieue (The Buddha of Suburbia ; 10-18, 1991), de Hanif Kureishi. Un roman drôle, osé et perspicace qui décrit les espoirs et les craintes d'une communauté asiatique vivant dans la banlieue londonienne des années 1970.

La fin d'une liaison (The End of the Affair ; Laffont, coll. Pavillons, 2000), de Graham Greene. Une histoire d'amour tragique sur fond de Blitz.

Jeeves (The Jeeves Omnibus ; Omnibus, 2009), de P.G. Wodehouse. Gin et tonic abondent dans les histoires drolatiques de Bertie Wooster, riche résident de Mayfair, et son génial majordome Jeeves.

Sourires de loup (White Teeth ; Gallimard, coll. Folio, 2000), de Zadie Smith. Chaleur et humour caractérisent cette œuvre primée, qui traite de la première vague d'immigration caribéenne à Londres.

CINÉMA

Si les films tournés à New York ou à Paris brillent souvent par leur optimisme, les cinéastes ont tendance à mettre en images le côté sombre de Londres (le tempérament britannique et le climat y seraient-ils pour quelque chose ?). Ils ont néanmoins produit des œuvres marquantes couvrant tous les genres du septième art, des comédies romantiques aux thrillers et de la science-fiction à l'épouvante. La liste qui suit illustre plus de 50 ans de cinéma britannique et explore tous les aspects de la ville.

28 jours plus tard (28 Days Later, 2002), de Dany Boyle. De superbes images d'un Londres de désolation, vidé de toute présence humaine après qu'un virus a transformé les habitants en zombies.

Alfie le dragueur (Alfie, 1966), de Lewis Gilbert. Oubliez le remake avec Jude Law. Dans le film original, c'est Michael Caine qui joue le rôle du Don Juan de banlieue rêvant de conquérir toutes les femmes, dans le Londres des années 1960.

Le Loup-Garou de Londres (An American Werewolf in London, 1981), de John Landis. La parodie de film d'horreur inspiratrice du genre, remarquable pour sa scène de poursuite haletante dans le métro londonien.

Le Journal de Bridget Jones (Bridget Jones's Diary, 2001), de Sharon Maguire. La Texane Renee Zellweger a pris un accent londonien convaincant et quelques kilos pour jouer une jeune célibataire empêtrée dans ses histoires sentimentales.

Les Fils de l'homme (Children of Men, 2006), d'Alfonso Cuaron. Un thriller contre-utopique qui se projette en 2027 et prend notamment pour cadre la centrale électrique de Battersea.

Les Promesses de l'ombre (Eastern Promises, 2007), de David Cronenberg. Dans ce thriller violent, un agent infiltre un gang de la mafia russe qui se livre au trafic de prostituées à Londres.

Frenzy (Frenzy, 1972). Dans l'avant-dernier film d'Alfred Hitchcock, un étrangleur qui sévit à Covent Garden monte une machination pour faire accuser un autre homme à sa place.

Arnaques, crimes et botanique (Lock, Stock and Two Smoking Barrels, 1998). Guy Ritchie (Monsieur Madonna) dirige Nick Moran et Jason Statham, qui se retrouvent avec une dette de un demi-million de livres à rembourser à un dangereux malfrat de l'East End.

Mona Lisa (1986), de Neil Jordan. Michael Caine incarne un odieux maquereau pendant que Bob Hoskins craque pour une prostituée qu'il conduit dans Soho et King's Cross.

My Beautiful Laundrette (1985), de Stephen Frears. Daniel Day-Lewis incarne un punk gay qui accompagne son petit ami dans sa tentative d'ouvrir une laverie automatique avec néons et musique. Le scénario de Hanif Kureishi explore des thèmes tels que le racisme et la sexualité.

Ne rien avaler (Nil by Mouth, 1997), de Gary Oldman. Le portrait cinglant d'une famille vivant dans une cité HLM de South East London.

Coup de foudre à Notting Hill (Notting Hill, 1999), de Roger Michell. La rencontre de Hugh Grant et de Julia Roberts, à l'origine de milliers de clichés sur le quartier.

Ipcress, danger immédiat (The Ipcress File, 1965), de Sidney J. Furie. Ce film d'espionnage avec Michael Caine montre le Blackfriars Bridge, le Royal Albert Hall, Trafalgar Square et le Victoria & Albert Museum.

Les Frères Krays (The Krays, 1990), de Peter Medak. Gary et Martin Kemp, du groupe néoromantique Spandau Ballet, tiennent les rôles des célèbres frères, chefs de gang dans l'East End des années 1960.

Tueurs de dames (The Ladykillers, 1955), d'Alexander Mackendrick. Dans la dernière grande comédie des studios Ealing, Alec Guinness est le cerveau d'une bande de criminels, dont les plans sont déjoués involontairement par une vieille logeuse de King's Cross. Un remake a été réalisé en 2004 par les frères Coen.

Racket/Du Sang sur la Tamise (The Long Good Friday, 1980), de John Mackenzie. Le film noir qui a fait de Bob Hoskins une vedette, avec en fond la cupidité et l'hédonisme du Londres de l'ère Thatcher.

Match Point (2005), de Woody Allen. Lorsque le plus new-yorkais des cinéastes choisit de tourner à Londres, cela donne un film réussi et un portrait juste de la capitale anglaise, version beaux quartiers.

Vera Drake (2005). Cinéaste réaliste, Mike Leigh reconstitue à merveille l'East End de l'après-guerre et suit une infortunée "faiseuse d'anges" qui aide les jeunes filles en détresse.

Withnail et Moi (Withnail & I, 1986), de Bruce Robinson. Excellente comédie britannique sur les mésaventures de deux acteurs au chômage qui tirent le diable par la queue dans le Camden des années 1960.

HÉBERGEMENT

SE LOGER À LONDRES

Loger à Londres n'est pas donné. Le prix moyen d'une chambre d'hôtel s'élève à 119 £ et, même si les cinq-étoiles contribuent à augmenter ce chiffre, vous payerez quand même davantage – pour n'importe quelle catégorie –, que dans la plupart des autres capitales européennes.

En revanche, vous serez heureux d'apprendre que les tissus d'ameublement fleuris et les rideaux en velours fatigués ont été remplacés par des textiles ethniques et du mobilier design. Le petit-déjeuner anglais typique, riche en cholestérol, existe toujours, mais on peut commander un vrai petit-déjeuner continental et un jus de fruit fraîchement pressé. Même de vénérables institutions comme Browns ou le Dorchester ont adopté une approche plus contemporaine face à la concurrence croissante des "boutique hotels".

L'hébergement est aujourd'hui mieux réparti à travers la ville, même si des endroits bien établis comme Earl's Court (p. 120), Russell Sq (p. 102), Bloomsbury (p. 102) et Mayfair (p. 86) dominent toujours la scène hôtelière.

Dans les quartiers en marge du centre tels que Hoxton (p. 144),

Notting Hill (p. 134) et Clerkenwell (p. 58), des hôtels très agréables vont de pair avec une vie nocturne animée. Nous vous recommandons en particulier le Zetter à Clerkenwell, le Hoxton Hotel à Shoreditch et le Miller's Residence à Notting Hill.

La vague de changement touche aussi les enclaves traditionnelles. Si vous souhaitez résider près du triangle Kensington–Knightsbridge–Chelsea (p. 120), Earl's Court offre des adresses tendance comme le Mayflower et le Base2Stay, et des points de chute plus économiques comme l'easyHotel. Citons aussi le B+B Belgravia aux abords de Victoria. Pour être au cœur de l'action dans le West End, le myHotel à Bloomsbury (p. 102), le Charlotte Street Hotel à Fitzrovia (p. 102) ou le Soho Hotel à Soho (p. 42) sont idéals.

Dénicher un hôtel petit budget reste toutefois un problème. Certains des sites de réservation en ligne mentionnés ci-après proposent cependant des réductions qui ramènent le prix de la chambre de gamme moyenne à celui de la catégorie inférieure.

SITES DE RÉSERVATION EN LIGNE

S'il existe de nombreux sites de réservation génériques, vous trouverez des descriptions plus impartiales sur le propre site de Lonely Planet (lonelyplanet.com/hotels). Des moteurs de recherche britanniques comme www.hotelconnect.co.uk, www.superbreak.com et www.laterooms.com peuvent également s'avérer utiles. Le site de l'office du tourisme, www.visitlondon.com, réserve parfois des affaires de dernière minute, tandis que www.londontown.com pratique des rabais.

CATÉGORIE LUXE

BROWN'S *Hôtel*

☎ 0870 458 4050 ; www.brownshotel .com ; 30 Albemarle St , Mayfair ;
⊖ Green Park ; ⊠
Somptueux hôtel créé en 1837. Rénové en 2005, il offre des prestations moderne (TV à écran plat, vidéo à la demande, connexion haut débit, Wi-Fi, etc.). Il reste néanmoins quelques éléments de décoration traditionnelle, comme des vitraux, des lambris de chêne d'époque édouardienne, des cheminées et des miroirs à bordure dorée dans les espaces communs. Les 117 chambres aux couleurs douces sont décorées d'œuvres de jeunes artistes anglais.

DORCHESTER *Hôtel*

☎ 7629 8888 ; www.dorchesterhotel .com ; Park Lane W1, Mayfair ;
⊖ Hyde Park Cnr ; ⊠

Elizabeth Taylor et Richard Burton ont passé ici leur lune de miel, mais aujourd'hui les clients s'extasient plutôt sur les équipements et les gadgets haut de gamme qui leur permettent de choisir leur menu sans quitter le confort de leur immense lit à baldaquin. Il existe même des "e-majordomes", si tout cela vous paraît trop compliqué.

SOHO HOTEL *Hôtel*

☎ 7559 3000 ; www.firmdale.com ;
4 Richmond Mews , Soho ;
⊖ Tottenham Court Rd ; ⊠
L'un des hôtels les plus chics de Londres est un ancien parking. La touche caractéristique de la chaîne Firmdale se retrouve dans les 91 chambres, toutes décorées différemment. L'établissement possède aussi un bar-restaurant, le Refuel, très apprécié.

CATÉGORIE SUPÉRIEURE

CHARLOTTE STREET HOTEL *Hôtel*

☎ 7806 2000 ; www.firmdale.com ;
15 Charlotte St W1, Bloomsbury ;
⊖ Tottenham Court Rd ; ⊠
Alliance parfaitement réussie des styles Laura Ashley et postmoderne, ce petit bijou est l'œuvre des talentueux hôteliers et décorateurs Tim et Kit Kemp, dont la chaîne Firmdale a contribué à faire de

Londres une ville plus attrayante. Son restaurant, Oscar, est très agréable pour prendre un *afternoon tea*.

MYHOTEL BLOOMSBURY *Hôtel*

☎ 7667 6000 ; www.myhotels.com ; 11-13 Bayley St ; ⊖ Tottenham Court Rd ou Goodge St

L'un des premiers boutique hotels de la ville : couleurs classiques (noir, gris et rouge) ; 78 chambres et une agréable bibliothèque pour un moment de calme.

SANDERSON *Hôtel*

☎ 7300 1400 ; www.sandersonlondon .com ; 50 Berners St , Soho ; ⊖ Oxford Circus

Ne soyez pas rebuté par la façade anonyme en aluminium et verre évoquant le siège social d'une entreprise des années 1960. Ce "spa urbain" conçu par Ian Schrager et Philippe Starck s'avère aussi beau qu'étrange, avec son jardin de bambous luxuriant, ses œuvres d'art, ses draps de fil épais et ses nombreux meubles originaux. Au total, 150 chambres.

ZETTER *Hôtel*

☎ 7324 4444 ; www.thezetter.com ; 86-88 Clerkenwell Rd, Clerkenwell ; ⊖ Farringdon

Alliant le charme désuet de ses couvre-bouillottes tricotés main, de ses couvertures décorées de Zzzz et

de ses antiques livres des éditions Penguin à la modernité de son accès Internet sur écran plat haut de gamme, cet hôtel bien situé est beaucoup plus élégant et original que ce que l'on pourrait attendre de la part d'un établissement géré par les propriétaires des supermarchés Sainsbury.

CATÉGORIE MOYENNE

B+B BELGRAVIA *B&B*

☎ 7730 8513 ; www.bb-belgravia.com ; 64-66 Ebury St , Belgravia ; ⊖ Victoria

Somptueusement rénové dans un style contemporain, salon noir et blanc élégant, vitres en verre dépoli, bar et tables confortables pour le petit-déjeuner. Les chambres aux tons terre, d'une taille correcte, offrent la TV à écran plat. L'une d'elles peut accueillir des personnes handicapées. Toutes possèdent un accès Internet 24h/24, et un système de téléphone à carte vous permet de passer des appels sans trop vous ruiner (chose assez rare pour mériter une mention !).

HAMPSTEAD VILLAGE GUEST HOUSE *Pension*

☎ 7435 8679 ; www.hampsteadguest house.com ; 2 Kemplay Rd , Hampstead ; ⊖ Hampstead

À seulement 20 minutes en métro du centre de Londres, c'est une

adresse charmante dont le cadre
original et rustique se compose de
meubles anciens, de lits douillets et
d'un délicieux jardin où déguster un
petit-déjeuner anglais traditionnel
(moyennant 7 £ supplémentaires).
L'endroit possède aussi un studio
pouvant loger cinq personnes.

HOXTON HOTEL *Hôtel*
☎ 7550 1000 ; www.hoxtonhotels.com ;
81 Great Eastern St EC2 ; ⊖ Old St
Cet ancien parking adopte la
tactique easyJet : si vous réservez
votre chambre longtemps à l'avance,
vous bénéficierez d'un tarif très
intéressant. Plus de 200 chambres,
simples mais bien conçues, vous
attendent, dans des teintes joliment
coordonnées, avec TV à écran plat,
bouteilles d'eau et de lait offertes.
Idéalement situé pour profiter
de la vie nocturne dans le secteur
de Shoreditch.

BASE2STAY *Hôtel*
☎ 7244 2255 ; www.base2stay.com ;
25 Courtfield Gardens ; ⊖ Earl's Court
Base2stay s'efforce de filtrer
tous les plus non indispensables
habituellement proposés par
ses collègues hôteliers, pour se
concentrer sur des aspects plus
importants tels les équipements
de communication et musicaux, ou
l'aménagement des kitchenettes. Le
résultat est un hôtel de 67 chambres,
fonctionnel mais très confortable.

MAYFLOWER *Hôtel*
☎ 7370 0991 ; www.mayflowerhotel
.co.uk ; 26-28 Trebovir Rd , Earl's Court ;
⊖ Earl's Court
Sa décoration a fait du Mayflower
l'hôtel de charme bon marché le
plus réputé de Londres. Il a adopté
un style colonial contemporain,
avec des sculptures sur bois en
provenance d'Inde, des ventilateurs
au plafond et des sdb carrelées
de noir, le tout agrémenté
d'installations modernes et d'un bar.
Toutefois, les chambres sont un peu
petites et celles situées à l'arrière,
près de la station de métro, sont mal
insonorisées : demandez-en une
sur l'avant.

MILLER'S RESIDENCE *Hôtel*
☎ 7243 1024 ; www.millersuk.com ;
111a Westbourne Grove ; ⊖ Bayswater
ou Notting Hill Gate
Cette maison bourgeoise du XVIIIe
siècle ressemble davantage à un
B&B cinq-étoiles qu'à un hôtel. Si elle
regorge de bibelots , d'objets d'art
et de meubles anciens, elle déborde
aussi de personnalité. Les chambres
opulentes, de taille et de forme
différentes, offrent un séjour très
romantique. L'entrée se trouve dans
Hereford Rd.

VANCOUVER STUDIOS *Hôtel*
☎ 7243 1270 ; www.vancouverstudios
.co.uk ; 30 Prince's Sq , Bayswater ;
⊖ Bayswater

Tout le monde se sentira ici chez soi et pourra bavarder à son aise avec le personnel, mettre un disque sur le gramophone du salon ou tenir compagnie au chat de la maison, dans le jardin. Hormis la kitchenette, les chambres diffèrent complètement les unes des autres ; elles vont de la simple minuscule mais bien équipée (il existe d'autres simples plus spacieuses) à la chambre familiale de taille généreuse, et embrassent tous les styles décoratifs : couvertures en faux vison, décor japonais ou tissus vichy.

PETITS BUDGETS

ARRAN HOUSE HOTEL *Hôtel*

☎ 7636 2186 ; www.arranhotel-london .com ; 77-79 Gower St , Bloomsbury ; ⊖ Goodge St

Cette adresse accueillante à Bloomsbury présente un excellent rapport qualité/prix pour le quartier. Les chambres vont des dortoirs spartiates aux doubles lumineuses et bien aménagées, avec sdb. Le salon est plaisant, les clients peuvent se servir de la cuisine et l'endroit dégage une atmosphère intime et chaleureuse. Cerise sur le gâteau : la roseraie, fort agréable en été.

ASTOR VICTORIA HOSTEL *Auberge de jeunesse*

☎ 7834 3077 ; www.astorhostels.com ; 71 Belgrave Rd , Pimlico ; ⊖ Pimlico

Avec ses 60 lits, cette auberge est animée sans être trop impersonnelle. Les employés sont des voyageurs qui ont décidé de séjourner quelque temps à Londres. Située à une courte distance à pied de la Tate Britain et de l'abbaye de Westminster, elle offre un accès Internet et sa réception reste ouverte 24h/24.

EASYHOTEL *Hôtel*

www.easyhotel.com ; 14 Lexham Gardens, South Kensington ; ⊖ Gloucester Rd

Conçu sur le modèle de la compagnie aérienne easyJet (et appartenant au même groupe), cet hôtel fonctionnel offre de très bons prix à condition de s'y prendre à l'avance. Les chambres, en plastique moulé d'un orange criard et pour la plupart dépourvues de fenêtre, contiennent un lit et un lavabo, ainsi qu'un minuscule espace aux parois transparentes regroupant douche et toilettes. Pas de téléphone, TV en sus.

GENERATOR *Auberge de jeunesse*

☎ 7388 7666 ; www.the-generator .co.uk ; Compton Pl, 37 Tavistock , King's Cross ; ⊖ Russell Sq

Si vous aimez faire la fête, cette adresse jeune et bon marché est pour vous : il se passe tous les soirs quelque chose et le bar, ouvert jusqu'à 2h, organise souvent des animations. Dans un décor futuriste évoquant le film *Brazil* de Terry Gilliam, vous trouverez 207 chambres (830 lits), des tables de billard, un accès Internet, des coffres-forts et une grande salle à manger, mais pas de cuisine.

LEINSTER INN
Auberge de jeunesse
☎ 7229 9641 ; www.astorhostels.com ;
7-12 Leinster Sq , Bayswater ;
✛ **Bayswater**
Cette auberge de 372 lits, la plus vaste du groupe Astor, occupe une grande maison ancienne proche de la station de métro de Bayswater et du marché de Portobello Rd. Elle possède un café, une buanderie, un salon Internet et un bar ouvert jusqu'à 4h. Des soirées à thème sont organisées tous les mois.

ST CHRISTOPHER'S INN
CAMDEN *Auberge de jeunesse*
☎ 7388 1012 ; www.st-christophers
.co.uk ; 48-50 Camden High St , Camden ;
✛ **Camden Town**
Cette auberge de 54 lits, propre et agréable, filiale d'une chaîne d'auberges de jeunesse de très bonne réputation, se trouve à 5 minutes de la station de métro de Camden, au-dessus du très populaire Belushi's bar, qui ferme à 2h. Le personnel est aimable et

l'établissement n'impose pas de couvre-feu. Certaines des chambres sont très petites.

ST CHRISTOPHER'S INN
GREENWICH
Auberge de jeunesse
☎ 7407 1856 ; www.st-christophers
.co.uk ;189 Greenwich High Rd ,
Greenwich ; ✛ DLR Cutty Sark
Autre filiale de la chaîne d'auberges de jeunesse du même nom, celle-ci s'avère légèrement plus calme que certaines de ses homologues à la situation plus centrale. Vous trouverez sur place un café et un pub. Fréquentes promotions, comprenant des billets gratuits pour assister à des spectacles au théâtre de Greenwich.

STYLOTEL *Hôtel*
☎ 7723 1026 ; www.stylotel.com ;
160-162 Sussex Gardens , Paddington ;
✛ **Paddington**
Comme son nom l'indique, cet hôtel favorise le look "design industriel". Toutefois, ce style épuré est rare dans cette catégorie de prix, et le salon aménagé dans l'entrée, bien éclairé, est un endroit agréable où se détendre. Acier inoxydable et aluminium dominent dans les chambres, dotées de minuscules sdb.

CARNET PRATIQUE

TRANSPORTS

ARRIVÉE ET DÉPART

ENTRER AU ROYAUME-UNI

Pour les Français, les Suisses et les Belges, une carte nationale d'identité en cours de validité suffit. Les Canadiens peuvent séjourner jusqu'à six mois sans visa avec un passeport valable au moins six mois après la date d'entrée dans le pays.

AVION

Air France (☎ 36 54, 0,34 €/min ; www.airfrance.fr) et **British Airways** (☎ 0825 825 400, www.britishairways.com) assurent entre 15 et 20 vols par jour entre Paris (aéroport Roissy-Charles-de-Gaulle) et Londres. Les deux compagnies proposent des vols directs de certaines grandes villes de province. Vol aller-retour à partir de 125 €.

La compagnie *low-cost* **BMI** (www.flybmi.com) relie Londres Heathrow à Nice, Lyon et Bruxelles. **EasyJet** (www.easyjet.fr) assure des vols depuis Paris (CDG), Lyon, Nice, Marseille, Toulouse et Grenoble ainsi que Zurich et Genève. **Ryanair** (☎ 0892 555 666 ; www.ryanair.com) dessert de nombreuses villes de province (Tours, Montpellier, Limoge, etc.) depuis Londres Standed (Beauvais non desservi). Les tarifs sont comparables à ceux des compagnies régulières.

Les aéroports de Londres sont disséminés à la périphérie de la ville. Heathrow, Gatwick et Stansted, les trois principaux, se situent respectivement à l'ouest, au sud et au nord de Londres.

Heathrow

Heathrow (LHR ; ☎ 0870 000 0123 ; www.heathrowairport.com) est l'aéroport international le plus fréquenté de la planète. Il comporte cinq terminaux, desservis par trois stations de métro différentes. Pensez à vérifier d'où part votre avion.

TRAFIC AÉRIEN ET CHANGEMENTS CLIMATIQUES

Les transports, en particulier aériens, contribuent de manière significative aux changements climatiques. Lonely Planet, en association avec d'autres partenaires de l'industrie touristique, soutient des opérations à l'initiative de Climate Care (www.climatecare.org), qui utilise des "compteurs de carbone" permettant aux voyageurs de compenser le niveau des gaz à effet de serre dont ils sont responsables par une contribution financière à des projets de développement durable visant à réduire le réchauffement de la planète. Lonely Planet "compense" la totalité des voyages de son personnel et de ses auteurs.

Pour plus d'informations, consultez notre site : www.lonelyplanet.fr

CARNET PRATIQUE

Depuis/vers Heathrow

	Piccadilly Line (métro)	Heathrow Express (train)	National Express (bus)	Taxi
Direction	Earls Court, Kensington, West End, King's Cross	Paddington	Victoria Coach Station	Centre de Londres
Durée	1 heure jusqu'au centre de Londres	15 min	1 heure (heure de pointe 1 heure 30)	1 heure (heure de pointe 1 heure 30)
Prix	aller 4 £ (2-3,50 £ avec l'Oyster Card)	aller/aller-retour 14,50/28 £ 17,50/31 £	aller/aller-retour à partir de 4/8 £	taxi noir 55-70 £, taxi régulier 35-45 £
Fréquence	toutes les 5-10 min lun-sam 5h-23h45, (dim 5h45-23h30)	toutes les 15 min, au départ de Heathrow 5h05-23h45, au départ de Paddington 5h10-23h25 ; dim service réduit	toutes les 30 min 60 min, au départ de Heathrow 5h30-21h30 ; au départ de la gare routière de Victoria 7h15-23h30	
Contact	☎ 7222 1234 ; www.tfl.gov.uk	☎ 0845 600 1515 ; www.heathrowexpress .co.uk	☎ 08717 818181 ; www.nationalexpress .co.uk	

Depuis/vers Gatwick

	Gatwick Express (train)	Southern Railway (train)	Thameslink (train)	National Express (bus)	Taxi
Direction	Victoria	Victoria	London Bridge, City, King's Cross	Gare routière de Victoria (Victoria Coach Station)	Centre de Londres
Durée	30-35 min	30-35 min	1 heure jusqu'à King's Cross	1 heure - 1 heure 30	1 heure 30
Prix	aller/aller-retour 17,90/30,80 £	aller/aller-retour 9,50/18,10 £	aller/aller-retour 8,90/17,80 £	aller/aller-retour à partir de 6,60/12,20 £	taxi noir 90-95 £, taxi régulier 55-65 £
Divers	toutes les 15 min, au départ de Gatwick 5h50-0h35 ; au départ de Victoria 5h-23h45 ; quelques bus de nuit	toutes les 15-30 min, toutes les heures minuit-4h	toutes les 30 min, 24h/24	toutes les heures ; au départ de Gatwick 5h15-22h15 ; au départ de Victoria Coach Station 3h30-23h30	
Contact	☎ 0845 850 1530 ; www.gatwick express.co.uk	☎ 0845 127 2920 ; www.southern railway.com	☎ 0845 026 4700 ; www.firstcapital connect.co.uk	☎ 08717 818181 ; www.national express.com	

Depuis/vers Stansted

	Stansted Express (train)	National Express (bus)	Terravision (bus)	Taxi
Direction	Liverpool St	Victoria Coach Station	Victoria Coach Station	Centre de Londres
Durée	45-50 min	1 heure -1 heure 30	1 heure -1 heure 30	1 heure 30
Prix	aller/aller-retour 16/24 £	aller/aller-retour 10/17 £	aller/aller-retour 8/12 £	taxi noir 105 £, taxi régulier 50 £
Divers	toutes les 15 min au départ de l'aéroport 5h30-0h30, au départ de Victoria Coach Station sam-dim 4h10-23h25 ; service de nuit supplémentaire	toutes les 20 min service de nuit réduit	toutes les 30 min, au départ de l'aéroport (plate-forme 26) 7h15-1h00 ; au départ de Victoria Coach Station 2h40-23h10	
Contact	☎ 0845 600 7245 ; www.stanstedexpress .com	☎ 08717 818181 ; www.nationalexpress .com	☎ 01279 662 931 ; www.terravision.eu	

Depuis/vers London City Airport

	DLR	Taxi
Direction	métro Bank/DLR	City/King's Cross
Durée	22min	20/30 min
Prix	4 £	20/30 £
Fréquence	toutes les 5-10 min, 5h30-12h30 lun-sam, 7h-23h30 dim	
Contact	☎ 7222 1234 ; www.tfl.gov.uk/dlrr	

Depuis/vers Luton

	Thameslink/Midland Mainline Train	Greenline Bus	Taxi
Direction	King's Cross/St Pancras	Buckingham Palace Rd, Victoria	Centre de Londres
Durée	21-25min	1 heure	1 heure
Prix	9-11 £	aller/aller-retour 13/18 £	95-100 £
Fréquence	depuis/vers Luton Airport Parkway toutes les 6-15 min, 7h-22h, une navette dessert l'aéroport	toutes les 30 min 3h30-23h30, puis toutes les heures	
Contact	☎ 7222 1234 ; www.tfl.gov.uk/dlr	☎ 0870 608 7261 ; www.greenline.co.uk	

Gatwick
Le second aéroport de Londres en importance, **Gatwick** (LGW ; ☎ 0870 000 2468 ; www.gatwickairport.com) possède deux terminaux, reliés par un train monorail. La gare ferroviaire est située dans le terminal sud.

Stansted
Grâce aux compagnies à bas prix qu'il accueille, dont easyJet et Ryanair, **Stansted** (STN ; ☎ 0870 000 0303 ; www.stanstedairport.com) se développe plus vite que les autres aéroports londoniens.

London City
À l'est de la City, le **London City Airport** (LCY ; ☎ 7646 0088 ; www.londoncityairport .com) concerne essentiellement les vols empruntés par les hommes d'affaires.

Luton
L'aéroport utilisé par de nombreux vols charters et compagnies à bas prix. **Luton** (LTN ; ☎ 01582 405100 ; www.london-luton.co.uk) se trouve à 56 km au nord de Londres.

BATEAU
Les trajets les plus courts en ferry relient Calais ou Boulogne à Douvres (Dover) ou Folkestone. **P&O Ferries** (☎ 0825 120 156 ; www.poferries.com ; aller-retour à partir de 100 €) et **Seafrance** (☎ 0825 0825 05 ; www.seafrance.com ; aller-retour à partir de 70 €) desservent la ligne Calais-Douvres (un départ par heure ; traversée 90 min).

BUS
Lignes européennes et intérieures
Sur place, les bus circulent depuis la gare routière **Victoria Coach Station** (☎ renseignements 7730 3466, réservations 7730 3499 ; 164 Buckingham Palace Rd ; ☽ bureau des réservations 7h-22h).

La principale compagnie, **National Express** (☎ 087017 580 8080 ; www.nationalexpress.com), est affiliée à **Eurolines** (France ☎ 0892 89 90 91 ;

PRENEZ LE TRAIN !
Rejoindre le centre de Londres depuis l'un des principaux aéroports de la capitale britannique (celui de London City excepté) est souvent aussi long qu'un vol en provenance d'une autre ville européenne.

L'Eurostar, qui conduit directement les voyageurs dans le West End, constitue toutefois une alternative pratique. Si ses opérateurs mettent en avant son aspect plus écologique, les passagers apprécient surtout la rapidité des trajets depuis Paris, Bruxelles et Lille. Ils arrivent sans stress à la toute nouvelle gare St Pancras International – bien plus moderne que les aéroports londoniens – qui se trouve dans la zone 1 du réseau de transports publics, à deux pas du British Museum.

www.eurolines.fr ; gare routière internationale de Gallieni, 28 av. du Général-de-Gaulle, Bagnolet ; Belgique ☎ 02 274 13 50 ; R-U ☎ 0870 514 3219), et assure les liaisons internationales. Un aller-retour (+ de 26 ans) depuis la France coûte 66 €.

TRAIN

Lignes européennes

Pour les liaisons européennes, contactez **Rail Europe** (☎ 0870 584 8848 ; www.raileurope.com).

L'**Eurostar** (France ☎ 0892 35 35 39 ; Belgique ☎ 02 555 25 25 ; R-U ☎ 0870 518 6186 ; www. eurostar.com ; aller-retour à partir de 100 €) relie Londres à la gare du Nord à Paris (2h15, jusqu'à 25 trains/jour) et à la gare de Bruxelles (1h51, jusqu'à 12/jour). À Londres, les trains trouvent leur terminus à la nouvelle gare de St Pancras International (carte p. 159, A4) et le temps de trajet a été écourté de 20 minutes. Veillez à arriver une heure avant le départ pour effectuer les formalités d'enregistrement et de sécurité.

Le **Shuttle** (☎ 0870 535 3535 ; www.eurotunnel.com) assure le transport international des véhicules à moteur et des vélos. Consultez le site Internet.

Lignes intérieures

Les trains pour le nord du pays partent habituellement de King's Cross/St Pancras et de Euston, ceux pour le sud-ouest de Waterloo, ceux pour le sud de London Bridge et ceux pour l'ouest de Paddington. Pour de plus amples détails, appelez les **National Rail Enquiries** (☎ 0845 748 4950 ; www.rail.co.uk).

VOITURE

Depuis la France, vous pouvez charger votre véhicule sur le Shuttle ou sur un ferry (p. 222). N'oubliez pas votre permis de conduire, la carte grise du véhicule et votre attestation d'assurance. Vérifiez également auprès de votre assureur que vous êtes couvert à l'étranger.

COMMENT CIRCULER

Bien qu'il puisse être parfois incroyablement bondé, le métro (*underground* ou *tube*) constitue le meilleur moyen de déplacement à Londres. Dans ce guide, la station la plus proche est indiquée après le symbole ⊖.

Pour connaître les horaires et les tarifs du métro, des bus, des trains de banlieue et du Docklands Light Railway (DLR), renseignez-vous auprès de **Transport for London** (☎ 7222 1234 ; www.tfl.gov.uk). **Travelcheck** (☎ 7222 1200) fournit également des informations de dernière minute sur les trains locaux.

TITRES DE TRANSPORT

L'**Oyster Card**, un titre de transport valable pour le bus, le métro et

LES ROUTEMASTERS

En 2008, le maire de Londres Boris Johnson a annoncé son intention de remettre en service d'ici à 2012 une version plus moderne des regrettés Routemasters (bus à impériale). En attendant, les visiteurs peuvent toujours circuler à bord des bus d'origine sur deux lignes (Heritage Routes) au départ de Trafalgar Sq. La ligne 9 se dirige vers l'ouest jusqu'à Green Park et au Royal Albert Hall, la ligne 15 vers l'est jusqu'à la cathédrale Saint-Paul et Tower Hill. Tous les billets normaux fonctionnent sur ces itinéraires.

certains trains, est la formule la plus avantageuse. En vente 3 £ dans les gares et stations de métro, elle peut être rechargée aux mêmes endroits ainsi que dans de nombreux commerces de proximité. Elle s'achète également sur Internet (www.tfl.gov.uk/oyster).

Elle peut être créditée de trajets simples prépayés, mais le coût total par jour est plafonné à la valeur de la Travelcard quotidienne ou de la carte de bus moins 50 pence. Le montant varie suivant l'heure de la journée et le nombre de zones. Une Travelcard pour les zones 1 et

Modes de transport recommandés

	Covent Garden	Piccadilly Circus	South Kensington	Westminster
Covent Garden	–	à pied 10 min	métro 10 min	métro 15 min, à pied 25 min
Piccadilly Circus	à pied 10 min	–	métro 8 min	métro 8 min, à pied 20 min
South Kensington	métro 10 min	métro 8 min	–	métro 8 min
Westminster	métro 15 min, à pied 25 min	métro 8 min, à pied 20 min	métro 8 min	–
Waterloo	métro 11 min, à pied 20 min	métro 5 min	métro 15 min	métro 2 min, à pied 15 min
London Bridge	métro 20 min	métro 12 min	métro 20 min	métro 5 min
Tower Hill	métro 20 min	métro 15 min	métro 20 min	métro 10 min
Liverpool St	métro 17 min, à pied 25 min	métro 20 min	métro 27 min	métro 20 min, bus 25 min
Notting Hill	métro 20-25 min	métro 15 min	métro 8 min	métro 15 min

2 coûte 6,80 £ (5,30 £ le week-end et après 9h30 en semaine), une carte de bus quotidienne 3,50 £. Les billets papier et cartes de transport existent toujours mais ils mettent le trajet simple à un tarif plus élevé.

Il est aussi possible de charger l'Oyster Card avec une Travelcard hebdomadaire qui permet un accès illimité à tout le réseau de transport. Vous devez faire passer la carte dans la machine pour rentrer et sortir du métro et en montant dans le bus.

MÉTRO ET DLR

Les stations de métro sont reconnaissables au logo représentant un cercle rouge avec l'inscription "Underground" en lettres blanches sur fond bleu. Les rames circulent d'ordinaire toutes les 5 minutes environ, de 5h30 (7h le dimanche) à minuit. Prenez l'habitude de vérifier l'horaire du dernier train pour rentrer.

Le réseau du métro et des trains de banlieue se divise en six zones concentriques. Si vous payez en espèces, un même tarif de 4 £ s'applique au trajet simple quelle que soit la zone. Avec l'Oyster Card, bien plus économique, le prix s'élève à 1,50/2/2,50/3,50 £ pour les zones 1/1-2/1-4/1-6.

Waterloo	London Bridge	Tower Hill	Liverpool St	Notting Hill
métro 11 min, à pied 20 min	métro 20 min	métro 20 min	métro 17 min, à pied 25 min	métro 20-25 min
métro 5 min	métro 12 min	métro 15 min	métro 20 min	métro 15 min
métro 15 min	métro 20 min	métro 20 min	métro 27 min	métro 8 min
métro 2 min, à pied 15 min	métro 5 min	métro 10 min	métro 20 min, bus 25 min	métro 15 min
–	métro 4 min	métro 15 min	métro 10 min	métro 20 min
métro 4 min	–	métro 10 min, bus 25 min, à pied 20 min	métro 10 min, bus 15 min	métro 25 min
métro 15 min	bus 25 min, métro 10 min, à pied 20 min	–	métro 10 min	métro 30 min
métro 10 min	métro 10 min, bus 15 min	métro 10 min	–	métro 20 min
métro 20 min	métro 25 min	métro 30 min	métro 20 min	–

SUR LA TAMISE

La Tamise constituait au Moyen Âge un axe de transport majeur. Plusieurs compagnies la font revivre en affrétant des bateaux de passagers modernes et rapides. Les **Thames Clippers** (☎ 0870 781 5049 ; www.thamesclippers.com) relient ainsi Waterloo, Embankment, London Bridge, la Tour de Londres, les Docklands et Greenwich. Il existe également un service de navette entre la Tate Britain et la Tate Modern. Les lignes fonctionnent de 6h à 23h (9h-17h45 le week-end). Le billet coûte 4 £, mais l'on peut acheter un forfait à la journée (8 £) valable de 10h à 17h. Les détenteurs de l'Oyster Card bénéficient aussi de réductions.

Il existe en outre des itinéraires touristiques. **City Cruises** (☎ 7740 0400 ; www.citycruises.com) circule entre Greenwich, la Tour de Londres, Waterloo et Westminster. Les tarifs s'échelonnent de 6,40 £ pour un aller simple à 10,50 £ pour un forfait à la journée. Depuis Westminster, **Thames River Services** (TRS ; ☎ 7930 4097 ; www.thamesriverservices.co.uk) se rend vers l'est à Greenwich et Thames Barrier, **Thames River Boats** (☎ 7930 2062 ; wpsa.co.uk) vers l'ouest à Richmond et Hampton Court Palace.

Renseignements complets sur www.tfl.gov.uk/oyster.

Les Docklands sont desservis par le **Docklands Light Railway** (DLR ; www.tfl.gov.uk/dlr), qui rejoint le métro aux stations Bank, Tower Hill, Bow Church, Stratford et Canary Wharf. Le DLR rallie aussi le City Airport, de 5h30 à 12h30 du lundi au samedi et de 7h30 à 23h le dimanche. Mêmes tarifs que le métro.

BUS

Les bus circulent régulièrement entre 7h et minuit. Des bus de nuit (indiqués par la lettre "N"), moins fréquents, prennent le relais de minuit à 7h.

Certaines lignes circulent 24h/24 à la même fréquence que les services de jour. Les moins de 16 ans voyagent gratuitement sur présentation d'une pièce d'identité.

Si vous disposez d'une Oyster Card, n'oubliez pas de la passer dans la machine sous peine d'encourir une amende de 20 £.

L'aller simple (valable 2 heures) coûte 2/0,90 £ en espèces/avec l'Oyster Card, le forfait bus à la journée (valable sans limitation sur le réseau de bus) 3,50/3 £. Les billets s'achètent *avant* de monter à bord aux distributeurs automatiques (l'Oyster Card fonctionne aussi) des arrêts indiqués par un panneau jaune. Trafalgar Sq, Tottenham Court Rd et Oxford Circus sont les principaux terminaux des bus de nuit.

TRAIN DE BANLIEUE

L'Oyster Card peut être utilisée dans les trains du **London Overground** (☎ Transport for London 7222 1234 ; www.tfl.gov.uk), qui relient essentiellement les banlieues entre elles aux mêmes tarifs que le métro. **Thameslink** (☎ 0845 748 4950 ; www.firstcapital connect.co.uk) est une ligne pratique qui passe par l'aéroport de Luton, King's Cross, la City, London Bridge et l'aéroport de Gatwick, et fournit une alternative pour traverser la ville du nord au sud.

VOITURE
La ville applique une onéreuse "taxe d'embouteillage", la *congestion charge*. Vous devrez débourser 8 £/jour pour circuler dans le centre et en banlieue ouest entre 7het 18h du lundi au vendredi. Pour plus de détails, connectez-vous sur www.cclondon.com.

TAXI
Il existe deux sortes de taxis à Londres. Les taxis noirs (*black cabs*), fiables et spacieux, ont des chauffeurs bien formés et utilisent un compteur. Les minitaxis (*minicabs*), n'importe quel modèle de voiture, pratiquent des tarifs plus bas mais nécessitent de s'accorder au préalable sur le prix de la course.

Les taxis noirs indiquent leur disponibilité par une lumière jaune au-dessus du pare-brise et peuvent être hélés dans la rue. Pour en appeler un, moyennant supplément, contactez **One-Number Taxi** (☎ 0871 871 8710). La loi impose de commander les minitaxis par téléphone ou dans un bureau – chaque quartier en possède un dans l'artère principale.

Méfiez-vous des taxis clandestins – dans le doute, téléphonez à **TFL** (☎ 7222 1234) ou envoyez le mot "Home" au ☎ 60835 pour obtenir le numéro d'une compagnie locale (voir www.cabwise.com).

RENSEIGNEMENTS
ARGENT
Pour être à l'aise, prévoyez 50-75 £/jour en plus de l'hôtel, ce qui vous laissera assez pour vous faire plaisir à l'occasion.

En faisant attention, vous pourrez descendre à 30 £/jour, en prenant les transports en commun et en évitant les restaurants chers.

Londres possède des centaines de bureaux de change fonctionnant 7j/7. En outre, la plupart des banques, des postes et des agences de voyages changent également les devises. Les banques ouvrent d'ordinaire de 9h30 à 17h30 du lundi au vendredi. Sinon, les DAB présents à chaque coin de rue acceptent presque toujours les cartes internationales.

CIRCUITS ORGANISÉS
De nombreux circuits organisés en bus, à vélo ou à pied sont proposés à Londres.

CIRCUITS EN BUS
Les circuits en bus à impériale, où l'on peut monter et descendre à sa guise, permettent de comprendre

CARNET PRATIQUE

comment Londres s'organise. Ceux des compagnies **Original London Sightseeing Tour** (☎ 8877 1722 ; www.theoriginaltour.com) et **Big Bus** (☎ 7233 9533 ; www.bigbustours.com) parcourent quotidiennement le centre. Le billet coûte de 22 à 24 £ pour un adulte et donne droit à des trajets illimités sur une période de 24 heures.

Circuits à pied
De nombreuses compagnies proposent des visites à pied sur des thèmes tels que ruines antiques, monuments historiques, lieux cinématographiques, pubs, maisons hantées ou même sites de meurtres célèbres. **London Walks** (☎ 7624 3978 ; www.walks.com) offre la meilleure gamme, à partir de 7 £ pour un adulte.

CROISIÈRES SUR LA TAMISE ET LES CANAUX
En dehors des lignes de transport fluvial (voir l'encadré p. 226), on peut entreprendre des croisières de luxe incluant le déjeuner ou le dîner, parcourir les canaux en péniche ou descendre la tamise à bord d'un Zodiac. Voici quelques opérateurs :
Bateaux London (☎ 7696 1800 ; www.bateauxlondon.com)
City Cruises (☎ 7740 0400 ; www.citycruises.com)
Crown River Cruises (☎ 7936 2033 ; www.crownriver.com)

London RIB Voyages (☎ 7928 8933 ; www.londonribvoyages.com)
London Waterbus Company (☎ 7482 2550 ; www.londonwaterbus.com)

ORGANISMES SPÉCIALISÉS
Les **London Duck Tours** (☎ 7928 3132 ; www.londonducktours.co.uk ; adulte/ enfant/tarif réduit/famille 19/13/15/57,50 £) proposent une approche différente du fleuve, à bord d'embarcations amphibies, inspirées des véhicules du débarquement de Normandie, qui parcourent les rues du centre de Londres avant d'opérer un plongeon dans la Tamise à Vauxhall. Les départs s'effectuent du County Hall (p. 73).

HANDICAPÉS
Les rampes sont plus courantes sur les trottoirs, mais seules quelques stations du métro s'avèrent accessibles aux voyageurs à mobilité réduite. La majorité des bus disposent d'une rampe automatique pour les fauteuils roulants, sauf sur les lignes Heritage Routes 9 et 15. Les taxis noirs sont accessibles, ainsi que la plupart des transports fluviaux. Les grands musées et les principales attractions ont des aides auditives par système de boucle magnétique. Certains organisent des visites pour les déficients visuels.
  Pour plus de détails, contactez **Transport for London** (☎ 7222 1234,

minicom 7918 3015 ; www.tfl.gov.uk) ou la **Royal Association for Disability and Rehabilitation** (RADAR ; ☎ 7250 3222 ; www.radar.org.uk). Pour connaître l'accessibilité des musées et autres lieux culturels, consultez le site **Artsline** (www.artsline.org.uk).

HEURES D'OUVERTURE

À Londres, tout ne fonctionne pas 24h/24, mais les heures d'ouverture restent confortables.

Reportez-vous à la deuxième de couverture pour plus de détails.

INTERNET

Londres compte une profusion de cybercafés, dont ceux de la chaîne **easyInternetcafe** (www.easyeverything .com) répandus partout. Nombre de cafés, bars et restaurants offrent un accès Wi-Fi. Voici quelques sites utiles :

BBC Londres (www.bbc.co.uk/london)
Evening Standard
(www.thisislondon.co.uk)
Plan des rues (www.streetmap.co.uk)
Transport for London (www.tfl.gov.uk)
Walk It (www.walkit.com/london)

JOURS FÉRIÉS

Nouvel An 1er janvier
Vendredi saint Fin mars-début avril
Lundi de Pâques Fin mars-début avril
May Day Bank Holiday Premier lundi de mai
Spring Bank Holiday Dernier lundi de mai
Summer Bank Holiday Dernier lundi d'août
Noël 25 décembre
Boxing Day 26 décembre

OFFICES DU TOURISME

Pour obtenir des informations sur les sites et les loisirs ou réserver un hôtel, contactez **Visit London** (☎ 0870 156 6366 ; www.visitlondon.com).

POURBOIRE

Il est d'usage de laisser un pourboire dans les restaurants et autres lieux où le service s'effectue à table. Appliquez les consignes suivantes :
Porteurs Environ 2 £/sac
Restaurants 10-15% (service généralement compris dans la note)
Taxis Arrondir à la livre supérieure

SANTÉ ET SÉCURITÉ

Londres est remarquablement sûr pour une ville aussi vaste. Les petits délits opportunistes constituent cependant un problème, comme dans la plupart des métropoles. En conséquence, gardez vos affaires à l'œil au milieu de la foule et évitez les rues sombres et désertes la nuit.

Les ressortissants de l'UE et de la Suisse ont droit à la gratuité des soins sur présentation de la carte européenne d'assurance maladie. Ils doivent en revanche payer les médicaments prescrits. Des arrangements réciproques entre le Royaume-Uni et d'autres pays permettent à leurs citoyens de bénéficier de traitements médicaux et d'opérations chirurgicales sans frais, ainsi que de soins dentaires partiellement pris en charge.

Pour appeler une **ambulance**, les **pompiers** ou la **police,** composez le ☎ 999.

Les hôpitaux suivants accueillent les urgences 24h/24 :

Chelsea & Westminster Hospital (carte p. 96, B5 ; ☎ 8746 8000 ; www.chelwest.nhs.uk ; 369 Fulham Rd ; ⊖ Earl's Ct ou Fulham Broadway)

Royal Free Hospital (carte p. 167, B4 ; ☎ 7794 0500 ; www.royalfree.nhs.uk ; Pond St ; ⊖ Belsize Park)

Royal London Hospital (carte p. 145, D5 ; ☎ 7377 7000 ; www.bartsandthelondon.org.uk ; Whitechapel Rd ; ⊖ Whitechapel)

St Thomas' Hospital (carte p. 122, H3 ; ☎ 7188 7188 ; www.guysandstthomas. nhs.uk ; Westminster Bridge Rd ; ⊖ Westminster ou Waterloo)

University College Hospital (carte p. 103, B4 ; ☎ 0845 155 5000 ; www.uclh.nhs. uk ; 253 Euston Rd ; ⊖ Warren St ou Euston Sq)

Les pharmacies suivantes ferment tard :

Boots (carte p. 88-89, E2 ; ☎ 7734 6126 ; www.boots.com ; 44-46 Regent St ; ⏱ 9h-20h lun-ven 9h-24h sam 12h-18h dim ; ⊖ Piccadilly Circus)

Pharmacentre (carte p. 113, B5 ; ☎ 0808 108 5721 ; www.pharmacentre .com ; 149 Edgware Rd ; ⏱ 24h ; ⊖ Edgware Rd ou Marble Arch)

TARIFS RÉDUITS

La plupart des sites sont gratuits. Les enfants (limite d'âge variable),

les moins de 25 ans, les étudiants détenteurs de la carte ISIC (des limites d'âge s'appliquent), les seniors (plus de 60 ou 65 ans), les handicapés et les familles bénéficient de réductions dans les musées et les galeries qui ne sont pas gratuits.

Le **London Pass** (☎ 0870 242 9988 ; www.londonpass.com) permet d'accéder gratuitement à plus de 55 attractions de la capitale, parmi lesquelles le London Zoo, la Tour de Londres et la plupart des sites majeurs. Pour les adultes, il revient à 38/49/60/82 £ pour un/deux/trois/six jours (ou 43/62/79/120 £ avec une Travelcard).

TÉLÉPHONE

Le Royaume-Uni passe par le réseau GSM 900, qui couvre le reste de l'Europe, mais n'est pas compatible avec le réseau nord-américain GSM1900. Si votre mobile est débloqué, vous pourrez utiliser une carte SIM britannique prépayée, en vente dans les boutiques de téléphonie et chez les marchands de journaux. Il existe des cabines téléphoniques, à pièces ou à cartes (en vente chez les marchands de journaux).

NUMÉROS UTILES

Pour les indicatifs locaux, nationaux et internationaux, reportez-vous à la deuxième de couverture.

Appels en PCV (☎ 155)

Horloge parlante (☎ 123)

Météo (☎ 0906 850 0401)

>INDEX

Consultez aussi les index Voir *(p. 234),* Shopping *(p. 236),* Se restaurer *(p. 237),*
Prendre un verre *(p. 238),* Sortir *(p. 239) et* Se loger *(p. 240) .*

○ VOIR

PRENDRE UN VERRE